交通行业高职高专规划教材

Chuanbo Lihuo Yewu
船舶理货业务

主　编　李风雷
副主编　陈　芳　高　鹏
主　审　刘祥柏

人民交通出版社股份有限公司
China Communications Press Co.,Ltd.

内 容 提 要

全书以项目形式编写,以国际物流系统中船舶理货员专业岗位所需的理论知识和操作技能为主,对船舶理货作业进行了较详细、较全面描述。内容包括理货操作基础、货物装舱积载、分票和理数、溢短货物处理、残损货物处理、积载图绘制、签证和批注、集装箱理货操作、件杂货理货操作、理货单证缮制、船舶水尺计重、木材检尺、油品计量、易流态化固体散装货物取样监装等。

本书为高等及中等职业院校港口业务管理及相关专业的教材和教学参考书,也可作为理货公司业务员、理货组长、理货员等船舶理货岗位培训教材,同时可供港口生产管理专业人员学习参考。

图书在版编目(CIP)数据

船舶理货业务 / 李风雷主编. —北京:人民交通出版社股份有限公司,2015.3
交通行业高职高专规划教材
ISBN 978-7-114-12034-3

Ⅰ.①船… Ⅱ.①李… Ⅲ.①船舶-货物运输-高等职业教育-教材 Ⅳ.①U695.2

中国版本图书馆 CIP 数据核字(2015)第 021256 号

交通行业高职高专规划教材
书　名:船舶理货业务
著　作　者:李风雷
责任编辑:赵瑞琴
出版发行:人民交通出版社股份有限公司
地　　址:(100011)北京市朝阳区安定门外外馆斜街3号
网　　址:http://www.ccpcl.com.cn
销售电话:(010)59757973
总　经　销:人民交通出版社股份有限公司发行部
经　　销:各地新华书店
印　　刷:北京市密东印刷有限公司
开　　本:787×1092　1/16
印　　张:19.5
字　　数:450千
版　　次:2015年3月　第1版
印　　次:2023年7月　第3次印刷
书　　号:ISBN 978-7-114-12034-3
定　　价:45.00元

(有印刷、装订质量问题的图书由本公司负责调换)

交通行业高职高专规划教材编委会

主　　　任　宋士福

副 主 任　杨巨广

委　　　员　（以姓氏笔画为序）
　　　　　　仇桂玲　刘水国　刘俊泉　刘祥柏　苏本知
　　　　　　张来祥　周灌中

编写组成员　（以姓氏笔画为序）
　　　　　　王　峰　井延波　孙莉莉　李风雷　李永刚
　　　　　　李君楠　吴广河　吴　文　佟黎明　张　阳
　　　　　　范素英　郑　渊　赵鲁克　郝　红　徐先弘
　　　　　　徐奎照　郭梅忠　谭　政

前　言

随着我国经济与对外贸易的发展,中国港口货物吞吐量和集装箱吞吐量连续十几年位居世界第一位。作为国际物流链至关重要的一个环节,船舶理货承担着准确记载货物信息、公正办理货物交接的重要作用。港口航运的发展,使得船舶理货业务范围和流程发生了很大的变化,理货作业的技术手段也改变了单纯"一张纸、一支笔"的方式,船舶理货行业对从业人员的业务技能与综合素质的要求也越来越高。

新中国船舶理货业务发展至今,已经走过半个多世纪的历程。从事船舶理货的企业也发展到中理和中联两大理货系统的近百家公司,理货的业务范围也由传统的件杂货理货发展到易流态化固体散装货物取样、监装等业务。根据船舶理货行业业务实践变化和对从业人员新的要求,我们在广泛征求意见、认真研究当今我国不同地区理货业务发展现状的基础上,本着理论与实践相结合的原则,组织有关专家、学者编写了这本《船舶理货业务》教材。

本书以项目形式编写,全面系统地介绍了理货业务的专业术语、基本操作流程、业务技能要求。内容包括理货操作基础、货物装舱积载、分票和理数、溢短货物处理、残损货物处理、积载图绘制、签证和批注、集装箱理货操作、件杂货理货操作、理货单证缮制、船舶水尺计重、木材检尺、油品计量、易流态化固体散装货物取样监装等。本书为高等及中等职业院校港口业务管理及相关专业的教材和教学参考书,也可作为理货公司业务员、理货组长、理货员等船舶理货岗位培训教材,同时可供港口生产管理专业人员学习参考。

本书的编写工作分工如下:李风雷编写项目一、项目八、项目十二、项目十三、项目十四,高鹏编写项目二、项目三、项目十,陈芳编写项目四、项目五、项目七,史大伟编写项目六、项目九、项目十一。

本书由李风雷负责对全书框架和编写思路的设计及部分项目的撰写,并承担全书的统稿校对工作。全书经从事港口业务工作30多年,具有丰富现场实践经验的刘祥柏教授审阅定稿,刘教授为本书的编写思路和定稿提出了许多中肯的意见,在此表示深深谢意。

本书在编写过程中得到了青岛外轮理货有限公司于建杰、穆连军、李肖立等理货业务专家的大力支持,在此表示衷心的感谢。本书还参考引用了许多专家发表的有关船舶理货业务的观点和文献、部分理货企业的运营资料,在此谨向有关专家及企业致以衷心的感谢。

鉴于编写人员业务水平及实践经验的局限性,疏漏和错误之处在所难免,敬请广大读者反馈,以便今后修订和完善。

编者
2015 年 1 月

目 录

项目一　理货操作基础 ··· 1
　【知识要点】 ··· 1
　【项目任务】 ··· 1
　【项目准备】 ··· 1
　【相关理论知识】 ··· 1
　　一、理货历史沿革 ··· 1
　　二、理货的作用 ··· 3
　　三、理货的性质和原则 ··· 4
　　四、理货人员的职业要求和工作职责 ··· 6
　　五、理货业务范围 ··· 7
　【项目实施】 ··· 8
　　任务一　召开配工会 ··· 8
　　任务二　理货依据的选择 ·· 10
　【课堂案例】 ·· 11
　【复习思考题】 ·· 11
　【实践训练】 ·· 11

项目二　货物装舱积载 ··· 12
　【知识要点】 ·· 12
　【项目任务】 ·· 12
　【项目准备】 ·· 12
　【相关理论知识】 ·· 12
　　一、货物基础知识 ·· 12
　　二、配积载及其要求 ·· 18
　　三、互抵性货物的积载要求 ·· 20
　　四、不同包装货物的积载要求 ·· 21
　　五、特殊货物的积载要求 ·· 23
　　六、不同港口货物的积载要求 ·· 25
　【项目实施】 ·· 25
　　任务一　判断货物共同积载时是否有问题 ·· 25
　　任务二　判断货物装舱积载的正确性 ·· 26

【课堂案例】 26
　　【复习思考题】 27
　　【实践训练】 27

项目三　分票和理数 28
　　【知识要点】 28
　　【项目任务】 28
　　【项目准备】 28
　　【相关理论知识】 28
　　　　一、衬垫 28
　　　　二、隔票 29
　　　　三、分票 31
　　　　四、混票 32
　　　　五、理数 33
　　　　六、理货交接 36
　　【项目实施】 37
　　　　任务一　小包化肥卸船作业 37
　　　　任务二　理货交接 37
　　【课堂案例】 37
　　【复习思考题】 38
　　【实践训练】 38

项目四　溢短货物处理 39
　　【知识要点】 39
　　【项目任务】 39
　　【项目准备】 39
　　【相关理论知识】 39
　　　　一、溢短货物的含义和产生原因 39
　　　　二、复查 42
　　【项目实施】 44
　　　　任务一　溢短货物的确定 44
　　　　任务二　溢短货物的处理 45
　　　　任务三　货物溢短单的编制 46
　　【课堂案例】 47
　　【复习思考题】 47
　　【实践训练】 47

项目五　残损货物处理 48

- 【知识要点】 ·· 48
- 【项目任务】 ·· 48
- 【项目准备】 ·· 48
- 【相关理论知识】 ·· 48
  - 一、残损货物 ··· 48
  - 二、货物残损的原因 ·· 48
  - 三、理残的任务和要求 ·· 52
- 【项目实施】 ·· 55
  - 任务一 确定残损货物的受损程度和受损状态 ························ 55
  - 任务二 编制货物残损单 ··· 56
- 【课堂案例】 ·· 57
- 【复习思考题】 ··· 58
- 【实践训练】 ·· 58

项目六 积载图绘制 ·· 59

- 【知识要点】 ·· 59
- 【项目任务】 ·· 59
- 【项目准备】 ·· 59
- 【相关理论知识】 ·· 59
  - 一、积载图绘制的原则和要求 ·· 59
  - 二、积载图的货位表示法 ··· 61
  - 三、积载图的绘制步骤 ·· 71
- 【项目实施】 ·· 73
  - 任务一 绘制货位图 ·· 73
  - 任务二 绘制完整的积载图 ··· 74
- 【课堂案例】 ·· 74
- 【复习思考题】 ··· 75
- 【实践训练】 ·· 75

项目七 签证和批注 ·· 76

- 【知识要点】 ·· 76
- 【项目任务】 ·· 76
- 【项目准备】 ·· 76
- 【相关理论知识】 ·· 76
  - 一、签证的含义 ··· 76
  - 二、签证的要求 ··· 77
  - 三、批注的含义 ··· 77

四、批注的要求 78
　　五、常见批注 78
【项目实施】 82
　　任务一　对待船方批注的处理 82
　　任务二　加注理货批注 85
【课堂案例】 85
【复习思考题】 86
【实践训练】 86

项目八　集装箱理货操作 87
【知识要点】 87
【项目任务】 87
【项目准备】 87
【相关理论知识】 87
　　一、集装箱 87
　　二、集装箱船 93
　　三、集装箱航线 98
　　四、集装箱货物的交接 102
　　五、集装箱配积载 105
　　六、集装箱理货依据 107
　　七、集装箱理货岗位 110
　　八、集装箱箱体残损标准 110
【项目实施】 111
　　任务一　集装箱的选择与检查 111
　　任务二　集装箱货物装载作业 112
　　任务三　集装箱箱体检验 113
　　任务四　进口集装箱船舶理箱作业 114
　　任务五　出口集装箱船舶理箱作业 117
　　任务六　集装箱装拆箱理货作业 120
【课堂案例】 123
【复习思考题】 124
【实践训练】 124

项目九　件杂货理货操作 125
【知识要点】 125
【项目任务】 125
【项目准备】 125

【相关理论知识】 125
　　　　一、进口件杂货理货作业程序 125
　　　　二、出口件杂货理货作业流程 127
　　【项目实施】 129
　　　　任务一　模拟件杂货船舶理货操作程序 129
　　【课堂案例】 130
　　【复习思考题】 130
　　【实践训练】 130

项目十　理货单证缮制 131
　　【知识要点】 131
　　【项目任务】 131
　　【项目准备】 131
　　【相关理论知识】 131
　　　　一、理货单证的性质和作用 131
　　　　二、理货单证的种类和格式 132
　　　　三、理货单证的应用范围和编制要求 134
　　　　四、理货人员常用的附属单证 136
　　【项目实施】 138
　　　　任务一　理货单证适用性选择 138
　　　　任务二　集装箱理货单证的缮制 138
　　　　任务三　件杂货理货单证的缮制 143
　　【课堂案例】 147
　　【复习思考题】 149
　　【实践训练】 149

项目十一　船舶水尺计重 150
　　【知识要点】 150
　　【项目任务】 150
　　【项目准备】 150
　　【相关理论知识】 150
　　　　一、水尺计重概述 150
　　　　二、船舶基础常识 151
　　　　三、水尺计重操作程序 158
　　【项目实施】 159
　　　　任务一　水尺计重数据测定 159
　　　　任务二　船舶的各种校正及净载重量的计算 159

任务三　水尺计重操作中常见问题的处理 …………………………………………… 164

　　任务四　水尺计重计算中有关问题的处理 …………………………………………… 166

【课堂案例】 ………………………………………………………………………………… 167

【复习思考题】 ……………………………………………………………………………… 169

【实践训练】 ………………………………………………………………………………… 169

项目十二　木材检尺 …………………………………………………………………… 170

【知识要点】 ………………………………………………………………………………… 170

【项目任务】 ………………………………………………………………………………… 170

【项目准备】 ………………………………………………………………………………… 170

【相关理论知识】 …………………………………………………………………………… 170

　　一、木材的树种和分类 ………………………………………………………………… 170

　　二、计量单位和检量工具 ……………………………………………………………… 171

　　三、木材检验常用标准 ………………………………………………………………… 173

　　四、木材材积计算与材积表 …………………………………………………………… 177

【项目实施】 ………………………………………………………………………………… 179

　　任务一　原木检验 ……………………………………………………………………… 179

　　任务二　锯材检验 ……………………………………………………………………… 181

　　任务三　木材检尺现场操作流程 ……………………………………………………… 181

【课堂案例】 ………………………………………………………………………………… 182

【复习思考题】 ……………………………………………………………………………… 182

【实践训练】 ………………………………………………………………………………… 183

项目十三　油品计量 …………………………………………………………………… 184

【知识要点】 ………………………………………………………………………………… 184

【项目任务】 ………………………………………………………………………………… 184

【项目准备】 ………………………………………………………………………………… 184

【相关理论知识】 …………………………………………………………………………… 184

　　一、石油种类 …………………………………………………………………………… 184

　　二、石油的特性 ………………………………………………………………………… 184

　　三、石油计量 …………………………………………………………………………… 188

　　四、石油容器容积表的编制和使用 …………………………………………………… 190

　　五、石油容器的计量与计算 …………………………………………………………… 191

　　六、石油的自然损耗 …………………………………………………………………… 198

【项目实施】 ………………………………………………………………………………… 201

　　任务一　油品计量安全操作要点 ……………………………………………………… 201

　　任务二　油品计量操作程序 …………………………………………………………… 201

【课堂案例】 204
　　【复习思考题】 207
　　【实践训练】 207
项目十四　易流态化固体散装货物取样监装 208
　　【知识要点】 208
　　【项目任务】 208
　　【项目准备】 208
　　【相关理论知识】 208
　　　　一、易流态化固体散装货物的定义 208
　　　　二、易流态化固体散装货物的分类 208
　　　　三、易流态化固体散装货物运输的危险性 210
　　　　四、易流态化固体散装货物水路运输安全装运的管理要求 210
　　【项目实施】 212
　　　　任务一　水路运输易流态化固体散装货物取样 212
　　　　任务二　易流态化固体散装货物装船过程监装 215
　　　　任务三　易流态化固体散装货物过驳转运检查监测 217
　　【课堂案例】 227
　　【复习思考题】 227
　　【实践训练】 228
附录 A　理货业务操作规程 229
附录 B　理货单证 265
附录 C　航行国际航线船舶及外贸进出口货物理货费收规则 281
附录 D　常用理货英语 285
附录 E　世界部分港口及代码 293
参考文献 296

项目一　理货操作基础

知识要点

1. 理货的概念及重要作用。
2. 理货的性质、原则。
3. 理货人员的要求和工作职责。
4. 理货的业务范围。

项目任务

1. 了解理货的重要作用、性质和原则。
2. 了解理货人员的要求和工作职责。
3. 熟悉理货的业务范围。

项目准备

1. 场地、工具准备：船舶理货模拟仿真系统、港口沙盘、理货终端、各种理货单证、对讲机等。
2. 人员安排：学生按作业船舶数量分组，每条船舶安排理货组长1人、大副1人，每条作业线安排船舶理货员1人、库场理货员1人。

相关理论知识

在系统学习理货专业知识和操作技能之前，对理货的历史沿革、重要作用、作业性质、原则、岗位职责和要求、业务范围等进行较全面的学习，建立对理货的一定感性认知，有助于对理货业务的深入学习和技能训练。

一、理货历史沿革

(一)理货的产生

在商品社会里，贸易和运输是不可缺少的流通环节。当一笔贸易成交后，商品的交换要通过运输来实现。商品进入运输领域，称之为货物。货物在运输过程中，每当进行装、卸时，都是要进行交接的，包括对货物的确认和数量、状况的交接，这就是最早的理货工作。

理货是随着水上贸易运输的出现而产生，英文叫TALLY，其本意是一种木料、竹子做的筹子或竹签子。因为，早先理货人员是用筹子或竹签来计算货物的数字，故最早的理货工作就是计数。比如，一艘船在港口卸货，当装卸工人扛起一件货物时，旁边的理货员即从签筒里抽出一根竹签交给他,连同货物一起交给库场员。理货员与库场员就凭签子数计算卸货件数,进行交接。

现在的理货已超出了单纯计数的概念,理货是指海上运输的货物,船方或货主根据运输合同在装运港和卸货港收受和交付时,委托港口的理货机构代理完成的在港口对货物进行计数、核对货物标志,检查货物残损,指导和监督装舱积载,办理交接,制作有关理货单证等内容。

(二)理货的发展

理货主要经历了三个发展阶段。

1.买卖双方随船自行理货

在国际贸易的初始阶段,商品交换的数量少,品种简单,运输距离短,卖方随船将货物交到买方手中,双方当面点交点接,自行理货。

2.船方自行理货

18世纪初,随着欧洲工业革命的兴起,工业化生产代替了手工作坊生产,机动船代替了木帆船,国际贸易迅速发展,商品成交量大,范围广。在这种形势下,买卖双方直接进行交接货物的交易方式,已不能适应生产和贸易发展的需要。于是卖方委托船方(承运人)对其货物的安全、数量和质量负全责,并在到达目的港后与收货人办理货物交接手续。船方按运输合同在装货港和卸货港收受和交付货物。起初,船方的理货工作由船员担负。随着船舶的大型化和货种的多样化,船员胜任不了理货工作,后来在船上配备了专职的理货人员从事理货工作。

3.专业理货机构理货

在远洋航线上,船舶在港口装卸的时间相对于航行的时间要少得多,船公司从经济效益考虑,逐渐认识到在船上配备专职理货人员是不合算的。与此同时,各国港口的理货机构应运而生,它们熟悉当地港口的情况,便于船舶在港口的货物作业。于是,各国船公司先后取消了船上专业的理货人员,委托港口的理货机构代办船方在港口的理货工作。

(三)我国理货的演变

我国理货起源于何时,没有具体记载,但在古代河运中就有了理货工作。外轮理货是伴随着外贸运输发展起来的,但外轮理货业仅有近百年的历史。

"鸦片战争"后,广州、福州、厦门、宁波、上海、青岛、大连、天津等沿海口岸相继开辟为对外通商口岸。悬挂外国旗帜的商船肆无忌惮地进出我国港口,舶来品充斥着我国市场,外轮理货也就应运而生。

旧中国的理货业是私人经营的,全国没有统一的理货组织。20世纪初,随着青岛港码头的相继竣工投产,外国商船日益增多,青岛外轮理货业务也就开始了。初有青岛帮、上海帮和广东帮等理货组织,共30人左右。各帮都有自己的主顾(船行和代理行),彼此没有业务往来,只对代理的主顾负责,代办理货业务。在理货船舶多的情况下,便临时招收"卯子工"应急。日本第二次侵占青岛后,青岛的外轮理货由日本人经营管理,雇佣中国人作具体理货工作。抗日战争胜利以后,仅昌记一家理货行经营此业。1951年,昌记理货行改名为青岛理货服务处,属私有经营性质。

1949年新中国诞生后,国家将私人的"理货行"逐步改造成为国营的理货公司。1953年8月,中国外轮代理公司青岛分公司成立,外轮理货由该公司负责。1954年划归港务局。1961年9月1日经交通部批准成立了全国统一的理货机构——中国外轮理货公司(China Ocean Shipping Tally Company),专门从事船舶理货业务,并制定了《业务章程》和《理货办法》,理货工作质量有了明显的提高。初始阶段的中国外轮理货公司,总部设在交通部海洋局理货处,分公司由当地港务局代管,与当时的所有公司一样,带有明显的计划经济的特点。改革开放后的1987年,按照国家政企分开的原则,中国外轮理货公司从交通部海洋局划出,成为交通部部属一级企业,并正式更名为中国外轮理货总公司。中国外轮理货总公司在上海港湾学校专门设立了理货员培训中心,开展针对性的专业训练,为理货事业的发展补充、储备了人才。

改革开放以来,理货公司始终坚持质量第一、信誉第一的理货工作方针,提高理货质量,维护理货信誉,理货事业进入一个新的发展阶段。2003年3月,转由国务院国有资产监督管理委员会管理,是唯一一家由中央管理的理货企业,2005年并入中国远洋运输(集团)总公司。在大连、天津、青岛、上海、宁波、广州、厦门、深圳等主要开放口岸设有69家分支机构,并在香港设立了货物检验、鉴定机构,从业人员达8500余人。

我国航运业自1979年改革开放至今已30余载,而作为物流服务环节之一的外轮理货(简称理货)业却迟迟未能放开。WTO国际贸易规则和近年来我国港航业的迅猛发展,为理货体制改革创造了条件。根据《国务院办公厅转发交通部等部门关于深化中央直属和双重领导港口管理体制改革意见的通知》精神,2003年3月,中远、中海、中外运3家航运央企出资,经交通部批准成立了第二家理货机构——中联理货有限公司(简称中联理货),通过引入竞争机制,逐步放开理货市场,以此来促进理货行业服务质量的全面提高,促使理货行业朝着更为健康的方向发展。2010年12月23日,中国外轮理货总公司和中联理货有限公司联合发起的中国理货协会在北京成立,标志着我国理货行业将逐步走上行业自律、协调可持续的发展之路。

二、理货的作用

1.保证船舶和货物的安全

理货在一定程度上能够影响到船舶和货物的安全。在装船过程中,理货人员对货物积载负有监督、指导责任,且要准确地反映在积载图上。正确、合理的积载,既能提高船舶载货量和舱容利用率,又能保障船舶在航行中的安全;准确地绘制货物积载图,既有利于各方工作,又有利于正确地分析各方的责任。因此,它对保障航行安全和货物在运输途中的安全,具有十分重要的意义。

2.减少纠纷,保证物流的畅通

缩短在港时间,加速船舶周转,提高经济效益是船公司努力追求的目标。理货工作进度的快慢,直接影响到港口物流的畅通与否,影响到港口的经济效益。出口货物,理货把最后一道关;进口货物,理货把第一道关。理货工作效率高,货物数字清点准确,工残、原残分得清,问题解决及时,会避免很多不必要的纠纷和麻烦。因此,很多先进港口的理货机构都加快理货信息化建设,采用先进的理货设施和设备,极大地提高了理货的准确率,缩短了理货工作时间。如青岛港理货机构采用电子制单等技术,使"零时间"签证成为现实,对保证港口物流的有效畅通起着重要的作用。

同时,理货对于买卖双方履行贸易合同,按质按量地交易货物,促进贸易双方的相互信任以及船公司经营航线的积极性,都具有重要意义。

3.促进国家对外贸易的发展,繁荣经济

理货工作是否具有公正性,将影响船舶航行该国港口的积极性,影响贸易双方的相互信任。理货处于承、托双方的中间地位,承担监督货物交接的职责,涉及承、托双方、贸易双方的合同履行和经济利益以及保险人的利益。公正理货可以维护承、托双方和贸易双方的合法权益,减少国家的经济损失,促进对外贸易的发展,提高理货在国际上的声誉。实践证明,哪个国家或地区的港口理货人员素质高,理货工作公正性强,信誉度就高,船舶挂靠该港就多,在促进对外贸易发展的同时,也促进了地区经济的发展。

4.确保国家对进出口货物的税收

理货人员填写的理货单证对海关来说是税收的重要依据,而一个国家的海关关税在其国家税收中占有重要的位置。海关关税的征收方法有从价税和从量税两种。从价税是按照进出口商品的价格为标准计征的关税;从量税是按照商品的重量、数量、容量、长度和面积等计量单位为标准计征的关税。理货工作是否坚持实事求是,影响到海关能否如实地征收到关税。尽管理货工作主要涉及的是货物数量,但从价税的总值与货物的数量密切相关。如进口散装化肥,一艘 10 万 t 的船,若水尺公估相差 1cm,货值就相差 200 万元人民币。因此,理货工作在把关方面,在海关税收方面的作用是不可低估的。

三、理货的性质和原则

(一)理货的性质

理货是国际物流中不可或缺的一项工作,对于承、托运双方履行运输契约,贸易双方履行贸易合同,船方保质保量地完成运输任务,港方加快装卸作业等都具有重要作用。

在我国,理货公司是海关、商检部分业务延伸的一种服务性工作,其性质主要具有以下四种:

1.公正性

公正性是指理货人员站在公正立场上,对承、托双方交接的货物数字和状态,做出实事求是地判断和确认,并出具理货证明,据以划分承、托双方的责任。

理货公司虽不是国家公证机关,但是,交通运输部颁布的《中国外轮理货公司业务章程》中,明确理货宗旨是:严守公正立场,遵循实事求是原则,维护委托方的正当利益。理货人员编制的货物溢短单、残损单等理货单证,经船方签认后,就具有法律证明和索赔的作用。

2.服务性

服务性是指理货服务于对国际物流运输,服务于委托方,但又不受委托方的约束、授意和暗示,不偏袒委托方的利益。如当理货结果与委托方发生争议时,除非委托方能够举证说明理货结果错误,并被事实所证明,否则不能随意更改理货结果。理货提供的是社会公益性服务,各国理货机构的服务宗旨是不同的。

有些国家和地区的理货机构是以提供服务为手段,以营利为目的,这种理货就具有雇佣和服务的性质。如新加坡、中国香港的理货机构。有些国家的理货机构是以实事求是为原则,以社会公益为目的,这种理货就具有公正和证明的性质。如日本、德国的理货机构。我国外轮理货属于后者。

3.涉外性

涉外性是指理货人员的工作岗位在远洋船上,每天要与来自世界各地的不同国籍的商船海员和外国商人进行业务联系,其工作态度、精神风貌、业务水平和言行举止有可能通过船员反映到国外,涉及中华民族的国际形象。因此,理货是国家对外的窗口,理货人员属于涉外工作人员。

《理货规程》第二条明确规定:"理货人员在登轮或外出理货时,必须穿理货服装,佩戴徽章,遵守纪律,讲文明,有礼貌。"要求理货人员在外轮工作,必须掌握国家的对外方针政策,遵守外事纪律,懂得外交礼仪,接触外籍船员要不卑不亢。要尊重外国的风俗习惯,提高外事知识,遵守外事纪律,要用自己的言行体现出中华民族的优秀品质,用自己的工作维护中国理货的声誉。

4.国际性

国际性是指外贸船舶理货至少要由两个国家或地区的理货机构共同完成,而且他们的工作互相影响,关系非常密切。这是由外贸货物跨国家、跨地区的连续性特点决定的。

我国理货机构在卸货时,饱尝过由于国外装港理货机构工作过失所造成损失的苦衷;在装货理货时,由于我们自己的工作过失,也会给国外卸港理货机构造成烦恼。因此,每个国家或地区的理货机构都应树立"各国理货一盘棋"的思想,坚持对全球理货负责的精神,这样船舶的理货工作才能有保障。为此,建立国际性的理货协调组织来统一协调各国的理货工作,显得尤为重要。

(二)理货的原则

公正性理货必须遵循三条基本原则。

1.实事求是原则

实事求是原则就是理货工作必须以货物的事实为依据,如实反映货物的本来面目,不能弄虚作假,有意掩盖事实真相。这是公正性理货的特性决定的。这就要求理货人员在理货工作中,一切从事实出发,如实反映货物在数量和状态方面的真实情况,划分清责任,不屈从于任何一方的压力。

2.船边交接原则

船边交接原则就是理货工作必须以船边为界限进行货物交接,交接前由交方负责,接货后由接方负责,以此来划分承、托双方的责任。这是根据提单条款规定,承运人应对货物所负的责任界限所决定的。这就要求理货人员在理货时,必须以船舷为界,以此作为划分船方责任的界限。坚守的工作岗位是船边、甲板、舱内,按照交前交方负责,接后接方负责的交接原则办理货物交接手续。

3.一次签证原则

一次签证是对理货工作的严格要求,即理货工作必须准确无误地提请委托方一次签证,不得随意更改签证结果。因为根据国际航运惯例,在货物装卸完毕时,船方应对理货结果办理签认手续。签证是一项既认真又严肃的工作,这就对理货工作提出了更高的标准和要求。

四、理货人员的职业要求和工作职责

(一)理货人员的必备条件

理货工作的好坏,理货质量的高低,主要取决于理货人员的责任心、业务水平、思想作风和政治素质。为此要求船舶理货人员必须具备下列条件:

(1)理货人员必须身体健康,能够适应理货工作的环境和要求;

(2)外轮理货人员必须符合登轮条件,取得登轮证,方可从事外轮理货工作;

(3)外轮理货人员必须掌握国家的对外方针政策,遵守外事纪律,懂得外交礼仪;

(4)理货人员必须办事公正,作风正派,责任心强,原则性强;

(5)理货人员必须掌握理货专业知识,写字要工整、美观,外轮理货人员还必须具备一定的英语会话和书写能力;

(6)理货人员必须具有严格的组织纪律性,能够服从领导,听从指挥,严格执行规章制度。

(二)理货人员工作须知

(1)工作时,要穿理货服装,佩戴理货标志,保持仪表整洁;工作时,理货人员要戴安全帽;

(2)理货时,要带齐理货用品和单证,提前到达现场,做好开工前的准备和交接班工作;

(3)接触外籍船员要不卑不亢,讲文明,有礼貌;对外宣传要实事求是,注意效果;工作需要进入船员房间时,要先轻轻敲门,得到允许后再进入;

(4)不要接受船员馈赠的物品,不要与外籍船员拉个人关系;

(5)在外轮上理货,要尊重船员的风俗习惯,不要干涉船员的内部事务;

(6)上下舷梯、船舱时,要扶牢踏稳,注意安全,不要站在舱盖板上、吊杆下以及货物吊移路线下面理货;

(7)要保持理货房间清洁卫生,爱护船舶设备和物品;

(8)离船时,要带齐理货用品和单证资料,不要遗漏和丢失在船上。

(三)现场理货人员的工作职责和工作要求

1.业务员(Superintendent)

业务员负责对现场理货业务进行监督、检查和指导,协助理货长处理疑难、重大业务问题。

(1)工作职责:

①监督、检查理货人员执行理货规章制度和完成理货任务等情况;

②指导理货人员工作,协助解决工作中的问题;

③负责对外联络事宜,保持现场理货工作的顺利进行;

④总结理货工作经验,提出合理化建议,报告现场理货情况;

⑤完成领导交办的其他事宜。

（2）工作要求：

①掌握国家对外方针政策，开展对外宣传工作，提高和扩大理货信誉和影响；

②熟悉理货规章制度，掌握理货专业知识，具有较好的英语水平；

③深入现场，了解情况，发现问题，及时解决；

④作风正派，原则性强，勇于同不良现象做斗争。

2.理货组长（Chief Tallyman）

理货组长是单船理货的组织者、指挥者和实施者。

（1）工作职责：

①贯彻落实领导布置的任务和提出的要求，重大业务问题及时请示汇报；

②领导和管理本船的理货员，布置和检查各舱的理货工作，指导和帮助理货员处理工作中的问题；

③掌握各舱的理货情况和进度，保持与船方和其他单位现场人员的工作联系，保证各舱理货工作的顺利进行；

④审核理货员制作的理货单证，整理和保管全船的单证资料，做好单船记录和交接班工作；

⑤编制全船性的理货单证，办理全船性的货物交接和签证工作。

（2）工作要求：

①掌握理货规章制度，熟悉理货业务，具有一定的英语水平，能够胜任各种船舶和货物的理货工作；

②具有一定的组织领导能力，能够组织全船理货员完成理货任务；

③能够坚持理货工作原则，搞好同船方和其他单位的协作配合。

3.理货员（Tallyman）

理货员是舱口理货的责任者。

（1）工作职责：

①执行理货组长布置的任务和提出的要求；

②理清货物件数，分清货物标志和残损情况；

③编制舱口理货单证；

④指导和监督货物的装舱积载、隔票以及分票卸船工作；

⑤坚守舱口岗位，以船边为界进行货物交接。

（2）工作要求：

①了解理货规章制度，掌握必需的理货专业知识和英语，能够胜任各种货物的理货工作；

②热爱本职工作，工作认真负责，踏实刻苦，作风正派，能够坚持理货工作原则，搞好与装卸工班的协作配合。

五、理货业务范围

（一）理货关系的建立

各国理货机构与船舶建立理货关系的方式不同，有的是委托性的，有的是强制性的，这取决于国家的规定。

1.委托性理货(Entrusted Tally)

委托性理货就是要根据船方的申请,理货机构与船方才能建立理货关系。

2.强制性理货(Compulsory Tally)

强制性理货就是不要根据船方的申请,理货机构就与船方自动建立理货关系,船方也不能拒绝理货。

按照国际航运惯例,船舶在港口装卸货物时,要申请理货机构代办理货业务。

根据我国交通部规定,外贸船舶在我国港口装卸件货、集装箱和船方负责箱内货物的装拆箱作业时,实行带有强制性的理货。

(二)理货业务范围

理货业务范围是随着外贸运输的发展而逐步扩大,从最初的计数、挑残,发展到现在的服务于海上货物运输所涉及货物交接的各个领域。

各国理货机构的理货业务范围大同小异。所谓大同,就是都对货物进行计数、分票、理残、交接和出证;所谓小异,就是在验舱、计量、丈量、检验等业务方面有所不同。一个理货机构的理货业务范围也是在不断变化的,它是根据外贸运输关系人的需要,逐步发展自己的理货业务范围。半个世纪以来,我国理货机构的业务范围,也发生了很大的变化。目前承担的理货业务范围有:

(1)国际、国内航线船舶货物及集装箱的理货、理箱业务;

(2)集装箱装、拆箱理货业务;

(3)货物计量、丈量业务;

(4)船舶水尺计量业务;

(5)监装、监卸业务;

(6)货损、箱损检验与鉴定业务;

(7)出具理货单证及理货报告业务;

(8)理货信息咨询业务;

(9)易流态化固体散装货物取样、监装等业务。

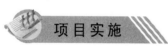

项目实施

任务一 召开配工会

一、配工会标准

1.配工会前准备工作

(1)着装:上身着公司定做的制服,带公司配发的领带,下身着公司定做的蓝色长裤,服装必须统一、干净、平整、无褶皱,制服纽扣扣齐、无缺失;脚穿黑色皮鞋,皮鞋干净、光亮。冬天统一戴白线手套。

(2)物品准备:配工会前准备好所需单据和理货装备、办公用品;打好水,以备现场人员饮用。理货包由个人负责,要求整洁,包内不得存放与工作无关的物品。

(3)配工会前理货人员要按上述要求做好准备,提前到达指定位置。

(4)理货队队长(副队长)整队,对理货人员的着装、装备进行检查。

(5)安全帽:外表干净,无油污,帽徽要正。

(6)站姿:安全帽要生根,左肩斜挎理货包,对讲机、水壶等理货用品放在理货包内;站立时站成一线,双手自然背于身后,身体挺直,目光始终平视前方。

2.配工会开始

理货人员排队进入值班室。

(1)队长整队。

①站姿要求。站立时站成一线,双脚自然靠拢,双手自然下垂,身体挺直,目光始终平视前方。

②整队。队长(副队长)喊口令,稍息、立正、向右看齐、向前看。

③报数。第一排从左向右,第一排最后一名报完,第二排最右边的接上,依次类推,直至报完。声音要洪亮,吐字要清楚。

④精神状态。配工会期间要精神饱满,严肃认真,目光始终平视前方。

(2)理货人员按指定位置站或坐好,站或坐时端庄大方,精神饱满,严肃认真;坐时安全帽放在左腿上,左手放在安全帽上,右手放在右腿上;理货包整齐地放在椅子(桌子)上,组长包、理货员包依次摆放。

①队长(副队长)宣布"现在开始配工,全体人员起立(立正)",所有人要起立站直,戴好安全帽。

②队长宣布由公司领导、理货中心领导讲话。公司领导、理货中心领导传达上级指示精神要突出重点,内容简明。

③队长(副队长)宣布配工指令声音要洪亮,下达指令布置任务干脆利索。

④答到。队长(副队长)宣布配工指令时,理货人员答"到"要响亮、干脆,严禁拖音或声音含糊;当配工指令宣布完毕,队长问:"以上要求大家听明白了没有?",理货队人员回答:"听明白了",回答要整齐、统一,声音洪亮,严禁拖音或不出声。

3.配工会结束

当队长宣布"出场接班"后,理货队人员背理货包排队出值班室,接班人员排队进入作业现场或上车。

二、配工会程序

(1)队长(副队长)主持配工会。

(2)公司领导或现场理货机构领导传达上级或公司的指示精神,强调现场安全质量的注意事项,部署近期工作。

(3)队长(副队长)根据现场情况逐船下达配工指令,理货人员听到点名时要立即答"到",并认真听取队长(副队长)下达的现场理货、安全质量等注意事项。

(4)队长(副队长)逐船下达完各项指令后,要问理货人员"以上要求大家听明白了没有",得到理货人员确切回答"听明白了"以后,宣布"出场接班"指令。

（5）配工完毕,理货人员在接到"出场接班"命令后,背理货包排队出值班室,队长(副队长)根据现场实际情况,合理分配人员上车,接班人员进入作业现场或上车,接班人员根据队长(副队长)安排有秩序上车,如遇特殊情况不能坐车,接班人员排队进入作业现场。

（6）理货人员出发时,队长(副队长)在门口要做进一步督促检查,检查的主要内容为:安全帽生根、服装标准化、理货装备齐全、出场不准带烟火等,发现问题,立即采取纠正措施。

任务二　理货依据的选择

一、理货依据的概念

理货依据是指能够用来检查、核对实际货物的数字和标志是否符合要求的单证资料。如:进口舱单、出口装货单和集装箱进口舱单等。理货依据上面记载货物的主标志、件数、包装、货名、重量、收(发)货人等内容。

在理货工作中会遇到许多单证资料,如出口配载图、进口船图、分舱单、卸货清单、重件清单、危险品清单、出口装箱单、集装箱单等,这些单证资料对理货工作都是有一定的作用,但它们不能作为理货依据,只能作为理货的参考资料。

二、理货依据的要求

理货依据通常需要满足以下要求:

（1）理货依据必须符合三个条件:一是能够反映实际货物上面的主标志;二是能够被承、托双方所接受;三是符合常规;

（2）理货依据是判断实际货物是否符合要求的根据,因此,要更改理货依据,必须办理更改手续;

（3）理货依据通常由委托方提供,没有理货依据一般不能作业;

（4）理货依据上面必须盖有海关准许进口或出口的放行印章(电子流转单据可无印章,但数据需与海关放行数据一致);

（5）理货依据上面一般有承运人或其代理人的签章。

三、常见理货依据

在船舶装卸作业时,装货单和进口舱单是理货的唯一凭证和依据,也是船舶承运货物凭证和依据。

1.装货单(SHIPPING ORDER,S/O)

装货单(俗称下货纸)是由托运人按照托运单的内容填制,交船公司或其代理人审核并签章后,据以要求船长将货物装船的承运凭证。它既能用作装船的依据,又是货主用以向海关办理出口货物申报手续的主要单据之一,所以又叫"关单"。

2.进口舱单(IMPORT M/F)

进口舱单是载货清单(Manifest:M/F)的别称,是在货物装船完毕后,根据大副单据或提单编制的一份按卸货港顺序逐票列明全船实际载运货物的汇总清单。

进口舱单是船舶办理进口报关手续时必须提交的单证,是海关对进出口船舶所载货物进出国境进行监督管理的单证,是港方安排卸货的单证之一。在卸货时,进口舱单是理货机构进行理货的重要依据。

课堂案例

案例:7月27日,"木尔坦"轮靠泊在上海港某码头,该航次主要出口货物是钢管。上海外代理货员陆某在核对关单时发现,其中一票钢管货主提供的信息为3000件,可体积却达到3万多 m^3。根据自己多年的工作经验,陆某第一反应就是这个数据有问题。为了确保船舶积载及航行安全,同时也为了避免客户发生不应承担的损失,他顶着当时40℃的高温,到现场对该票货物一一进行了丈量,并通过计算得出该票钢管体积实际为4221.55m^3,远远小于货主提供的数据。为此,船代公司特意写表扬信给公司,感谢理货员陆某工作认真细致,为他们避免了不必要的损失。

案例解析:由于船舶理货具有公正性和服务性,理货员理货时应严守公正立场,遵循实事求是原则,维护委托方的正当利益。理货员陆某正是凭着高度的工作责任心和对客户认真负责的态度,将货差情况通知了货代与船代,后经多方核实发现是客户错将重量当成了体积,把吨位报成了尺码,造成了这一差错,而陆某提供的信息是正确的。

【**复习思考题**】

1.中国理货协会成立对理货行业有什么重要意义?
2.简述船舶理货的性质与原则。
3.船舶理货人员必须具备哪些条件?
4.目前,船舶理货机构的业务范围有哪些?

【**实践训练**】

1.练习召开现场配工会。
2.练习上下轮过程。

项目二　货物装舱积载

知识要点

1.货物的基本知识。
2.货物选配舱位的原则。
3.互抵型货物的积载要求。
4.不同包装货物的积载要求。
5.特殊货物的积载要求。
6.不同港口货物的积载要求。

项目任务

1.掌握货物的基本知识。
2.掌握货物选配舱位的原则。
3.熟悉各种货物的积载要求。

项目准备

1.场地、工具准备:船舶理货模拟仿真系统、货物模型、港口沙盘、船舶模型、对讲机等。
2.人员安排:学生按班制分组,每组安排理货组长1人,根据舱口数安排理货员4~6人,每班有当班业务员、值班队长、值班副队长各1人。

相关理论知识

一、货物基础知识

货物是船舶理货生产的主要对象。水上运输的货物种类繁多,性质各异,批量不一,包装形式也各不相同。海上运输时间长,条件复杂,装舱积载不当,货损货差的发生就不可避免。因此,必须了解货物的基础知识,做好货物装舱积载工作。

(一)货物分类

随着我国经济和对外贸易的迅速发展,海运货物种类繁多、包装性质各异,为了保护货物,便于运输、保管、装卸,对货物进行分类是极为重要的。货物分类标志很多,一般可以采用以下几种。

1.按照货物的装运方式分类

(1)散装货物(Bulk Cargo)。

散装货物又称为散货。运量大,没有包装、标志,以重量承运,不易计算件数,以散装方式运输。一般批量大,种类较少。常见的有煤炭、矿石、原油、粮食等货种,如图2-1所示。

a) b)

图2-1 常见的散装货物

(2)件装货物(Pieces Cargo)。

件装货物又称为件杂货物,简称杂货、件货。一般有包装、标志,以重量和件数承运,一般批量较小,票数种类较多。包装、形态、性质差异非常大。这类货种极为广泛,因为性质差异很大,所以对选舱、包装以及配积载的要求都非常严格,因此,必须熟练掌握常见的件杂货物的性质特点。

件杂货物按照有无包装可以分为包装货物和裸装货物两种:

①包装货物(PACKAGE CARGO)是指装入各种包装容器内进行运输的货物。常见的有:箱装、桶装、袋装、捆包类货物等,如图2-2a)所示。

②裸装货物(NUDE CARGO)是指运输中不加包装(或简易捆束),而在形态上却自成件数的货物。如汽车、卷钢、盘圆、木材等,如图2-2b)所示。

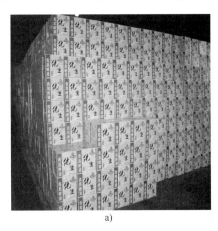

a) b)

图2-2 常见的包装与裸装货物

（3）成组装货物（Unitized Cargo）。

成组装货物是指将若干件个体或个别的包装物货物集合放在一起，组合成为一个独立的单元进行运输、保管和装卸的货物。常见的成组装形式有：托盘货物、网络货物、集装袋货物、集装箱货物四种。

①托盘货物（Palletizen Cargo）是指将货物放在特制的托盘上组成的独立的运输单元。托盘的体积一般不低于$1m^3$，重量一般为$0.5\sim2t$。

托盘货物兼有整体装卸、堆码、运输、保管等功能，可以节约包装费用、合理利用货舱容积，并且大大提高了装卸效率，加速了货物周转。因此，在货物流通和仓储环节有较大的使用空间，如图2-3所示。

图2-3　常见托盘与托盘货物

②网络货物（Net For Unitized Cargo）：是指将货物装在用绳索等柔性材料编制成的网络里集中运输、装卸和堆码、保管的货物。常见的有件杂货物和散装货物。如：生铁、铜快、袋装粮谷等。网络上一般有环状吊系，省去了一次性捆绑的小绳，可大大降低袋装货物吊运费用，提高了工作效率，加快了货物周转，并且更加安全有效。

③集装袋货物（Container Bag Cargo）：集装袋是采用合成纤维材料、复合材料以及塑料等材料编制成的圆形或方形的抽口式的大口袋。其顶部或侧面、底部有吊环，可方便机械设备起吊，如图2-4所示。

图2-4　常见的集装袋货物

集装袋的容积一般为500~2300L,载重量为0.5~3t,可以对散装货物或小包装货物进行集合包装,尤其适宜化工、水泥、粮谷、矿产品等粉末、颗粒晶体状货物的成组装,可以大大提高装卸和运输效率,并减少货损货差。所以,集装袋的出现被认为是"粉末颗粒状货物的一次革命"。

④集装箱货物(CONTAINER CARGO)是指将一定数量的单件或散装货物,装进集装箱内进行运输,是以集装箱作为运输单位进行货物运输的一种现代化的运输方式。集装箱运输装箱时能装满整箱的被称作整箱货,装不满整箱的按拼箱方式运输。

集装箱的容积一般在1m³以上,可容纳1~40t的货物,适用于散装货物、件杂货物、包装、裸装等货物。集装箱货物具有节省包装费用;保护货物质量和运输安全,减少货损货差事故;可以节省运输费用;提高装卸效率6~50倍,缩短运输时间;简化货运手续等,如图2-5所示。

图2-5 常见的集装箱货物

2.按照货物的清洁程度分类

货物按照清洁程度可以分为清洁货物和污秽货物两类。划分清洁与污秽货物的目的是为了更好地进行配积载,以确保货物不会因为性质抵触而出现质量上的残损。

(1)清洁货物(CLEAN CARGO)是指在运输中不易变质,本身清洁,并且在运输、保管和装卸过程中对其他货物不会造成污染,且本身也不能被污染的货物。例如:纸浆、茶叶、生丝、棉纺织品等。

(2)污秽货物(DIRTY CARGO)是指在装卸、运输、保管过程中,由于本身无包装或包装不良,受损时能对其他货物造成污染的货物。

3.按照装运时是否有特殊要求分类

(1)普通货物(GENERAL CARGO):除特殊货物以外的,在装运时没有特殊要求的货就是普通货。

(2)特殊货物(SPECIAL CARGO):是指货物由于本身的性质、体积、重量、价值等方面与一般的货物不一样,需要在运输时采取特殊的措施与方法的货物。

4.按照货物的装船场所分类

(1)舱内货物(HOLD CARGO):是指装载舱内进行运输的货物。适合装运的是清洁的、怕湿的、怕晒的货物。如:食糖、棉花、茶叶等。

(2)舱面货物(DECK CARGO):又叫甲板货物,是指装载在船舶没有遮蔽的甲板上的货物。适合装运不怕水湿、日晒、雨淋的货物。如:原木、藤及其制品、经货主同意的有生动植物货物等。

(3)舱底货物(BOTTOM CARGO):又称压载货物,是指装载在船舱底进行运输的货物。一般是相对密度大或者有污染性且不怕压不怕潮的货物。如:钢材、桐油、矿石等。

(4)深舱货物(DEEP TANK CARGO):是指装入船舶吃水最深的舱内进行运输的货物。一般为液体货物、污秽货物。如:石油、矿石等。

(5)房间货物(LOCKER CARGO):是指装入保险房间或其他小舱室的货物。如:贵重货物、涉外货物、邮件等。

(6)冷藏舱货物(REFRIGERATED CARGO):是指装入冷藏舱内进行运输的货物。如:易腐货物、冷藏货物等。

5.按照货物的自然属性分类

(1)吸湿性货物与散湿性货物:是指会受到环境湿度变化而吸收或散发水蒸气的货物,吸湿后的货物有的会出现发霉、变质、腐烂,有的会潮解、溶化、锈蚀等质量下降和数量减少的现象。如:棉纺织品、天然橡胶、茶叶、食盐。货物散湿后会出现枯萎、干裂、变形、结块等货损现象。如:新鲜水果、木材、化肥等。

(2)吸味性货物与散味性货物:是指容易吸附空气中的异味或散发异味的货物。如:食品类、贵重货物类;油漆、化肥、生皮、烟丝烟叶等。

(3)腐蚀性货物与锈蚀性货物:是指容易使得某些货物表面被破坏或容易因与酸碱类等物质接触而出现表面被破坏现象的货物。如:化肥、食盐、纯碱、金属及其制品等。

(4)危险性货物:是指具有燃烧、爆炸、腐蚀、毒害、放射性等危险性质,在运输、保管和装卸过程中容易引发船毁人亡等恶性事故的货物。如:强酸、农药、石油及其制品、过氧化钠、氰化钾、过氧化氢等。

(5)扬尘性货物与染尘性货物:是指容易飞扬灰尘的粉末颗粒、晶体状的货物和容易因沾染较多粉尘、灰尘而降低数量或质量的货物。如:煤炭、矿石、石墨、滑石粉、磷矿粉等粉末类货物;棉花等纤维类货物、液体货物、食品类货物等。

(6)自热性货物与自燃性货物:是指货物在堆存保管和运输的过程中,不需要外界热源加热的条件下,即可以自行发热和燃烧的货物。如:鱼粉、煤炭、矿石、沾有易氧化物的棉花、粮谷等。

(7)结块性:是指货物在运输、保管和装卸的过程中,因受到环境温湿度变化或外力作用后容易结成大块,对装卸造成困难或导致包装破裂的货物。如:煤炭、食糖、化肥、水泥等粉末晶体状的货物;液体西药、墨水等液体货物。

6.按照货物的运输批量分类

(1)零星货物(PARCEL LOT CARGO):又称为零担货物,是指批量较小的货物,一般指批量小于30t。通常采用班轮运输方式,件杂货物运输多属于这种情况。班轮运输有固定的船期、固定航线、固定的停靠港口和相对固定的运费率的"四固定"特点。

(2)整批货物(HOMOGENEOUS CARGO):又称大宗货物。是指数量多、批量大的货物,一般指批量大于30t的货物。一般采用整船运输方式。常见的散装货物多属于这种情况。如:煤炭、矿石、原油等。

(二)货物的积载因数

货物的积载因数,又称为装载因数,是船舶配积载工作中十分重要的数据。在水运中,货物的种类、性质、尺寸、重量各不相当,同样包装的货物重量可能相差很大,同样重量的货物体积也可能会有差异。比如,金属和棉花。同一艘船,全部装载棉花,可能舱容满载可载重量却有富余;如果全部装载金属,当船舶载重量满足时,舱容会有很大富余,这两种情况都不能使船舶满载。所以,必须按照一定的比例把棉花和金属搭配起来装载,以充分利用船舶的载重量和舱容。这就是积载因数的用处所在。

1. 概念

(1)理论积载因数(Stowage Factor 简写 SF)是指某种货物每1t所具有的体积(m^3 或 ft^3)。计算公式=量尺体积/货物的重量。即

$$SF = V/Q$$

(2)实际积载因数(SF')是指某种货物在船舱内正常装载时所占用的容积(m^3 或 ft^3)。计算公式=货物占用货舱的容积/货物的重量。即

$$SF' = W/Q$$

(3)亏舱(Broken Stowage)是指船舶容积未被所装货物充分利用的那一部分。也即实际积载因数与理论积载因数的差额。即

$$W - V$$

亏舱对货物的装载来说,是一种舱容的浪费,配积载时就要通过合理搭配,尽量减少这种浪费。亏舱的原因有:货物与货物之间的空隙、货物堆码不紧密、货物留出的通风道、货物衬隔材料所占用的空间、货物包装形式与货船的形状不相适应、货舱某一方向上的尺度不等于货件高度的整数倍等。

(4)亏舱率:亏舱的大小常用亏舱率来表示。亏舱率(RATE OF BROKEN STOWAGE)是指货舱容积未被货物充分利用的那一部分(即亏舱)占货舱容积的百分数。用公式表示就是

$$\beta = (W - V)/W \times 100\%$$

亏舱率的大小取决于货物的种类、包装形式、货舱部位以及货物的装舱质量和配积载水平等因素。我国常见货种包装形式的亏舱率如表2-1所示。

不同货种的亏舱率表　　　　　　　　　　　　　　　　　表2-1

货物的包装形式		亏舱率(%)	积载因数(ft^3/t)
各种杂货混装(GENERAL CARGO)		10~20	
规格统一的箱装货物(CASE)		4~20	
规格统一的袋装货物	(BAG)	0~20	
	(SACK)	0~12	
规格统一的捆装货物(BALE)		5~12	
规格统一的桶装货物BARREL		15~30	
规格统一的铁桶货物(DRUM)		8~25	
散装货物	煤炭(COAL)	0~10	
	粮谷类(GRAIN)	2~10	42~48
	盐(SALT)	0~10	50~60
	矿石(ORE)	0~20	36~42
大木桶(HOGSHEAD)		17~30	
木材(TEMBER)		5~50	

例1: 某船装运出口箱装货物200t,实际占用的货舱容积是420 m³,该箱装货物的理论积载因数是1.8m³/t,计算该批货物的亏舱率是多少？

解: 已知$Q=200t, W=420m^3, SF=1.8m^3/t$,求$\beta$。

因为
$$SF=V/Q$$
所以
$$V=SF \times Q=1.8 \times 200=360m^3$$
$$\beta=(W-V)/W \times 100\%=(420-360)/420 \times 100\%=14.3\%$$

所以该批货物的亏舱率为14.3%。

例2: 某船计划配装出口袋装白糖300t,已知袋装白糖的理论积载因数是$SF=49ft^3/t$,如果亏舱率是8%,试计算应安排多少舱容？

解: 已知$Q=300t, SF=49ft^3/t, \beta=8\%$,求$W$。

因为
$$SF=V/Q, \beta=(W-V)/W \times 100\%$$
所以
$$W=V/(1-\beta)=SF \times Q/(1-\beta)=49 \times 300/(1-8\%)=15978ft^3$$

所以应安排的舱容为15978ft³。

2.重货与轻货的判定

重货(HEAVY GOODS)和轻货(LIGHT GOODS)的确定对计算运费、安排配积载有着非常重要的作用。在不同的业务部门确定轻货与重货的依据各有不同。

(1)在国际航运业务中为了计算运费,货物的计费单位分为重量吨(W)和体积吨(M)(或尺码吨、容积吨)。凡货物的理论积载因数小于1.1328m³/t或40ft³/t的货物,称为重货,如钢铁制品、水泥、煤炭等,运费就按照重量吨(W)来计算;反之,则称为轻货。如:茶叶、乒乓球等,运费按体积吨(M)计算。计费单位为(W/M)的货物,按重量吨与体积吨中较大者计算。

(2)在船舶积载业务中,重货与轻货是按照实际积载因数跟船舶舱容系数相比较得来的。船舶舱容系数是指,船舶货舱总容积与船舶净载重吨的比值,即船舶每一净载重吨所占的货舱容积。当货物实际积载因数小于船舶舱容系数,称为重货;反之,称为轻货。两者相近的为普通货。为了适合装运较多的轻货,一般杂货船的舱容系数多在1.4以上。

(三)货物的性质

货物在整个的运输、保管、装卸中能否安全、及时、高效,航运企业、港口应该采取什么样的措施提高服务质量,取决不同货物的性质差异。货物在运输、储存和保管的过程中,由于本身的特点以及环境等因素的影响,会发生各种各样的变化,表现为不同的现象。通常货物具有下列基本特性:吸湿性、冻结与热变性、锈蚀性、脆弱性、自热性、自燃性、危险性、污秽、散味与污染性、货物互抵性等。归纳起来有物理变化、化学变化、机械变化和微生物活动等引起的生物变化。货物的这些变化归根结底是各自性质的主要体现。所以,研究货物的性质与变化,会更好地掌握货物质量变化的内在与外在原因、变化后果及影响因素,能在装舱积载时更加有针对性的采取有效措施,防止货损货差的出现,减少损失。

二、配积载及其要求

1.配载和积载

船舶配载和积载是紧密联系而又有区别的两个工作阶段。

船舶配载是根据货物托运人提出的货物托运计划,依货物的品种、数量、体积、重量以及到达港口先后次序等因素,将货物正确合理地分配到船舶各个部位,并编制装货清单。它是船舶积载的依据。

船舶积载是在保证船舶安全、货物完整无损、充分发挥船舶运输能力、有利加速船舶周转和港口装卸作业的前提下,将货物正确、合理地装到船上各个部位。

配载图(Cargo Plan)是以图的形式表明拟装货物受载于船舱位置的书面计划,也称货物配载图。图上应标明每批货物的舱位、名称、件数、重量或体积、装货单号、装货港、中途港、目的港、装货起讫期、卸货港,以及用文字说明装卸、堆放、隔票、衬垫等注意事项。配载图需经船长或大副签字后方能生效。

积载图(Stowage Plan)是货物装船结束时,根据货物实际的装船位置绘制的示意图。在装船过程中,难免要对配载计划进行必要的变更和调整,所以货物装完后就需要重新绘制货物实际积载图。

理货人员虽然不具体从事船舶配载和积载工作,但在理货工作中,要根据配载图监督和指导货物装船积载工作,以确保货物在运输途中的安全。因此,理货人员有必要掌握船舶配载和积载的专业知识,才能履行监督和指导货物装舱积载的职责。

理货人员应正确地为不同卸货港、不同种类的货物选配舱位,保证货物在运输途中的完好无损。货物在船上配置及堆装应保证船舶安全、货物完好、合理使用舱位、便利装卸及满足船舶必需的航行技术性能等。要达到这样的要求,必须掌握船舶积载的基本规律,制订合理的积载计划。积载计划应力求满足以下8项基本要求:

(1)充分利用船舶的装载能力;
(2)保证船体的总强度和局部强度;
(3)保证船舶具有适度的稳定性;
(4)保证船舶具有适当的吃水差;
(5)保证货物运输质量;
(6)满足中途港卸货顺序的要求;
(7)便于装卸、缩短船舶在港停泊时间;
(8)正确合理的舱面积载。

在实际积载工作中,由于船舶和货物类型、特点的不同,就可能遇到各种各样积载问题。而每一项积载工作要同时满足上述的8项要求,也不是在任何情况下都能达到的,因此,不能把积载过程中所有的矛盾平均看待。在一般情况下,保证船舶的安全和货运质量应该是船舶积载工作的主要矛盾和主要要求。因为,船舶安全是货物运输的基本保障,没有船舶的安全,就谈不上货运质量的完好,更谈不上高质量的货物运输。

2.货物选配舱位的原则

正确地为不同卸货港、不同种类的货物选配舱位,对于保证货物在运输途中的完整无损,有着十分重要的作用。因此,货物积载选配舱位应遵循以下3个基本原则。

(1)由下而上,先远后近,先大后小,下重上轻。

由下而上,是指船的舱位由下而上,即应先装底舱的货物,后装上层舱的货物,在底舱和二层舱内也要由下而上。先远后近是指卸货港的先远后近,即先装运程远的货物,后装运程近的货物。先大后小,是指货物数量的先大后小,即先装数量大的大票货物,后装数量小的小票货物。下重上轻,是指货物的积载因数的下重上轻,即先装耐压的积载因数小的重货,后装不耐压的积载因数大的轻货。

在货物选配舱位时,不能孤立地套用原则,必须把这4句话综合全面地加以考虑。如先按卸货港顺序把货物加以分开,在同一个卸货港货物中,再按数量大小和轻重加以选配。

(2)特殊货物先定位,互抵货物慎搭配。

对积载上有特殊要求的货物,如危险品、贵重货、超长超重货、怕热和怕潮货、污染货、流质货、易碎货等,应先确定其装舱位置,同时,要根据货物的物理化学性质慎重地加以配置和搭配,防止性质互相抵触的货物混装在一起。

(3)大硬配船中,小软配首尾,轻重大小合理搭配。

体积大、硬包装的货物应选配在宽敞、舱口大的中部货舱;体积小、软包装的货物可选配在狭窄的首尾货舱。在一个舱内,也要合理搭配包装硬软、积载因数大小不同的货物,使之堆码紧密,充分利用各舱的载重量和舱容,防止货物移动和损坏。

三、互抵性货物的积载要求

性质相互抵触的货物不能混装在一起,否则会影响货物的质量,造成经济损失。货物具有相互抵触的性质,称为货物的互抵性。熟悉货物的互抵性,在货物装舱积载时,有助于正确安排货物,以及采取必要的隔离措施,保证船舶和货物的安全。具有互抵性的货物如下:

1. 怕引起化学反应的货物

酸、碱、盐、化肥等均具有腐蚀作用,这类货物不得与金属制品、机械设备、仪器、纺织品、纸制品、塑料制品、工艺品、食品等混装,与船体接触部位应采取衬隔措施。

化纤制品不得与樟脑及为防止虫蛀而放有樟脑的货物混装,否则樟脑会侵入化纤品,降低其强度,影响染色牢度。

水泥不得与糖及氧化镁混装,水泥中掺入万分之一的糖便会失去凝固作用。掺有氧化镁的水泥,会使水泥制品产生小孔,影响工程质量。水泥与氨类化肥混装,会因吸收化肥散发出的氨气而在未使用前凝固。

橡胶制品不得与苯、乙烯、汽油等有机溶剂混装,因为它们会使橡胶制品溶解。

2. 怕串味货物

烟、糖、酒、茶、食品及调味品类均为怕异味货物。这类货物不得与散发香味的香料、化妆品;散发恶性气味的骨粉、毛皮、鱼粉、肠衣;散发刺激性气味的化肥、酸类、油漆、农药、化工品、樟脑等混装在同一舱内。食品不得与中药材混装在同一货舱,同时要防止食品之间的串味。此外,香料、化妆品不得与有臭味、腥味的货物混装在同一货舱内。

3. 怕掺杂质货物

滑石粉、耐火材料、纸浆、矿石、焦炭、粮食等均怕混入杂质。滑石粉是化妆品的原料,混入杂质后不能再用于制造化妆品。耐火材料混入杂质会使耐火砖出现熔孔。纸浆是制造纸张和人造棉的原料,混入杂质会影响产品质量并损坏机器。各种矿物混入杂质,会影响冶炼产品的质量。焦炭中混入硫化物,将影响钢的质量。粮食混入杂质将影响食用。因此,这类货物均不得彼此混装在同一层舱内和相邻堆积,而且装货前必须彻底清扫货舱。

4. 怕油污货物

纺织品、纸制品、日用品、工艺品、食品等均怕油污。这类货物不得与桶装油类、袋装油料作物的果实及涂油机器部件等相邻堆积，尤其不允许将怕油污的货物装在油污货物之下。有油迹的舱底要采取必要的衬垫措施，方可装载这类货物。

5. 怕受潮货物

由于潮湿，纺织品、工艺品、茶、烟、纸制品、谷物等会霉变，糖会结块，罐头会生锈。这类怕潮货物不得与易散发水分货物，如鲜果、蔬菜类、含水分较高的矿粉类及易溢漏水分的酸制品混装在同一层舱内。如不得已必须装在同一层舱内时，应隔离积载，而且还一定要用符合要求的衬垫材料加以衬隔。

6. 怕受温度影响货物

每种货物都有其最佳适宜温度，适宜温度不同的货物不能同装一个舱内。如-3~5℃运输冻鱼、肉类及果菜、活贝类，会因温度过高而降低鱼、肉类的鲜度，同时也会因温度过低而使果菜、活贝类冻伤。因此，应根据货物最佳适宜温度分舱装载并严格控制各舱室温度。

四、不同包装货物的积载要求

由于货物的包装材料、方法及货物本身性质、重量、大小不同，对积载的要求也就不同，因此，熟悉不同包装货物，在货物装舱积载时就可以做到保障货物完整无损，就可以合理利用舱位，减少亏舱。不同包装货物的积载要求不同。

1. 箱装

（1）木箱。一般木箱较重，可装在各舱的中层或底层。木箱的体积大小不等，通常可分为小箱、中箱、大箱等。小箱可分装在各个货舱，亦可作为充分利用舱容的填充货。大、中箱宜装在中部大舱。木箱的堆高一般不限制，若需要在其上面加装重货时，则应在箱表面铺木板作衬垫，以分散其压力。大小相同的箱子应采用压缝式方法堆码，且注意紧密稳固。在货舱底部的不规则部位（如污水沟），应力求衬垫平稳后再码箱装货。

（2）木格箱。木格箱一般用来装土豆、大葱、大蒜、啤酒等。它不耐压，一般可装在露天甲板、冷藏舱和货舱内。它的堆高限度一般为5~7个箱高。

（3）纸板箱。纸板箱一般用来装各种日用品、服装、易碎品、药品、罐头等。它一般不耐压，可装在各层舱的上部。由于纸板箱都装在其他货物上面，所以其堆高一般不受限制，但堆码时必须注意紧密牢固。

2. 袋装

由于所装货物的不同，袋装货的种类、大小亦不同。麻袋（gunny bag）用于装载粮食、糖、大豆、玉米等。布袋（sack）用于装载面粉、淀粉等。纸袋（paper bag）用于装载水泥等。除此之外，还有用人造纤维、塑料和草编袋来装载的各种货物。

由于袋装货比较松软，在各个舱内均可堆装，更适宜装在首尾部不规则的舱内。袋装货的堆码形式主要有重叠式和压缝式两种。前者，货袋垂直向上重叠堆垛，利于通风。后者，堆形较稳固紧密，能充分利用舱容，适于不需要良好通风的货物。此外，还有纵横压缝式，此垛形更为稳固，但操作费力，一般在垛顶和垛端才采用这种形式，以防倒塌。

3. 捆装

捆装货比较复杂,它包括捆包装、捆卷装、捆筒装和捆扎装。

捆包装有棉花、生丝、禽毛、纸张等货类。这类包装货不怕挤压,可在各舱内堆码,更适宜堆放在形状不规则的首尾舱内。这样既利于保证其他货物的质量,又可充分利用舱容。

捆卷装有盘圆、钢丝、电缆、轮胎等货类。捆筒装有筒纸、油毛毡、六角网、草席等货类。这两类包装中非金属货物,一般不耐压,不能作打底货;含金属类货物则耐压,可作打底货。这两类货物均易滚动,为严防船舶横倾时滚动,危及船舶安全,其堆积方向应朝船舶首尾向,并前后固定塞紧,有的必须直立或平卧堆放(如油毛毡、轮胎),防止货品受压变形。

捆扎装可分两类,一类是长度短、体积小的捆扎货,如耐火砖、瓷砖、金属铸锭等货类;另一类是长度长、体积大的捆扎装,如各种金属线材、管材等货类。金属类的货物一般耐压,可作打底货,但要注意装载部位的局部强度。非金属类的货物不耐压,不能作打底货。长件金属类捆扎货,应堆积在大舱口和舱形规则的中部货舱,而且要顺着船舶首尾方向堆积,以防止船舶横摇时碰伤船体。为了防止各种金属管材受损变形,堆码要求整齐、紧密和铺平。

4. 桶装

桶制品因制桶材料不同有金属桶、木桶、三夹板桶和塑料桶4种。因形状不同有圆形桶和鼓形桶两种。因大小不同有许多不同规格的桶。大的金属桶用来装载汽油、柴油、植物油等货类。小的金属桶用来装载油灰、油漆等危险品和化工品。大的木桶多数用来装载酒、肠衣、桐油等物品。各种材料制成的小桶用来装载染料、五金、生漆及各种化工产品等货物。木质的鼓形桶用来装载肠衣、松脂、烤烟等货类。

盛有流质货物的桶装货,要直立堆放,桶口向上。一般应装在底舱的后部,不宜堆放在二层舱的舱口位处,以防流质外溢污染其他货物。为了保证堆码的稳固性以及使其受力均匀,每层货桶之间应衬垫木板。装载肠衣的木桶,必须堆积在水线之下,不宜靠近热源,以防货物受热变质。小桶装货物堆积部位不限,但舱口位处不宜堆放。

5. 箩篓筐装

箩、篓、筐一般用来装载水果、蔬菜、果品以及各种不耐压的杂品。这类货物一般都怕压,且需要通风,所以可堆积在各层货舱的上部和通风口处。短途运输也可装在甲板上。

6. 特殊包装

特殊包装包括各种瓶、坛、瓮等包装形式。玻璃瓶主要用来装酒和化学品等货类。钢瓶主要用来装氧气等气体货物。坛、瓮主要用来装酒、皮蛋、咸蛋、榨菜等货类。这类包装货物应视所装货物的性质,有些可按危险品的要求处理,有些可按易碎品的要求堆积。各种钢瓶应平卧堆放。坛、瓮装货物,堆高限度为3~4层,每层之间要铺垫木板,以防止压破包装,同时也能使货物堆得更稳固。

7. 裸装

裸装是指各种没有包装的机械设备、卡车、火车头、成套设备、钢轨、钢板及大青石等货类。这类货物多数属于重大件,可按重大件的要求堆积。此外,要注意保护货物的突出部分,不要在装卸及舱内排列移位时碰伤损坏,要牢靠地绑扎固定,防止船舶摇摆时发生滚动和滑动。带轮车的积载方法,最好是车轴与船舶首尾向成90°,车轮要用垫木塞紧,车体要用钢丝绳和螺钉固紧。

五、特殊货物的积载要求

在货物运输过程中,有特殊条件限制或特殊要求的货物,称为特殊货物。特殊货物对装舱积载有特殊的要求,只有熟悉这些要求,在积载时,才能做到正确、合理选配舱位,正确搭配货类,以保证货物不受损害,舱位得以充分利用,船舶能安全航行。现介绍各种特殊货物的积载要求。

1. 贵重货物

应尽可能装在房间或保险房内,少量极贵重货物应与船方当面点交点接。没有房间或保险房的船舶,应装在二层舱深处的角落里,并用其他一般货物保护起来,以防失窃。对同一港口的贵重货物和易于丢失的小件货物,安排舱位时,要相对集中,避免过于分散,利于卸货港理货和卸货。

2. 笨重货物

笨重货物是指超重、超长或体积过大的货物。各国港口对笨重货物的标准规定不一,国际通用的是每件重量超过 40t 为超重货物,长度超过 12m 为超长货物,高度或宽度超过 3m 为超高或超宽货物。我国沿海港口的标准是,每件重量超过了 5t 为笨重货物,长度超过 12m 为超长货物,火车头、车厢、超重设备、高压容器、成套设备、集装箱等都属于笨重货物。这类货物可以装在舱内,有的只能装在甲板。笨重货物装船时要注意:

(1)正确选择货位。笨重货物装于舱内时,应选择舱口尺寸大,且配有重型起货设备的中部货舱。装于甲板时,宜装于船中部上层建筑的后面甲板上,避免海浪冲击,同时要留出必要的通道,防止堵塞消防管线、测水口、水密门、排水孔、各种阀门等。防止妨碍起货机、吊杆的操作和起落。

(2)符合船舶局部强度要求。

(3)做好绑扎固定工作,防止船舶摇摆时发生移动。

3. 袋装大米

袋装大米在运输途中需要通风,所以积载时要注意:

(1)货舱和衬垫材料应保持清洁、干燥、无异味。对装运过污染货物、毒品、腐蚀品、有害化工品和受虫感染的船舱,必须先进行清洗,必要时,要进行熏蒸,经检验合格并取得证书后,才能装货。另外,污水沟、盖板和通过舱内的管道要完好。

(2)为防止汗湿,在装货前应在舱底横向铺一层木板,板与板之间的距离约 0.2~0.3m。然后再纵向紧密铺一层木板,木板上再铺一层芦席或帆布。此外,凡是舱内铁质部位均须用芦席(或其他代用品)铺垫隔离,防止米袋与铁质结构直接接触。在易受汗湿部位(如舱口位、通风筒附近)的米袋上面要铺盖草席或帆布。

(3)舱内应安置木制通风筒,以便在航行中排出米袋中产生的闷热空气,防止米袋发热而造成汗水以及虫害繁殖。在积载时,先打底铺 3 袋,然后纵横每隔 5 袋的距离安置水平向木制通风筒,并与安置在船舱舱口位 4 个角的垂直风筒相连通,构成一个井字形的通风道。

为了节约木材,也可不用木制通风筒,而采用积载时留出横向暗沟和纵向明沟的方法,解决通风问题。即沿船舶首尾向留出 2~3 条暗沟(每隔 5~6 层米袋把沟盖住,以防止因船舱摇晃而使米袋倒塌),沿船舶纵向留出多条明沟,即堆码米袋时从舱底直通到舱顶作成一个垂直通风道,并与横向的暗沟连通,构成一个完整的通风道。采用此种通风方法,要特别注意堆码质量,避免通风道被米袋堵塞。另外,此种通风方法一般只适用于近洋运输,对远洋运输不适宜。

4.冷藏货

运输易腐货物时,应检查其质量、包装、温度是否符合运输要求,质量不符合要求会在运输途中腐烂变质。包装破损会破坏空气正常循环而引起货物变质;包装不清洁会促使各种微生物生长而使货物腐败;货物温度不符合要求,如冻货温度偏高会引起融化导致变质,果蔬货温度偏低会冻坏等。

运输冷藏货物时,发货人应向船方提供温度、湿度等方面的书面要求,船方确认具备相应的冷藏能力,方可承运。

装冷藏货前,船方应对舱内设备进行检查,做好舱内清洁工作,不得有任何异味。舱内污染严重的,要用清水冲洗,并进行通风换气,使其干燥,必要时,还需进行脱臭消毒。

装货前,还须对冷藏舱、衬垫物料进行预冷,预冷温度应视冷藏货的品种而定,一般应与保藏温度相同或稍低于保藏温度。

为防止装舱过程中货物温度回升,货主应尽量用冷藏车装运,港口应尽量做到货一到立即装船,缩短冷藏货暴露于常温空气下的时间。装舱积载时应注意:

(1)冷藏舱预冷要充分,冷气要浸透舱内所有设备和衬垫物料,且应使舱内各部位的温度均匀一致。

(2)冷藏货与舱壁间需留出适当的供冷气流通的孔道。

(3)冷藏货与蒸发器、冷风口及排气口之间要保留适当距离,以避免堵塞冷风通路或因紧靠在蒸发器而致使部分货物发生过冷和干缩。

(4)装货过程中应停止往舱内打冷气,避免结霜。

(5)具有互抵性的冷藏货不能混装。如鱼与肉应分舱装载;在伊斯兰教国家卸货的,不能将牛羊肉与猪肉混装。

(6)对鲜度不良和冷冻不充分的货物,如发现渗血、变色、发霉、柔软或包装滴水等情况,应拒装或予以批注。

(7)对箱装冷藏货,在堆积时,每隔5~6箱在其上面放置二根小木棒,小木棒放置的方向应与冷风循环流通方向保持一致,以利于冷风流通,而且可以防止货物之间因压层太多而冷冻凝结,影响货物质量,给卸货带来困难。

5.危险货物

具有燃烧、爆炸、腐蚀、毒害、放射等性质的货物,称为危险货物。

危险货物装船前,一般由船方申请港监进行监装。危险货物装舱时,要正确选择货位,防止互抵性货物混装,做好衬垫、隔票和绑扎工作。如腐蚀货物一般尽量装在露天甲板上,但怕冻的腐蚀货物冬季则应装入舱内。遇水腐蚀货物应装于舱内。易爆、易燃、有毒的危险货物,应远离机舱、火源、电源、厨房、船员卧室及振动部位。中机船,最好装在首尾货舱的二层舱内;尾机船或中后机船,最好装在首楼或头舱的二层舱内。因这些舱位符合上述要求,有助于做到最后装、最先卸,一旦发生危险,易于及时采取措施。

六、不同港口货物的积载要求

1. 中途港货物

装舱时,要考虑中途港货物在卸货港能顺利地卸下,不被其他港口货物堵住。舱口四周的货物如果比舱口位的货物后卸或不是同一港口的货物,则应对舱口四周的货物进行必要的加固,以防舱口位货物卸完后引起倒塌。

同时,沿着舱盖四周要留有通道,以便装卸工人作业。二层舱保险房内的货物先卸时,保险房的出口处不能被后卸的货物堵住。当底舱有两个或两个以上卸货港货物时,为避免重压轻,而又能依次顺利地卸货,可采用隔位装方法,即将后卸货物装于舱的后半部分,先卸货物装于前半部分。为了防止卸后货物倒塌,一般应先装后半舱的货物;并使货堆呈梯形。

2. 选港货物和转船货物

选港货物一般规定几个卸货港口,船舶在到达第一个卸货港之前24~48h,应确定一个卸货港口。在装载这类货物时,应装于各个卸货港口都能顺利卸下的舱位。由于选港货数量一般都不大,所以可安排在二层舱舱口位四周或底舱上部舱口位附近,其上面不宜装载其他港口的货物,以便能随时卸出。如不当,就容易造成翻舱。

转船货物,由于国外港口一般使用驳船接卸转船货物,所以应尽量集中装载。有些船舶对转船货物采用舱底多节隔位和二层舱多节分块隔位方法装载,便于转船货物在卸货港能够集中卸下。

为了能正确、合理地积载不同港口货物,我们在选配舱位和货物积载时,应注意以下几点:

(1) 保证各中途港、选择港和转口港的货物不会被后卸货物堵住而无法卸下。
(2) 防止各中途港加载货物压坏舱内原有货物。
(3) 中途港相同的转船货物,应尽量集中一个舱内装载,以便于中途港接卸。
(4) 在各中途港装卸后,应保证船舶继续具有适度的稳性、吃水差和纵强度。

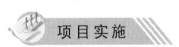

任务一 判断货物共同积载时是否有问题

某船需装载以下货物,假如你是理货人员,你认为它们在一起积载时是否会出现问题,如有问题,请说明原因并提出解决问题的方案。

(1) 化肥与机械设备;
(2) 樟脑与化纤制成的地毯;
(3) 轮胎与乙烯;
(4) 水泥与糖,水泥与碳酸氢铵;
(5) 茶叶与骨粉;
(6) 食品与香料;
(7) 滑石粉与焦炭;

(8)罐头与新鲜蔬菜。

任务二　判断货物装舱积载的正确性

东风轮在上海港装货后,于 2013 年 8 月 17 日开往伦敦、汉堡港。途经苏伊士运河。已知上海至伦敦 10399nmile,上海至汉堡 10715nmile,上海至苏伊士港 7186nmile,其装货清单和装舱积载情况如表 2-2 所示。

装货清单和装舱积载情况一览表　　　　　　表 2-2

目的港	装货单号	货　名	重量(t)	单件重量(kg)	积载因数(m³/t)	备注
伦敦	SH001	五金	1500	50/cs	0.76	
	SH002	硫黄	1000	60/bgs	2.04	
汉堡	SH003	化肥	3000	50/bgs	1.88	
	SH004	茶叶	800	25/ctns	2.88	
	SH005	腌渍肠衣	500	200/brls	1.12	怕热,水线下积载

化肥 500t	五金 500t	
五金 1000t	硫黄 1000t	其他货物
茶叶 800t		
肠衣 500t	化肥 2500t	

请分析货物装舱积载时在货物搭配和货位选择时存在的问题。

课堂案例

案例:"中海蒙特维多"轮某航次在某港口 101 泊位装卸集装箱。装箱开始前,船舶配载员将预配图递交大副审核后,提供外理预配图两套。理货组长接到预配图后按照要求为理货员用彩色笔标注分港,标注过程中理货组长发现预配图中 BAY14 舱内 05 列有压港现象,将卸港为马尼拉的集装箱预配在卸港为上海的集装箱上(港序为先挂靠上海港后到马尼拉港)。理货组长立即来到大副办公室向大副报告了所发现的问题,电话通知了船舶配载员。经确认是配载失误后,大副对于预配图进行了调整并在调整处签字确认,理货组长按照船方要求,通知船舶配载修正船图。

案例解析:集装箱理货不仅要核对准确集装箱箱号、检查清楚集装箱残损、记录清楚积载位置等基本要求,还要对包括配积载检查,装卸过程中出现的特殊情况的处置等环节发挥把关作用,体现理货的价值。本案例中理货组长的工作合理规范起到了把关的作用。一是本案例中的理货组长能够从细节入手帮助理货员做好理货准备工作,理货组长用彩笔分港标注就是为了提醒理货员在装箱过程中注意有分港;二是作为一名理货组长需要了解船舶挂靠的港序等信息,这有利于装箱理货过程中核查实装情况也为核查船舶预配船图,协助船方大副调整船图创造条件;三是把握好责任与服务的界限,案例中理货组长认真的执行"大副调动船图需要签字确认"的要求,相关操作规范合理;四是加强与配载员的配合,体现出港口理货工作相互协作、相互支持、相互监督的工作性质。

相关链接: 在各理货公司集装箱理货过程中,有的使用独立开发的PDA理货系统,有的使用港口集装箱公司的终端操作系统,可能在信号的传输途径、操作细节上有所不同,但在船图的标注箱位的方法以及系统的核心功能方面大同小异。本案例中有关预配图的使用、分港口标注颜色等具体做法可能各港口理货公司做法不一,但严格把关,强化服务质量的意识和做法却是基本一致。

【复习思考题】

1. 配载和积载有哪些区别和联系?
2. 货物选配舱位的原则是什么?
3. 冷藏货物和危险货物在装舱积载时应注意哪些事项?

【实践训练】

练习不同货物的配舱积载:
(1) 互抵性货物的积载;
(2) 不同包装货物的积载;
(3) 不同港口货物的积载。

项目三　分票和理数

知识要点

1. 衬垫、隔票的含义和基本要求。
2. 分票的含义和基本要求。
3. 理数的含义、方法和要求。
4. 理货交接的含义和做法。

项目任务

1. 熟悉装卸船分票的基本要求。
2. 掌握常见的理数方法,熟悉理数要求。

项目准备

1. 场地、工具准备:船舶理货模拟仿真系统、货物模型、港口沙盘、理货终端、各种理货单证等。
2. 人员安排:学生按班制分组,每组安排理货组长1人,根据舱口数安排理货员4~6人,每班有当班业务员、值班队长、值班副队长各1人。

相关理论知识

一、衬垫

1. 衬垫(Dunnage)的含义

船舶受载部位和舱内四周处,以及货物之间,铺放木板、草席等物料,减轻船舶受载部位的压力,使货物不直接接触舱底板和船舱四周的舱壁,减少货物受损,达到保证船、货安全,称为衬垫。

2. 衬垫的作用

衬垫是保护货物完好,保证船舶安全的重要措施,具体有以下作用:
(1)使货物不被污水沟中脏水、其他货物渗漏的液体、舱内壁板的汗水等水湿。
(2)保持舱内空气流通,防止货物受热变质。
(3)防止货物倒塌和移动,保护货物和船体不被损坏。
(4)分散货物的压力,保护货物和船舶甲板不致受力集中而受损。

3. 衬垫的方法

(1)舱底及各层甲板衬垫。在底舱及各层甲板装载包、捆货物和怕潮货物时,一般可铺垫木板一、二层。如铺一层,要横向铺,即左右向铺垫;如铺二层,下层要横向,上层要纵向,即首尾向铺垫。在污水沟处要留出空当,以便污水畅通。对易发热、腐烂的货物,最好在木板上面加一层席子或帆布。舱口边缘、横梁下面要铺几层席子或帆布,以防汗湿货物。

为了防止货物移动,可用木楔、撑木加固货物。为了防止甲板受力集中,可铺垫木板或方木。

(2)舱壁及舷壁衬垫。舱壁及舷壁一般可用席子、草片、帆布、木板来衬垫,以防汗湿货物,保护壁板。但要防止阻塞汗水下流和舱内通风。已安装护货板的船舶,可不加衬垫,如图3-1所示。

图3-1　货物衬垫

二、隔票

1.隔票(Separation)的含义

所谓隔票是指在货物装船时,对不同装货单号(提单号)、不同卸货港、不同收货人的货物作好有效的分隔工作。对同包装不同收货人或不同卸货港的货物、转船货物、选港货物要分隔清楚,防止隔票不完全、界限不清楚,造成串货、混装、混卸、漏卸、错卸等现象。因此,货物装舱对船方应认真监督,严格按照配载图及隔票要求装载,做到按卸货港顺序安排作业,按票装船、一票一清、零星小票货物集中堆放,务必分隔清楚。否则,会导致船方重大经济损失。

2.隔票的作用

隔票具有防止货物混票,保护货物重量,便于卸货港卸货和交接的重要作用。该隔票的货物没有进行隔票,或隔票不清,就会导致货物混票,其后果有可能危及或损害货物质量,影响卸货和理货工作的正常进行,由此造成船方大量的经济赔偿和增加费用支出。因此,隔票对船方尤为重要。

3.隔票的方法

隔票的具体方法很多,如可用包装明显不同的货物对同包装不同卸货港或不同收货人的货物作自然分隔。件杂货物也可用专门的隔票物料(如绳网、草席、帆布、木板等)作分隔。也可用不同颜色的油漆(吸味货、易燃货不宜用)、颜料作标记(适用于钢材、木材等)加以区分。散装货物可用席子、帆布等隔票材料进行分隔。在实际工作中,切忌装舱时隔票马虎,应根据不同货种灵活选用不同的隔票方法或隔票材料。例如:

(1)对同一包装,不同收货人或不同卸货港的货物,在一个舱内装载可以利用另一票货种、规格、包装明显不同的货物对两票货物进行隔票。

(2)箱装、袋装货物可用绳网、草片隔票。为简便起见,箱装货物也可用广告色画线条的方法隔票。

(3)钢板、钢管、钢轨、木材等可用不同颜色的油漆进行隔票。钢轨和木材也可以在每票货物装完后铺几道旧钢缆进行隔票。

(4)桶装货物可用木板、草片等材料进行隔票。

(5)散装货物隔票前应先平舱后再铺席子、帆布等隔票材料,注意搭边处要相互压住,四周边角塞紧后再装第二票货物。

4.隔票的要求

对不同卸货港的货物,同包装不同收货人的货物,转船货物,选港货物,过境货物等,要严格按要求进行隔票,务必防止隔票不完、界限不清楚、串货、混装等现象发生。具体要求如下:

(1)直达货物的要求。

①按不同卸货港隔票。从起运港直达目的港的货物,称为直达货物。远洋杂货船,每航次都要挂靠几个卸货港。这就难免在一个舱口内配装两个或两个以上卸货港的货物,在每个不同卸货港之间,除了在积载上要认真考虑外,还需在不同卸货港货物之间用网络、席子等隔票物料进行分隔。对数量少、票数多的小票零星货物,必须要集中堆积。对数量大、票数少的大票货物,除了集中堆积在一个部位外,还需与其他货物用隔票物料加以分隔。这样做,有利于卸货港按票起卸,防止混票、错卸和漏卸。

②按不同收货人隔票。凡同一卸货港、同一包装、不同收货人的货物,在一个舱内装载,一定要按票或按批用相应的物料进行隔票,以便卸货港卸货、交接和收货人收货。如果是不同包装的货物,由于包装本身已起到隔票的作用,所以一般可不必再用物料进行分隔了。

(2)转船货物的要求。

①按不同转口港隔票。经过第三国港口换装他船运输的货物,称为转船货物。转船货物必须与直达货物分隔清楚,不同转口港的货物装在一个舱内,必须按不同转口港进行隔票。

②按每个不同目的港隔票。转船货在装货单上都标明转口港和目的港。例如"Le Havre W/T at Rotterdam"勒哈弗尔(目的港—法国)在鹿特丹港(转口港—荷兰)转运。对这类货物要求是,除了按不同转口港隔票外,还需要在同一转口港货物内,按不同的目的港进行隔票。

(3)选港货物的要求。

①按不同选择港隔票。货物在装船时尚未确定卸货港,在船舶开航后再由货主选定对自己最方便或最有利的卸货港,并在这个港口卸货和交付货物。这种由货主选择卸货港卸下和交付的货物,称为选港货。主装货单上标明 Option London/Rotterdam 或 London/Rotterdam/Hamburg,即可在伦敦/鹿特丹中任选一个卸货港,或在伦敦/鹿特丹/汉堡中任选一个

卸货港卸货,对这类货物要求按不同选择港口进行隔票。

②同一选择港隔票。在按不同选择港隔票的基础上,对相同选择港的每一票货物都要进行隔票,即做到票票隔,以便在任何一个选择港都能随时卸下。

三、分票

1. 分票的意义和作用

分票是理货员的一项基本工作。分票就是依据出口装货单或进口舱单分清货物的主标志和归属,分清混票和隔票不清货物的运输标志和归属。归属就是属于哪一票。若不认真地进行分票,以致货物混装或混堆,那么就会影响正常的卸货和理货,为此,船方就要承担额外的货物分票费用,收货人就有可能提不到货物或提错货物,这样必然给港方、船方和货方带来不必要的经济损失和管理上的混乱,以致影响理货结果的真实性和准确性。因此,我们说分票是理货工作的起点,是确保理货数字准确的基本保证,是保证货运质量的重要一环,我们必须予以高度重视。由此可见,分票在整个理货过程中有其特殊作用。

(1)分票是理清货物数字的前提条件。理货员在理数之前,首先要按出口装货单或进口舱单分清货物的主标志,以明确货物的归属,然后才能根据理货数字,确定货物是否有溢短。

(2)分票是分清残损货物的前提条件。理货员发现残损货物,首先要记录其主标志,分清其归属,然后才能进行处理。

(3)分票是提高货物运输质量的重要保障。出口货物根据装货单和配载图按票装船,合理积载,正确分隔。进口货物根据进口舱单和原始船图按票起卸,标准堆码,不混不乱;对积载混乱,隔票不清的货物,也要分清批次和票数,这样就保证了船舶的货运质量。反之,出口货物装舱混乱,隔票不清,进口货物混卸,或不分清货物,都可能危及船舶的货运质量,造成船舶的经济损失。

2. 分票的基本要求

(1)核对标志。货物上的标志分为主标志,副标志和注意标志,危险货物上还有表明危险性质的标志。核对标志是指核对主标志是否相符,即出口货物核对装货单与货物上的主标志是否相符;进口货物核对舱单与货物上的主标志是否相符,如图3-2所示。

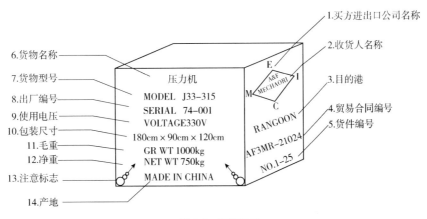

图3-2 货物标志

主标志通常用几何图形、符号或合同号、代号表示。不同的主标志代表不同票的货物,是办理货物交接的主要依据。因此,核对标志是理货工作的主要内容之一,对于准确交接货物,防止错装、错卸,具有重要作用。

(2)装船分票。理货员必须凭装货单,按装货顺序,逐票核对货物上主标志,指导工人按票装舱。要求做到:

①按票核对货物上的主标志,保证与装货单上标志相一致。如发现不一致,即使是个别差异,也不能装船,应及时与发货人取得联系,由其决定更改装货单或货物上的主标志,且办理应办的手续,然后才能装船。

②按票核对货物上的副标志,如卸货港(目的港)名称、批、件号和重量等。主标志相同,副标志的件号不同,应属两票货物,计数单上要按不同装货单号分别填制。如发现有误,及时联系发货人处理。

③对标志模糊不清、脱落或无标志货物,应及时联系发货人处理,否则不予装船。

④必须按票装舱,做到一票一清,票票分隔,防止混装和隔票不清现象发生。

(3)卸船分票。由于船舶在卸货港将所承运的货物从船上卸下后,要在船边把货物交给收货人或代他收货的人。因此,理货人员务必指导工人按票起卸,如数交付。为此理货人员在卸船分票时必须做到:

①对同包装、同票的货物,可采取抽查的方法,核对主标志。

②对同包装、不同票的货物,要着重检查其主标志的差异部分。

③对不同包装、不同票的货物,要逐件检查它们的主标志。

④对标志不符、不清或无标志的货物,要联系收货人确认可否归入同票货物中,以减少溢短签证。

⑤对散件或抽件的货物,要尽量归入原票货物中,以减少短件溢支签证。

四、混票

1.混票的含义

混票是相对隔票而言的。就是不同票的货物混装在一起,卸货港不能按票正常卸货,称为混票。不同票的货物之间没有分隔清楚,造成票与票交接处的货物相混,称为隔票不清。隔票不清属于混票范畴,只是混票的程度不同而已。

混票是导致理货差错的主要原因之一,我们必须予以重视。

2.混票的原因

造成货物混票的原因是多方面的,有人为的主观因素,也有外界的客观因素。

(1)装货港未能按照船方确定的配载图装舱或铺垫隔票不当。

(2)船方配载不当或未提供适宜、充足的隔票物料。

(3)船舶在航行途中遇到自然灾害或意外事故。

(4)中途港装卸货物失当。

(5)卸货港未按操作规程卸货。

(6)理货人员的工作过失。

3.混票的防止

装船时,理货人员应认真负责地监督和指导装卸工组装舱和铺垫隔票;按票装船,一票一清;零星小票货物集中堆放;同包装不同标志的大票货物和不同港口的货物要分隔清楚;要按卸货港顺序装船,先卸后装,后卸先装。

卸船时,理货人员应认真负责地监督和指导装卸工组按票起卸,一票一清,防止将舱内其他货物混票;对混票货物应尽量做到边卸边分票,如确定不具备边卸边分票条件的,也应在卸货后按票分清。

4.混票货物的处理

卸船时,理货人员发现舱内货物混票或隔票不清,应及时通知船方值班人员验看,并编制现场记录取得船方签认,然后指导装卸工组按票分批起卸。如卸货当时难以分票,卸货后派员分票,且向船公司提供分标志单。

现场记录的编制方法和要求说明如下:

(1)提单号、标志、货名:根据进口舱单填入混票货物的内容。

(2)件数及包装:根据实际混票货物填入。若全部混票,应按进口舱单上该票货物数字填入;若部分混票,混票数字确定不准,则应注明"以实际数字为准"或"以分标志单数字为准"。

(3)情况说明:用英文填写"混票"、"部分混票"或"隔票不清"字样。

装船时,理货人员发现混发货、混装船,应予以制止,且联系发货人或港方及时纠正,如制止不了,应通知船方值班人员。发现舱内混装或隔票不清,应及时予以制止并立即纠正,如纠正不了,应通知装卸指导员或港方有关部门,必要时,通知船方值班人员。

五、理数

1.理数的意义

理数就是在船舶装卸货物过程中,记录起吊货物的钩数,点清钩内货物细数,计算装卸货物的数字,称为理数(Count),也称计数。

理数是一项简单的重复劳动。一艘万吨级货船,载有成千上万甚至几十万件货物,这些货物都需要经过理货员理数,而理货员的理数工作,每一次都是在短暂的,或是以分、秒为单位的时间内完成的。在整个工作过程中,只要有一个理货员稍有疏忽,就会漏计钩数;业务技术上不太熟练,就会错点或来不及点清钩内细数,以致造成整条船货物的数字差错。因此,理数又是一项业务技术性较强的工作,它要求理货员必须具备高度的责任心和认真负责的态度,否则,就不能胜任理货工作,就不能做好理货工作。

理货工作的结果,即理数准确与否,将直接关系到承、托运双方及其保险人的经济利益,同时也关系到理货机构的声誉和国家对外的形象。如一艘巴拿马籍"威高成功"船停靠上海港卸树脂72800袋,尼龙丝8800盒,共4201t。上海理货公司604单船组负责该船的理货工作,他们坚持上岗定位,严格把关,确保每工班、每个舱口、每个理货员所理的每一钩货物数字准确。全船卸货完毕,所有货物全部到数。船长对理货结果十分满意,对理货人员忠于职守、一丝不苟的工作精神大为赞赏。由此可见,做好理货工作意义十分重要。

2.理数的方法

(1)小票计数。以货物卸船进库为例说明小票计数的方法:货物从船舱卸出时船舶理货员清点货关货物数量,将货物数量填写在小票上交给拖车驾驶员。拖车驾驶员将货物拖到库场时将小票交给库场理货员。库场理货员核对票上记载货物无误后收留小票,指挥货物上垛。工班结束时依据小票统计货物总件数。

用来计数的小票是一种规格较小的票据,故称为小票。小票采用固定的格式,有流水编号,票面分为两部分,分为记数交接栏(可撕下)和存底票根。记数栏可填写货物基本资料和货物件数,以便识别和区别货物。计数栏的填写与存底票根一致,双方持有,以便核对。因而小票计数便于区别货物,不会造成错卸、错收、错堆,便于查对货物数量。无论是能够定关或不能定关的货物都可以采用小票交接计数。但纸质小票有容易损坏和遗失的缺陷。

采用小票交接计数时要求搬运驾驶员传递小票,要求驾驶员做到无票不拖运,收票拖运,保管好小票,货交票交,防止货票分离。库场理货员在核对货、票时,发现货、票不一致,要当场与对方联系、现场解决。

(2)发筹计数。发筹计数的过程与小票计数基本相同,只是用筹码代表货物数量。发筹计数是一种极为原始的交接计数方法。筹码可以用竹、木片、塑料等材料制作,使用不同的雕刻、颜色、形状以示区别。发筹计数前双方必须约定筹码所代表的货物数量,通常以一个货关发一个筹,每个货关的货物件数必须相同。发筹计数只是用于可以定关、定量、定型的"三定"和具有同包装、同规格、同货名的"三同"的大宗件货交接计数。

虽然可以采用不同格式的筹码表示不同的货物,但由于筹码的格式种类不多,在多票货物作业时会造成混票。如果筹码没有编号,又不留底,如果双方的货物关数出现差异时很难核对,只有翻舱、翻堆重新计数。如有编号则要按号码次序发筹。

(3)挂牌计数。此计数方法适用于水平搬运距离较长,特别是中间还要转换作业的货物交接,如江心卸驳转码头库场或途经公共道路的作业,因作业特殊,需要作业班组与库场配合理货,交方在做好的货关上悬挂该关货物的理货资料的货牌,接方收到货物后取下货牌,核货收留货牌,计算货物数量。除了对一个货关挂牌外,对数量较多的整车、整驳的货物也可以采用挂牌计数的方法。

(4)点垛计数。交接双方在港口库场检查并点算货垛上货物的数量作为交接货物数量的理货方法。点垛计数是花费时间少、速度快的理货方法。点垛计数是港口货物交接最常用的理货方法,对所有堆放或者要堆放在库场的货物都可以采用。在实际中往往需要约定或者根据双方习惯采用点垛计数。

点垛计数的首要条件是库场的货物码垛标准,能够直接在货垛上点算货物,有时直接使用货垛牌上记载的货物件数,因而要求库场码垛要标准,防止夹垛、缺垛的情况出现,采用方便点算货物的垛型如平台垛、二联桩等。同批货物和同时交接的零星货物集中堆放,防止漏点。

由于点垛交接计数都是在库场内进行的,点算完后不再理算,相当于货物在库场交接,因而货物作业完毕,库场理货员要详细检查船舶舱底、甲板、作业线路、作业设备、库场、装车场等货物经过的线路,防止因掉落、遗漏货件,造成漏装漏发。

另外,在库场点数与作业合同确定的船边交接货物不一致,为了明确责任往往还要在船边验货和办理交接。

(5)点交点接。双方理货人员在库场,根据货物单证的记载,当场逐件点算、核对、检查、签收货物。点交点接主要用于对大型机械设备,贵重货物,有特殊运输要求的货物,成套货物,同批规格差异大的货物。点交点接的理货计数方法最为仔细,计数准确,但计数工作量也最大。

(6)划关计数。双方在装卸现场,分别对吊下、吊上船的每一关货物进行点算并记录,工班结束时汇总的计数方法。划关计数采用方格簿作为记录本,每一关的货物件数都要点算记录,记录簿是原始凭证,要妥善保管。对可以定关的货物也可以采用"正"字笔画代表关数的方法记录。划关计数时货关必须落地(落甲板)点数,不能悬空点数,双方理货员在记录前要口头提示(唱码),计码后要复核书面计数。

划关计数的理货工作量很大,速度也很慢,理货人员不得离开现场,理货的精度受理货人员的工作态度和精力的影响很大,过后无法复核。因而划关计数大多对批量少的货物,或者是数量交接要求不高的大宗货物采用。港口装卸大宗件货时为估算作业进度也使用划关计数。

3.理数的要求

理货员在理数时必须做到:

(1)根据委托方的责任界限,正确选定理货岗位。

(2)根据货类和作业方式的不同,正确选定理数方法。

(3)为防止漏钩和重钩,理数时,要选定一条固定的基准线,如舱口边、船舷边等,作为记钩数的界线;要防止吊钩在基准线附近来回摆动时漏钩和重钩。

(4)为防止错点钩内细数,要做到脚勤、眼勤,抓住货物起吊的各种机会,点清货物6个方位的细数,保证理数准确。

(5)按钩填写计数单。

(6)对同一包装的大宗货物,要求装卸工组做到定钩、定量、定型。

为了又快又准地点清钩内细数,理货员点数时必须注意以下几点:

(1)不同的装卸属具及其装载货物的不同放置方法。

(2)装卸属具内是同包装货物,要从纵、横、高3个方向点清货物细数。

(3)装卸属具内,外观看不到的货物,要事先掌握好。

(4)长度不同的货物要从两端点数。

(5)点捆、卷、片等货物要从两端点数。

(6)要注意货物在起吊过程中是否会从装卸属具内跌落下来。

(7)在未完全点清数字时,不能马虎从事,一定要完全点清,才能让货物放过。

(8)因点清数字而影响装卸时,宁肯让装卸工重新换一钩起吊。

(9)同包装的大宗货,一般不必在分标志上下功夫,可按包装式样来分票和点数。

(10)为保证交接双方数字一致,应经常与对方核对数字。

(11)当交接双方点数有出入时,要停止作业进行复核。

(12)对暂时停放在甲板上的货钩,要特别注意是否已经点数和记数。

(13)点数时,要精神集中,不得边闲谈边点数,边干其他事边点数。

(14)一个人点数时,思想要集中,不能考虑其他事情,不能走神,更不能带着情绪计数。
(15)夜班点数时,防止昏昏沉沉、懵懵懂懂,更不能打瞌睡。

六、理货交接

1.理货交接的含义

贸易成交以后需要通过运输来实现。在这整个过程中,发货人负责组织货源,办理出口申报和托运手续,把货物运送到指定的起运港。承运人负责按装货单收受货物,在海上运输途中,对货物进行妥善保管和照料,到达目的港交付给收货人。收货人负责接受货物,办理进口报关手续。在整个货物转移过程中,为了确保货物的数量和质量,必须办理货物交接手续,明确各自的责任。

理货交接就是指在海运过程中,承、托运人通过理货机构办理货物交接手续,称为理货交接。理货交接是国际海上货物运输中的一种习惯做法。根据承、托运人的责任界限,理货交接一般以船舷为界,且以此来划分承、托运人应负的责任。

我国港口理货交接是船方委托理货机构与港方或收、发货方办理货物交接手续。

若港方或收、发方不派员参加理货交接,即视同放弃责任,理货交接结果以理货公司数字为准。

若港方在装卸作业过程中,未按规定堆码,无法点数,由此而发生的货差事故,原则上应由港方负责。

理货交接的责任划分,原则上交接前是由交方负责,交接后是由接方负责。当然,在实际工作中,还应当根据具体情况,实事求是地划分责任。限于目前的理货方法,有时会发生一些假差、假错的现象,这就需要加强事后的复核、检查、搜寻等信息反馈工作,对经过多次复核,证实以前的数字有误,则应实事求是地加以纠正,而不能坚持当时交接的记录。这种精神,交接双方在工作中必须正确地体现出来。

2.理货交接的做法
(1)船方和货方作为货物交接的双方,应分别委托理货机构或派员办理货物交接手续。
(2)双方理货员在理货岗位上,按钩点数、计数,进行交接,保证双方理货数字的一致性。
(3)在装卸作业告一段落时,如工人吃饭、休息、停工等,双方理货员应互相核对数字单,一段一结。
(4)在装卸工作结束时,双方理货员应互相签认计数单,一班一清。除非事实证明,且被双方承认当班交接数字有误,否则不得更改计数单。

3.理货交接要求
(1)船方和货方理货员要当面交接,不能靠信用交接。
(2)双方理货员要有交有接,不能单方交无接,或单方接无交。
(3)双方理货员要船边有接,不要离开船边到仓库或其他地方交接。
(4)双方理货员要按钩交接,不要点垛交接。
(5)双方理货员要恪尽职责,各自理货、制单,不要相互代替,相互抄数。
(6)双方理货员要敢于对自己理货的结果负责,不要无故推翻自己的理货结果。

项目实施

任务一 小包化肥卸船作业

某船从摩洛哥某港装载小包复合肥到国内某港卸货,全船共 3 票货物,其中提单号为 QD01 的为 23000 包,提单号为 QD02 的为 25000 包,提单号为 QD03 的为 6000 包。提单号为 QD01 和 QD02 的货物包装相同,为红色包装;提单号为 QD03 的货物为蓝色包装。提单号为 QD01 的化肥卸至港方库场,卸货场地离船较近,且堆码集中;提单号为 QD02 的化肥舱内堆码混乱,也卸至港方库场,但卸货的场地较为分散;提单号为 QD03 的化肥货主直接派车到船边直取。

请各小组根据以上情况选择适合的理数方法,进行分票、理数作业。

任务二 理货交接

根据任务一中描述的场景,按照提单号顺序找出理货交接的双方,并按小组对双方交接情况进行模拟。主要模拟以下几个场景:

(1)理货开始时;
(2)工人休息时;
(3)双方数字不一致时;
(4)装卸工作结束时。

课堂案例

案例: 某轮从加拿大某港口装载板材、纸浆到国内某港口卸货,全船共 9 票货 5307 件/9510.159t,(其中 5 票板材 3670 件/6236.429t,4 票纸浆 1637 件/3273.730t)。该轮作业前,理货组长考虑到舱内板材存在隔票不清的情况,且堆码板材的仓库(该仓库刚刚并入到港口集团)距离船边很近。理货组长就同仓库理货员确定了板材采用点垛的方法计数交接,纸浆采用小票的方法进行计数交接。

临近完船时,现场巡查的外理公司业务员发现仓库内装卸工人在堆码板材时,货垛堆码不规范,有无序搬捣现象,随即要求理货组长提前进行全面核查,以确保理货数字准确。从事该船工作的理货组长、理货员首先提前清点舱内剩余货物的数字,提前计算出全船货物数字。通过计算发现 5 票板材的总数为 3667 件比舱单数字少 3 件,4 票纸浆卸数字与舱单一致。随后,理货队按照公司业务员的要求对于仓库内货垛进行重点复核,在复核中发现,有 3 件板材被工人混码到同一仓库内其他船舶进口的板材货垛中,理货组长及时通知了仓库理货员,纠正了错误并按照板材 3670 件对外签证。

案例解析: 理数是理货工作中一项最基本的工作,是理货工作的核心内容,理数方法的选择直接影响到理货数字的准确性。理数方法的确定需要结合实际情况,综合考虑多方面的因素。案例中导致板材理货数字不准确的原因,有以下几点:

(1)理货组长错误的选择了点垛理数的方式。在堆码板材的仓库和仓库内理还不熟悉

和了解的情况下,选择采用点垛计数这种需要内理、外理相互间配合默契,货垛堆码质量要求高的理数和交接的方式,就是一种错误的选择。

(2)在实际理货过程中,如果理货员通过观察和交流或者是理货组长通过巡查发现仓库内货垛有堆码不规范的现象,理货组长、理货员应主动与仓库理货员进行交流和沟通,及时干预和指导工人正确码垛,确保货垛堆码和搬捣操作规范,或及时更改理数方法,而本案例中的理货人员没有做到上述要求。这就会造成一方面需要外理在船上投入大量的精力分票,另一方面还需要外理人员高度关注和盯靠货垛堆码,一旦工作细节把握不好,就会造成顾此失彼现象的发生,容易造成理货质量责任事故。

通过分析,如果卸货开始就选择小票交接的方法,就可以避免因库场管理混乱而造成的理货数字不准确的问题。

【复习思考题】

1.什么是分票?如何做好分票工作?
2.隔票、分票和混票之间有什么联系?
3.什么是理数?理数时必须做到哪些方面?
4.理货交接的要求是什么?

【实践训练】

1.练习装卸船分票作业。
2.练习混票货物的处理。
3.练习不同的理数方法。
4.练习理货交接。

项目四 溢短货物处理

知识要点

1. 溢短货物产生的各种原因。
2. 复查。
3. 溢短货物的确定与处理。
4. 货物溢短单的编制。

项目任务

1. 掌握溢短货物的确定及处理方法。
2. 掌握货物溢短单的编制。

项目准备

1. 场地、工具准备：船舶理货模拟仿真系统、货物模型、港口沙盘、计数单、货物溢短单、联系电话等。
2. 人员安排：学生按班制分组，每组安排理货组长1人，根据舱口数安排理货员4~6人，每班有当班业务员、值班队长、值班副队长各1人。

相关理论知识

一、溢短货物的含义和产生原因

（一）溢短的含义

在船舶装卸货物时，装货单和进口舱单是理货的唯一凭证和依据，也是船舶承运货物凭证和依据。理货结果就是跟装货单和进口舱单进行对照，确定货物是否溢出或短少。因此，溢短货物是指船舶承运的货物，在装货港以装货单数字为准，在卸货港以进口舱单数字为准，当理货数字比装货单或进口舱单数字溢出时，称为溢（Over）货；短少时，称为短（Short）货。

船舶卸货发生溢短，尤其是短卸，对船方影响较大，因船公司要承担短卸货的经济赔偿责任。所以，船方在签认货物溢短单时，特别谨慎小心，经常要向理货组长仔细盘问和核对，必要时还要查对计数单。如短卸数字比较大，船方就要在货物溢短单上加放批注，否则不予签字。因此，卸船结束时，一旦发现有短卸货物数字，必须进行反复计算，仔细核实，公正地处理货物溢短问题。

(二)溢短货物的产生原因

外贸货物在运输过程中,经过的环节多,只要一个环节发生问题,就有可能导致货物出现溢短,有的一旦发现可以及时得以纠正,但由于各方面的原因,大部分要在卸船理货后,才能发现,可是已经难以分清发生在哪一个环节上。于是,最后矛盾都集中在卸货港理货机构与船方的焦点上。为有助于全面认识溢短货物的产生原因,我们从以下各个环节进行分析。

1.发货人发货数字不准确或发货标志不符

发货人发货数字不准确是指发货人没有按装货单上载明的数字,将货物如数运送到港口库场或船边,在装船时,理货员又没有发现,以致造成船舶承运货物产生溢出或短少。

发货人发货标志不符是指发货人没有按装货单上载明的标志发货,装船时,理货员又没有检查出来,以致造成船舶承运货物在卸货港时,产生溢出标志不符的货物、短少标志货物。

2.港口漏装或错装船

装货港将整票或部分应装船的货物遗漏未装,将不该装船的货物误装上船,或将不同目的港的货物错装其他目的港的货物中间,均导致船舶承运货物在卸船时产生溢短货物。

造成港口漏装或错装的原因有:

(1)货物的运输标志不清。装船时,发现货物的运输标志不清,应由发货人进行处理,如处理不及时,就有可能被港方遗漏而忘记装船;或将运输标志不清的货物张冠李戴、漏装、错装上船。当然这与理货员的工作有着密切关系,如理货员能尽职尽责,就会得到纠正。

(2)港口库场管理不善:

①进、出货物数字不准:进、出港口库场的货物,由于管理人员工作责任心不强,执行制度不严,管理混乱,造成货物乱堆、乱放,数字点不清,错收、错发、漏收、漏发,由此导致货物漏装、错装。

②货物堆码混乱:进口和出口货物,不同目的港、不同票的货物混堆在一个货位上,或隔离界限不清,码垛不整齐,标志不朝外,没有桩脚牌或桩脚牌错误,以致无法按票装船,加上装船沿途的掉件没能及时归入,这都会造成漏装或错装事故。

③出库把关不牢:货物出库装船时,不认真核对单、货,不仔细清点件数,不认真指导工人出货,不检查垛底和道路,造成不该装船的货物被带上船,该装船的货物没有全部装上船。

(3)装卸船途中掉件或落水。将货物按一定数量和形状装置在装卸属具内,称为码钩,也称码关。根据货物品种、包装式样、吊机负荷量、装卸工艺不同,有不同的码钩要求,但总的要求是保证货物安全和质量,利于点清货物数字,尽量充分利用吊机负荷量。如果钩码不稳固,乱堆乱放,超过装卸属具的载容能量,该捆扎的不捆扎,或吊机操作粗野,那么在起吊、搬运过程中,就有可能掉件或落水。如不及时采取措施补救,或者理货员没有及时发现,就会导致船舶承运货物的短装和短卸。

3.装舱混乱或隔票不清

货物在船上装舱混乱或隔票不清,积载位置与积载图不相符,那么,卸船时,这些货物就有可能被压在其他货物下面而卸不下船,或者发现不了应卸船的货物,因而造成这些货物漏卸船,也有可能错卸而混入其他港口的货物,造成假多真少。

4.船舶运输途中错卸、漏卸、被盗或发生海事

船舶在中途港装卸货物时,将舱内货物搞混乱,或舱内原装货物隔票不清、积载不当,致

使不该卸船的货物卸下船,或该卸船的货物没有卸下船,这样不但造成中途港卸船货物产生溢短,而且造成目的港的货物产生溢短。

船上货物被盗,必然导致船舶承运货物短少。

船舶在航行途中发生海事,就有可能造成舱内混乱,卸船时,如不采取特别措施,就有可能产生货物溢短。

5. 收货人收货数字不准确

收货人收货数字不准确是指收货人没有按进口舱单或提单上载明的数字在船边收货物,理货人员也没有发现,以致造成船舶承运货物产生溢出或短少。

这种情况,有的属于收货人和理货员失职,没有尽到应负的责任,其结果,多收造成船方损失,少收造成收货人损失,两者都导致船舶承运货物产生溢和短;有的属于收货人(含其代理人)有意多收货物,如船边现提落驳货物,驳船出于某种考虑,故意制造与理货员计数的矛盾,企图多收货物,如理货员不负责任,不坚持原则,就会导致船舶承运货物产生短少。

港口库场收货也存在类似的情况,有的库场人员存在"宁多勿少"的本位主义思想,也会导致船舶承运货物产生短少。

6. 理货数字不准确

综上所述,溢短货物的产生原因都与理货工作有一定关系。下面着重介绍由理货人员工作失误造成的货物溢短。

(1)理货人员的工作责任心不强。理货工作好坏,主要取决于理货人员的工作责任心,缺乏工作责任心的理货人员是不可能保障理货数字准确的。从船舶委托理货而言,船舶承运货物是否发生溢短,关键取决于理货人员的工作责任心。这里所讲的理货人员是指船舶装卸过程中,船舶委托的全部理货人员。

理货人员工作责任心不强主要表现在以下几个方面:

①不坚守理货岗位。坚守理货岗位是理货员确保理货数字准确的基本条件,若怕苦、怕累、不安心工作而脱离岗位,或上岗不定位,或上岗精神不集中,就不可能把理货数字搞准确,或者说必然造成理货数字差错,产生溢短货物。

②不认真清点钩内细数和计数。理货员既要计准钩数,又要点清钩内细数,这样才能保证理货数字准确。如果不认真计钩数,就有可能漏计和重计钩数;如果不认真点清钩内细数,就有可能少点或多点数字。两者都会造成船舶承运货物产生溢短货物。

③不遵守理货宗旨和职业道德。理货宗旨和职业道德要求理货人员必须实事求是,公正理货。反之,如果理货人员在工作中偏袒任何一方,或者为了谋取私利,而不实事求是地处理理货数字,就会造成船舶承运货物产生溢短。

④不仔细检查装卸现场和复核理货单证。装卸过程中有可能掉件或落水,有可能漏装或漏卸,因此,理货人员应及时检查舱内、舱面、作业道路、垛底,特别是当舱内货物卸完,垫舱物料未清理时,应检查里面是否夹有货物;库内出完货,如周围有其他货物时,应检查其他货物内是否混有本船的货物,防止漏装、漏卸。

理货人员制作的单证,是货物有否溢短的反映。为了防止因单证处理错误,导致溢短货物的产生,所以要仔细检查和复核单证,特别是计数单和溢短单。

(2)理货人员的业务素质。理货人员的业务素质主要是指理货人员的业务知识和工作

能力。业务知识包括专业知识、基础知识和外语等；工作能力包括独立处理问题的能力、工作经验、计数技能等。这些因素都直接影响到计数的准确性。有经验的理货员会根据货物的特点，如进口设备有时两件货物捆扎在一起，就会观察到两件货物各有不同的标志和件号，应作为两件计算。但没有经验的理货员就会凭直观，误认为是一件计数。又如，有些进口钢材，舱单上标明是捆，理货中发现有捆有支，如不仔细观察标志，就会按短捆溢支处理，实际上这些"支"都有件号，应作捆对待，就这样，人为地造成假短假溢。

二、复查

1. 复查的含义

船舶承运的货物，在卸船交接过程中，出现理货数字与舱单记载的货物数字不一致，是常见的现象。

根据运输契约规定，承运人对上述货物数字的不一致，要承担经济责任，即要赔偿短少货物的损失。对溢出的货物，有些国家海关规定要向承运人罚款。因此，当出现卸船理货数字与舱单记载的数字不一致时，船方都比较重视，往往为此与理货人员发生争议，这也是正常的，因为船方在装港和卸港都委托理货机构办理货物交接手续。装船时，以理货数字为准，这时没有一个与它对立的数字，故双方没有争议。卸船时，当出现理货数字与舱单数字，即与装港理货数字不一致时，就产生了两个对立的数字，于是船方为了维护自身的利益，就会与理货人员发生争议，有的甚至千方百计来否认理货数字，以求解脱船方责任，这也是可以理解的。因为船方无法否认装港理货数字，就只能千方百计来否认卸港理货数字，以维护舱单记载的货物数字是准确的。实际上装港理货数字，即舱单记载的货物数字，船方也是被动接受的，因船方不参加实际的理货，船方证实不了舱单记载的货物数字的准确性。

处理卸港理货数字与舱单记载的货物数字不一致，国际航运习惯作法是，船方在理货单上批注"复查"方面的内容，即要求理货机构对理货数字进行重新核查，这是一种正常的作法。因为理货数字是理货员在船舶装卸过程中清点出来的，它受各方面条件的影响，难免会发生失误，这是可以理解的。要求复查，就是对所理货物再进行一次核对，我们认为这既是船方的正当权利，也是符合事物客观规律的正常作法。

综上所述，理货机构采取各种方式对所理货物数字进行核查，以证实其准确性，称为复查。

复查的另一个含义，还包括理货机构主动进行的复查，即当理货数字与舱单记载的货物数字差异比较大时，为确保理货数字的准确性，在提请船方签证之前，往往要对所理货物进行复核。理货员在审核理货单证过程中，发现单证编制错误，就会对其进行纠正，这也是复查。还有如理货机构应港口库场或收货人的要求，在条件具备的情况下，对所理货物进行第二次理货。

复查的意义，在于能够避免理货差错事故，保证理货质量。这主要体现在理货机构主动进行的复查工作中，包括对理货单证的复查，对所理货物的复查。理货机构应船方或港方、货方的要求进行的复查工作，能够纠正理货差错事故，解决理货交接中的争议问题，保障理货工作的顺利进行，挽回对外造成的不良影响。这主要体现在理货人员与港方库场人员或货方人员在交接时对货物数字的争议，理货人员与船方人员对理货数字的争议，通过复查来当场澄清货物的真相。

2．复查的提出

复查的提出是指复查工作由哪个单位提出要求进行的。根据提出复查要求的对象不同，可分为以下几种情况：

（1）船方要求的复查。当理货机构理出的数字出现溢出或短少时，船方要求对所理货物进行复查。这种复查，理货机构是被动进行的。

（2）港方或货方要求的复查。当理货数字与对方交接数字不一致时，对方要求对所理货物进行复查，或当货物交接后，对方发现货物数字有问题，要求对所理货物进行复查。这种复查能否进行，理货机构有主动权。因为货物交接的原则是交接前由交方负责，交接后由接方负责，所以当对方提出复查要求时，理货机构有权否定，但本着实事求是的精神，也可以接受。

（3）其他方要求的复查。指船方、港方和货方以外的非货物交接的关系方提出要求的复查。如保险公司为了赔偿，可能要求理货机构对所理货物和单证进行复查。

3．复查的方式

（1）重理。理货机构对所理货物重新进行第二次全面理货，称为重理。这种情况极少出现，主要是因为船舶所卸货物很少具备重理的条件。另外重理的工作量很大，我国理货机构曾规定，重理须由船方正式提出委托，如重理结果与原理货结果相同，由船方负担重理费；重理结果与原理货结果不相同，免向船方收取重理费。对此规定，船方不易接受，认为重理和复查没有多大区别，都是船方习惯使用的批注，不应再收取费用。鉴于以上原因，我国理货机构对规定做了修改，明确重理视同复查，不再收取重理费用，在作法上也就没有什么区别了，这样就更符合国际航运上习惯做法。当然，从重理的含义上说，与复查是有区别的。广义的复查含义里应该包括重理，重理只是特定条件下的一种特殊的复查方式。

（2）复查。理货机构对所理过的货物有条件、有重点地进行查验，称为复查。这种方式实际上在理货过程中常常被采用，因为货物出现溢出或短少现象比较常见，理货机构为了慎重起见，都要主动进行复查。当然船方有时也提出要求复查，所以复查工作在理货过程中是经常进行的。

（3）查单。理货机构通过检查理货单证进行的复查，称为查单。查单是复查工作中经常采用的一种方式。通过检查单证，能够发现由于单证处理错误，引起的理货数字差错，或从单证上发现有可能发生理货数字差错的线索。另外，查单不仅是复查理货数字是否有差错，同时要复查单证上填写内容是否有差错，如舱单号、货物标志填写错误，也会造成货物数字的差错。在查单过程中，如发现单证有误或有疑问，不要轻易更改，要经过调查，彻底弄清问题后，再作更改处理。

（4）查账。理货机构通过查阅港口库场和收货人的货账进行的复查，称为查账。查账是复查的一种方式。理货组长在办理全船货物交接时，通常要与港口仓库长核对账目，这也是一种查账方法。另外，当船方提出复查要求时，理货机构一般要先与港口库场查对账目，必要时，再与收货人查对账目，这是另一种查账方法。在查账时，要注意对方提供的账目是否完整、真实，如发现账目有问题，一定要追查到底，在未彻底查清前，不要随意更改理货数字。

(5)调查。理货机构通过向参与货物交接的当事人了解货物数字情况,称为调查。调查是复查工作中经常采用的一种方式。调查对象主要是参与理货的理货人员。调查内容主要是了解理货过程中的交接情况,与对方是否有数字争议,工人卸货质量情况,大宗货做钩是否定量,堆码是否符合要求等。调查时,要求调查对象讲真话,不要有包袱,说话要有根据,不能主观瞎猜,发现说话中有疑问,要一追到底,彻底弄清问题。

(6)询问。理货机构通过向货物流转的各个环节了解货物数字情况,称为询问。询问是复查的一种辅助方式,主要用于现提货物。因为现提货物不具备复查货物实际情况的条件,一般只能通过向货物流转的各个环节发电报或公函的方法了解货物数字情况,必要时,也可派员实地询问。询问时,要注意各个环节答复的货物数字是否可靠、真实。由于是单方面提供的数字,一般可靠性不大,但可作为参考。如作为复查的依据,还需继续认真核实。

上述6种复查方式,在实际复查工作中要有机地结合应用,以确保复查数字的准确性。

任务一 溢短货物的确定

货物装卸后,由理货组长根据计数单核对装货单或进口舱单,确定实际装卸货物数字是否有溢短。装船货物溢短数字比较容易确定,因装船时,一票一清,可随时发现,随时确定,随时解决,所以不需要制作货物溢短单。卸船货物溢短数字确定要慎重,它不同于装船货都能做到一票一清,而必须待全船货物卸完后,由理货组长根据计数单汇总各票货物的数字与进口舱单数字核对后,才能确定货物数字是否有溢短。因此。我们有必要介绍一下有关卸船货物溢短数字确定的程序和注意事项。

一、复核

每工班结束时,理货组长要把各舱口理货员交上来的计数单进行仔细复核,检查计数单所填写的内容和数字是否都准确。复核时要注意以下几点:

(1)提单号、标志、货名是否准确。
(2)大宗或大票货物的每钩小数累计与总数是否相符。
(3)成套设备和车辆的件号、件数和重量是否相吻合。
(4)现提货的提货单数字与计数单数字是否相一致。

在复核过程中,如发现问题,应及时向理货员了解清楚,及时处理。

二、销账

销账就是理货组长根据计数单,按工班、分舱口在销账单上填入货物数字。不同的货类,有不同的销账方法:

1.一般件杂货

根据计数单上标明的提单号、标志、件数,在销账单下找到相对应的一票,将其件数填入本工班的格子内,且在件数前面注明舱口数,如有散捆、散件货物,应注明支、块、包等单位名称;如有无标志或标志不符的货物,应另外填写,且注明无标志和杂标志;如一票货物有几种包装,应分别注明包装名称及其件数,不能笼统销"××件"。

2.大宗大票货物

除了按上述要求在销账单上填写清楚外,还应根据现提货物流向,在货物流向单上分别填明车/驳号、件数、工班日期和理货员姓名等。

3.成套设备

根据计数单上的提单号、件号、重量和尺码,先在重件清单上销清,然后再在销账单上如实填写。

销账是理货组长在卸船理货工作中的一个重要环节,只有认真、仔细地做好这项工作,才能为卸船理货结关打下良好的基础,才能为理货结果提供一个准确的数字,才能为进口货物是否有溢短提供可靠的依据。

三、核实

每工班销账结束后,理货组长应对销账单进行全面复核,如有疑问,应查阅计数单,如认为有不清楚的地方,可向当班理货员了解核实,及时处理。

卸船结束时,理货组长应与港口库场、驳船、火车和收货人核对卸船理货数字和现提数字。务必取得一致意见。如发现双方数字有不一致时,应及时查明原因,在没有确凿证据证明理货数字有误之前,不要随意更改理货数字。如不能及时查明原因,则应以理货数字为准。

最后,理货组长在全面核实数字的基础上,汇总编制货物溢短单。

任务二　溢短货物的处理

船舶承运货物产生溢短的原因很多,情况也较复杂,理货人员在工作中遇到有溢短货物时,可按下列要求处理:

(1)理货人员对出口货物应按装货单数字理数装船,对溢出的货物不能装船。如发货人要求装船,应由发货人办理更改装货单手续后,方可装船。对短少货物,应联系发货人补足装货单数字。发货人无货补足,应将整票货物退关,或由发货人办理更改装货单手续。如发货人既不退关,又不更改装货单,理货人员应按理货数字批注装货单。

(2)理货人员对进口货物应按进口舱单数字理数卸船,对溢出或短少的货物应编制货物溢短单;对散件的货物,应尽量拆合成原件,如无法拆合时,可按短件溢支处理;对无标志或标志不符的货物,按溢卸货物处理;对不同票的相同货物,联系有关单位确认后,可溢短相抵,如仍有溢短,再按溢短货物处理。

(3)理货人员对进口舱单上未列入的货物,如标志完全不符或卸货港非我国港口等,不能理数卸船。如船方要求卸船时,应通过其代理人办妥海关手续后,方可卸船。

(4)理货人员对进口舱单上已列入的货物,但目的港、运输标志是属于国内其他港口,可视同本港口货物理数卸船。

任务三　货物溢短单的编制

一、货物溢短单的填写内容

（1）提单号、标志、货名、舱单件数和包装：这几栏内容根据进口舱单，对照已经确定溢短和各票货物内容填写。

（2）溢卸件数和包装、短卸件数和包装：这两栏内容根据各票溢短数字和包装相对应划写。

（3）小计：填入各票溢短货物的累计总数。

二、填写货物溢短单的注意事项

（1）散捆散件货物，在无法拆合成原捆原件时，在"溢卸件数和包装"栏内填入实际散捆散件数字及其包装名称；在"短卸件数和包装"栏内填入因散捆散件而造成该票货物的实际短少数字和原包装名称。

（2）对无标志或标志不符的货物，在无法归属原票时，在"溢卸件数和包装"栏内填入无标志或标志不符的货物实际件数和包装名称，在相对应的"提单号、标志、货名、舱单件数和包装"栏和"短卸件数和包装"栏，应空白。

（3）如一票货物又溢也又短时，应相对应地填入"短卸件数和包装"栏和"溢卸件数和包装"栏内。

（4）对标志不符或杂标志的货物，在"标志"栏内，可按实际标志填写。对无标志的货则应填写英文"NO MARK"。如它们的货名不详，可笼统报货类。

（5）货物溢短"小计"栏内累计溢卸总数和累计短卸总数之差，若是溢差，将其加上进口舱单总数，应与最后一份日报单总数相一致；若是短差，则进口舱单总数减去短差数，也应与最后一份日报单的总数相一致。这是验证货物溢短数字是否准确的一种方法。

三、请根据下列条件正确编制货物溢短单

船名："碧空"（BLUE SKY）；国籍："巴西"；航次：001；泊位：4；

开工日期：2013年2月16日　完工日期：2013年2月17日

该轮完船情况如表4-1所示。

碧空（BLUE SKY）轮完船情况一览表　　　　　　　　　表4-1

提单号	标志	货名	舱单记载件数	溢出件数	短少件数	残损件数	残损情况
QH101	99XE2001CR	设备	150箱	—	6箱	2箱	箱号1，箱底托木断 箱号2，箱板碰穿
QH102	99XE2002CR	马口铁	300箱	8箱	—	7箱	包装轻微破
QH103	99XE2003CR	钢板	200片	—	8片	10片	轻微卷边
QH104	N/M	卷钢	1000卷	2卷	—	15卷	严重生锈

课堂案例

案例:"礼若奋进"轮某航次在上海港海通码头卸载德国装船的宝马汽车,卸货过程中理货员发现其中一辆宝马汽车根据舱单上注明的车辆型号为宝马760型,但实际的车辆为宝马730型,与舱单不符。随即理货员通知理货组长,并联系船方大副确认。大副认为该车辆可能在装货港装错。理货组长进一步核实并依据实际理货结果编制货物溢短单证——该票货物溢卸一辆N/M宝马汽车(型号为730),短卸一辆N/M宝马汽车(型号为760),船方表示能够接受,并签证确认,理货公司对于该票货物的后续发展进行了跟踪。

案例解析:在实际理货生产过程中,常常会遇到同一类货物多票主标志为N/M的情况,这为正确分票卸货并准确签证带来了困难。在准确地核查实际进口货物与进口舱单上的唛头、货名、包装形式、数量等是否一致的前提下,通常还要向货主、代理、船方大副索要更多的货物信息或装货港货物装船资料来帮助分票卸货,卸货过程中更是要把握住理货的各个环节,通过细致的工作,确保理货结果的准确性、合理性。

本案例就是一起溢短货物从发现到签证再到后续追踪的典型案例,理货结果的圆满取决于理货人员的出色服务:一是理货员工作细致,在发现主标志无法区分货物归属的情况下,结合车辆理货的特点,更细致地把握住了车型不同的特征,发现了问题;二是理货组长能够及时与船方沟通,得到船方认可,为正确和顺利实施签证奠定了基础;三是公司对于后续工作高度负责的态度更是可圈可点,该船签证完毕后,公司随即通知码头公司在发货的时候注意分清车辆型号。由于当时宝德公司作为唯一一家在大陆销售宝马汽车的经销商,经销商与德国宝马公司有长期的销售合同,所以车辆没有退回,并对于理货公司高度负责的工作态度表示认可。

相关链接:车辆理货工作中不能仅仅依据车辆的票数和唛头确认。一般状况下,一票车辆中会有不同车辆的车型,而且不同车型的价格相差比较大,包括车辆的颜色,所以在理货过程中不但要核对票数的唛头,还要检验车辆的车号以及车辆的颜色等,目前车辆条形码扫描技术在理货生产中的应用,大大提升了理货服务的内涵和价值。

【复习思考题】

1.发生理货差错的原因是什么?
2.如何防止发生理货差错?你认为这些措施可行吗?为什么?
3.如何确定货物溢短数字?
4.如何消灭货物溢短现象?

【实践训练】

1.练习货物的销账。
2.练习出现货物溢短时的处理。
3.练习货物溢短单的缮制。

项目五　残损货物处理

知识要点

1. 货物残损造成的原因。
2. 理残的概念。
3. 理残的任务和要求。
4. 货物残损单的编制。

项目任务

1. 掌握货物残损的程度及状态的确认。
2. 掌握货物残损单的编制。

项目准备

1. 场地、工具准备：外轮理货业务组织模拟仿真系统、港口沙盘、货物模型、船舶模型、货物残损单、联系电话等。
2. 人员安排：学生按班制分组，每组安排理货组长1人，根据舱口数安排理货员4~6人，每班有当班业务员、值班队长、值班副队长各1人。

相关理论知识

一、残损货物

凡货物包装或外表出现破损、污损、水湿、锈蚀、异常变化现象，可能危及货物的质量或数量，称为残损(Damage)。但木材干裂，货物自然减量等除外。

理货人员为了确保出口货物完整无损，进口货物分清原残和工残，在船舶装卸过程中，剔除残损货物，记载原残货物的积载部位，残损情况和数字，称为理残，也称分残。

理货人员在检查货物包装或外表时，发现残损货物，无论是原残，还是工残，对致残的责任方都会有较大的影响，货物致残后的后果将涉及承运人、发货人、保险人和港方等的经济利益。因此，理货人员在理残时，必须公正，实事求是，要按原则办事，掌握确凿证据，正确判断原残和工残，不能弄虚作假，偏袒一方。

二、货物残损的原因

造成货物残损的原因比较复杂，涉及面也很广。我们知道货物在运输过程中，始终存在着遭受损害和灭失的风险。这有外部的自然条件,也有货物内部固有的因素;有客观上的原因,也有主观上的原因;有直接原因,也有间接原因等,都会造成货物致损。不管是何种原因,残损货大多数要到装卸船时,在办理货物交接过程中,才能被发现,才能按货物交接界限来划分责任。因此,担负此项工作的理货人员就成为货物关系人的中心,成为矛盾的集中点。为此,我们有必要对造成货物残损的原因做一个全面分析,让大家有一个全面了解。

(一) 货物包装不固或包装质量不符合要求

货物包装不固或包装质量不符合要求是造成货物残损的主要原因之一。

货物包装材料或方法不符合海上运输和多环节装卸、搬运的要求,会造成货物残损。货物包装上缺少明显的注意标志,致使操作中造成货物破损。例如:

(1)包装材料承受力不足,承受不了舱内货物的压力。
(2)包装内填充物料不足或材料不符合要求,起不到缓冲保护作用。
(3)装加固方法不当或没有加固,致使包装不牢。
(4)箱钉穿透箱板,损及货物。
(5)袋装货物缝口不严或纸袋强度不够,层数不足。
(6)包装上缺少怕潮、易碎、勿用手钩、此端向上等指示标志。

(二) 货物本身的潜在缺陷或自然特性

货物固有的缺陷或自然特性,如货物的吸湿性、锈蚀性、自热性等,称为货物本身的潜在缺陷或自然特性。这种由于货物本身的潜在缺陷或自然特性造成的货物残损,在货物装船时往往不容易被发现,如皮革因潮热而发霉。钢材在舱内存放时间一长,就会造成锈损等。这些都是货物内部存在的特性或缺陷,在运输过程中逐渐发展起来的结果。但只要我们积载合理,衬垫隔票恰当,航运途中妥善保管,还是可以减少和避免此类货物受损的。

(三) 船舶设备不良

船舶在承运货物时,设备必须齐全、安全和可靠。包括起货机和起货吊杆保持良好状态,货舱(包括冷藏舱)适合承运货物的要求,做到清洁、干燥、无异味、无虫害等,舱内管道、通风设备、排水系统、舱盖板、护货板等要畅通完好。否则,就会造成货物残损。例如:

(1)起货机失灵,致使货物下坠碰破。
(2)起货钢丝绳陈旧起毛刺,起吊后钢丝绳断开,货物跌落,造成破损。
(3)货舱不清洁,载运过煤或矿砂的船舱,未经彻底冲洗,即受载杂货,造成货物污渍。
(4)通风设备失效,舱内产生汗水,致使货物湿损。
(5)舱内管道年久失修,锈蚀洞穿,漏水漏油,造成货物渍损。
(6)舱盖板不密封,发生漏水,致使舱内货物残损。
(7)舱内两舷无护货板或护货板不全,货袋被护货板托钩钩破致残。

(四) 货物装舱积载不当

货物应按配载图正确、合理地装舱积载,恰当地衬垫和隔票,以保护货物完整无损。然而,由于货物积载不当,堆垛不牢,衬隔不足,使货物遭受挤压、污染、倒塌而造成残损的情况也比较多。例如:

(1)轻、重货倒置,重货压轻货。

(2)易碎品与金属品混装。

(3)金属货物与化学品、酸、碱货物配载在一起。

(4)货物堆垛不稳固、不紧密,航行中相互碰撞或倒塌。

(5)衬垫隔票物料不清洁、不干燥。

(6)货层之间缺乏木板支撑衬隔,受力不均。

(五)船舶发生海事

在海上运输过程中,船舶及其所承运的货物,一旦遭遇到自然灾害或意外事故,就会发生海事。如:恶劣天气使船舶颠簸摇摆剧烈,造成舱内货物相互碰撞、挤压、塌垛,致使货物残损。船舶遭遇大风浪袭击,海水进入货舱损及货物。船舶在航行中发生触礁、碰撞等意外事故,使船体漏水,造成货物受损等。

(六)装卸作业不当

装卸作业不当是造成货物工残的主要原因。装卸作业不当主要是指:粗暴装卸,使用工具不当,装卸、搬运不慎,未按指示标志操作,不遵守操作规程等原因造成货物残损。例如:

(1)装卸工人为追求装卸速度而将货物乱摔、乱放,不加爱护。

(2)该用网兜吊货却用绳吊;装卸袋装货物使用手钩。

(3)未按指示标志穿放吊绳起吊或起铲,致使受力不均,失去平衡,货物跌落。

(4)装卸起吊操作不慎碰撞舱口围。

(5)卸货时,"挖井"和拖钩。

(七)气象原因

天有不测风云,虽然可以预报天气,但还不能完全控制天气。因此,由于气象原因造成货物受损的现象还是存在的。例如:在装卸货物过程中,突降暴雨,来不及关舱而使舱内部分货物受损。天气闷热,空气湿润,地面翻潮,在库场里有些货物,由于缺乏衬垫和蔽盖而造成湿损。在台风季节里,港口经常要遭受狂风暴雨的袭击,使堆放在码头上的货物,由于蔽盖、衬垫和保管不善而受损。

以上我们分析了造成货物残损的原因。下面我们着重对常见的原残致损原因作进一步的分析。

(八)造成货物原残致损原因的分析

1.渍损

货物或其包装被液体浸湿或沾污而造成残损。称为渍损。渍损有的明显损及货物本身;有的损及包装或包装有渍印,难以判断内货是否受损。

渍损包括水渍、油渍、化学品渍、污渍等。

(1)水渍。

海水、雨水或淡水渍损货物或其包装,称为水渍。

水渍产生的原因:船舶在航行途中遇上恶劣天气,风浪袭击损坏船体结构设备,致使海水进入货舱而损及货物;船舱盖板水密差、水舱漏水、舱内管道锈蚀漏水以及污水沟堵塞,溢出污水而损及货物;冲洗甲板不慎而损及货物;加水过满溢出而损及货物;驳运或陆运途中遭受水湿,装船时成为汗水渍而损及货物;装船过程中,降雨、雪,盖舱不及,湿损货物;积载不当,被液体货物或易挥发水分货物所损及。

在水渍中,还有一种常见的汗水渍(Stained by Sweat)。一般说汗水渍不会损及货物本身,但也不尽然,如需要通风的货物,由于没有采取必要的通风措施或通风设备失效,也会造成汗水渍。

(2)油渍。

油类渍损货物或其包装,称为油渍。常见的以燃料油渍为多,因船舶储存着大量的燃油和润滑油,有可能因油舱密封不好发生渗漏,或油管漏油,或加油不慎发生溢油而油污货物。另外,舱内货载油类货物,包装发生破损也会油污其他货物。

(3)化学品渍。

主要是舱内液体化学品包装发生破损或渗漏后,损及舱内其他货物。

(4)污渍。

货物遭受污渍,主要是由于仓库、码头、运输工具、装卸工具以及货舱不清洁或操作不慎造成内货漏出,而污损货物。例如:装过煤的船舱、驳船、车辆,未经彻底冲洗,即装载袋装粮食、包装棉织品等杂货,必然造成这些货物污损。污渍对食品类货物影响较大,甚至导致不能食用。

2.破损

货物或其包装发生破裂而造成残损,称为破损。破损,有的明显损及货物本身;有的损及包装,而没有危及内货;有的损及包装,但难以判断是否损及内货。破损是理残中最常见的一种货物残损。破损的原因是多方面的,属于客观的原因往往多于属于主观的原因。但是,如果装船理货时,未能认真分清残损,那么卸船理货时,就成了原残。所以要求理货人员在装船理货时,一定要认真分清残损,防止残损货物装上船。造成破损主要原因是,包装不良,积载不当,装卸操作不慎,装卸工具有缺陷,船舶起货设备不良等。

3.霉烂

货物霉烂是霉菌在适宜的温度、湿度条件下繁殖引起的。

散装货物、新鲜水果和蔬菜等货物最容易发霉腐烂,因其本身含有一定的水分,只要水分略高一些,温度适宜,就会发霉。橡胶、牛皮、奶粉、可可豆等,遇到水湿后,在舱内一闷热,就会霉烂、发臭。如在舱内发现货物腐烂,应认真检查对周围其他货物的影响,并迅速采取措施处理,防止霉菌感染其他货物。

4.变形

货物变形是受物理作用引起的。例如,货物遭受外力的撞击、挤压时,当超出了本身能够承受的限度,货物就会改变原来的形态。导致货物变形的原因主要是,在装卸过程中货物遭受碰撞;舱内积载不当,衬隔不足,支撑不牢,使货物遭受挤压而变形。常见的货物变形有钢管、角铁等钢材,她们在遭受外力作用时,发生弯曲变形;金属桶装货物遭受挤压、碰撞变形;箱装货物被其他货物挤压变形。

5.锈损

锈损足金属货物遭受周围介质的化学或电化学作用而发生的腐蚀现象。如大气中的温湿度变化以及氧、二氧化碳、二氧化硫等气体或尘埃、盐分等杂质的污染,铁与大气接触后,产生氧化亚铁,再受空气中氧的作用成为褐色的三氧化二铁,就是锈蚀。货物锈损的主要原因有:金属货物未涂防锈油,或涂油不均匀;金属货物在制造过程中,工艺不合要求;垫舱物料潮湿;运输过程中,金属货物遭受潮湿、雨淋、水渍;金属货物在装运前堆存时间过长,保管不善,堆积不当等。

6.火损

船舶因故发生火灾,造成货物损失。造成火灾的主要原因有:

(1)货物自燃。如棉花、麻、鱼粉等货物含水分过高,在一定条件下,货物会起氧化反应,时间久,放出大量热量,如透风散热不良,达到着火点就会自燃;燃点较低的矿物油、化学品等,在温度超过燃点时,也会自燃。

(2)吸烟不慎,乱丢烟头,引起火灾。

(3)货舱内电线年久失修漏电。

(4)配积载不当。如燃点低的货物,靠近热源,会引起火灾。

7.气味感染

气味感染对食品类货物影响极大,严重时会完全失去使用价值。造成气味感染的主要原因:

(1)货舱不洁,异味感染。如货舱污水沟内积存的粮谷腐烂,臭气外溢;货舱内新涂油漆,散发气味;装过矿物油的油舱未清洗等,都可能感染货物。

(2)配积载不当,互抵性货物异味感染。如茶叶与兽皮同装一个舱内,茶叶吸收了兽皮的臭味,就无法饮用;烟叶本身有强烈气味会感染食品类货物,同时也能被散发异味的货物所感染,如樟脑,失去使用价值。

(3)包装材料异味感染。如制作麻袋时,要喷洒煤油,以防止生虫。可是,新制作的麻袋立即盛装大米,就会被煤油味所感染。

三、理残的任务和要求

理残是理货人员的一项主要工作。其工作内容主要是对船舶承运货物在装卸时,检查货物包装或外表是否有异常状况。

装船货物和卸船货物都有可能发生残损,但理货人员理残工作的易、难各不相同。总的来讲,装船货物发现残损比较容易解决,因理货人员可直接找发货人解决。而卸船货物却不行,因它涉及面比较广,致损原因复杂,所以给理货人员理残工作带来一定困难。为此,我们着重介绍卸船货物理残的任务和要求。

(一)理残的任务

1.查明残损货物的受损情况

理货人员在理残时,一旦发现残损货物,首先根据装货单或进口舱单核对残损货物的标志、件号和包装,查明其归属哪一票。其次仔细检查残损货货物包装外表受损情况。最后,确定残损货物的受损范围和程度。

2.理清残损货物的数量

由于货物受损原因各不相同,因此,会带来不同受损情况。不管货物受损程度如何,理货人员必须理清残损货物的数量,这是理货人员工作职责。尤其是对受损面积比较大的货物,如海事货物,理货人员一定要区分清好货和残货,理清残损货物的数量,以供有关部门办理海事理算的参考。

3.明确残损货物的责任方

通过理货人员深入细致的理残工作,查明残损货物发生的时间和地点界限,明确残损货物的责任方。理货人员在确定残损货物责任方时,一般应遵循以下原则:

(1)原残。

原残指卸船货物起卸前,在船上发现的残损,称为原残。由船方对残损货物负责。装船货物装船前,在船边发现的残损,统称为原残。作为船方委托的理货人员,没有必要再去划分原残的责任,由港方或货方负责。

(2)工残。

指在装卸船过程中造成的货物残损,称为工残,由港方负责。

(3)意外事故残损。

指在装卸船过程中,因各种潜在因素造成意外事故导致货物残损,称为意外事故残损。这类残损责任比较难以判断,容易发生争执。如起卸中钢丝绳突然断裂,造成货物摔下致损,对此理货人员不要轻易判断责任方。

(4)自然灾害事故残损。

指在装卸船过程中,因人力不可抗拒因素造成自然灾害给货物带来的残损,称为自然灾害事故残损。如突降暴雨,水湿货物,对此理货人员要慎重判断责任方。

我们讲述了明确残损货物责任方的基本原则,但在实际工作中,所遇到的情况很复杂,如工人在舱内搬运货物时,发现货物有残损,通知船方验看,船方则认为工人已经搬动过了,不能称为原残,应属工残,由港方负责。而港方则认为这是原残,应由船方负责,双方争执不下。

(二)理残的要求

1.理残的基本要求

(1)分清原残和工残,剔除残损货物。

(2)确定原残货物在舱内的部位、数字和残损情况,编制现场记录,取得船方签字。

(3)确定工残货物的数字和残损情况,编制现场记录,取得装卸工组签字。

(4)根据原残的现场记录,由理货组长汇总编制货物残损单,取得大副或船长签字。

2.理残的具体要求

(1)出口货物发生残损,原则上不能装船,应由发货人换装或整修;在舱内发现的残损货物,要卸下船。如发货人不换货或整修后不符合出口要求时,理货人员对货物的外表状况,如实批注在装货单上。

(2)进口货物理残方法有两种,一种是随时发现原残,随时通知船方验看;另一种是集中验看,都要编制现场记录,记载残损货物的数字、积载部位和残损情况,取得船方签字后再卸下船。

(3)进口货物理残时,不要涉及残损货物的致损原因和责任。未经理货人员确认而卸下船的残损货物,原则上按工残处理,除非不明显的残损,如反钉、干水渍等。对于卸货过程中造成的工残,要取得责任者的签认,如责任者拒不签认时,可将情况记录备查。

(4)货物包装发生轻微残损,但不可能危及内货质量或数量时,可不作为残损货物处理。
(5)船舶发生海事,所载货物按港口当局意见处理。

(三)地脚货的处理

1.地脚货的概念

地脚货是指以包装形式运输的货物,在作业或存放时撒漏出原包装不能计数,扫集在一起装入备用包装,随货运输的货物。托运人在托运和交付时货物中没有地脚货,只是在作业、运输、保管过程中,货物发生损漏才产生地脚货。若地脚货很多,则表明货物损漏严重,发生严重的货损。而地脚货的完全收集和妥善处理、保管、交付,可以减少货物损害的损失。

地脚货具有三个特点:
(1)地脚货是从原包装货物散漏出来而形成的。
(2)地脚货是散装货物,无法计数字。
(3)地脚货重新灌包后,不能作为完好货物数字计数。但应该办理交接签证手续。

2.地脚货产生的原因

(1)由于货物包装的缺陷造成。货物包装不适合运输、堆垛和作业操作而破损泄漏。如采用旧包装、包装太大、包装强度不够等。
(2)港口作业中的操作不当。港口的作业方法不当、使用工具不当造成包装破损。如使用手钩、做关不稳、操车不稳、拖关堆垛挖井作业等。
(3)货物垛型使用不当。由于货垛超高、垫垛不平造成货物压坏包装而破损泄漏,由于货垛不稳固而造成倒垛、跌落产生破损。
(4)货物在船舱内因积载不当、装舱不当、遇大风浪等,造成舱内货物包装破损。
(5)已发生破损的货物未剔出、未修补,继续泄漏。
(6)由船舶或起运港转来的地脚货。

3.地脚货的管理

(1)货物发生泄漏,不能把漏出的货物灌回原来的包装内,避免污损原货。而应将收集的撒漏货物单独灌包。
(2)收集撒漏出的货物时要分品名、分规格,不同货物分开灌包。混杂的撒漏货物影响其用途和性质的只能作为垃圾处理。
(3)地脚货重新包装、封好后摆放在货垛桩脚旁,不能混入货垛中。
(4)要在理货单、交接清单等相关的货运单证上记录地脚货。地脚货只记录灌包数,不计重量。交接时要签交签收。
(5)地脚货要随货同行,连同货物一起交接转出。在目的港有多名提货人提货的货物的地脚货,港口要按各提货人所提货物数量和破损程度分摊交付。
(6)货物提清后才收集的地脚货或者其他原因未提走的地脚货,库场要单独立账登记,作为无主货上报处理。在处理前货主要求提货的,应办单提货;处理后港口不受理索要。

4.垃圾

在作业通道、装载多种货物的船舶货舱中收集的混杂地脚货和被玷污或者受损的撒漏货物作为垃圾处理。垃圾不能混入货物,也不随货转运,而由港口处理。含有危险货物的垃圾应作为危险货物处理。

项目实施

任务一　确定残损货物的受损程度和受损状态

一、确定残损货物的受损程度

理货人员确定残损货物的受损程度是理残工作中一项主要内容。

(一)确定残损货物的数字

在船上发现原残货物时,必须要确定货物受损的数字。依据是现场的实际残损情况,在确定数字有困难时,可以参考船方的原始批注和国外理货的签残数字材料。但理货人员原则上要按实际发现的残损货物数字处理,参考资料只能作为与船方交涉理残数字的依据。

卸船后,港口或收货人提供的残损数字可能与理货数字不一致,一般情况是多于理货数字。此时,理货人员不能轻易更改理残数字,因为在卸货过程中,还会造成残损,这就属于工残,不能按原残处理。

确定残损数字,必须按票分清,这不仅关系到船方承担责任的不同,而且关系到不同收货人的利益。

(二)确定残损货物的残损率

残损率指残损货物占整票货物的百分比率。残损率仅适用于残损严重的大宗货物,不适用于件杂货和大宗货物的一般残损。

残损严重的大宗货物,难以准确地理清残损数字,习惯做法是确定一个残损率。在确定残损率时,要尽量符合实际情况,事先可征求收、发货人的意见,但不能完全根据收、发货人意见确定,还要考虑是否符合或接近实际,船方能否接受。残损率确定是否准确,反映了理货人员的业务水平和工作经验,同时也反映了理货人员的工作态度是否公正。

残损率的确定方法,可采取抽查每钩内破损货物的数字,累计平均求出破损货物的百分比率。抽查一定要具有代表性,注意不同舱位卸出的货物,同时要考虑在舱内的残损情况。对于上层舱破损不严重,下层舱破损严重的货物,也可采取点数与抽查相结合的方法,确定残损率。

二、确定残损货物的受损状态

残损货物的受损状态,常见的有破损、变形、散捆、潮湿、融化、霉烂、污染、水渍、油渍、污渍、汗水渍、弯曲、渗漏、反钉、虫蛀、粘连、铅封脱落、卷边、锈蚀等。理货人员理残时,要根据不同货类,准确地判断受损状态,且要用英文表达。现将主要货类的常见残损状态介绍如下:

(一)车辆

车辆理残难度比较大,一是理残要求严,特别是使领馆车辆、外国驻在机构和人员的车辆、展品和礼品车辆。二是理残部位多,特别是特种车辆。

(1)车身擦伤、凸起、漆掉、生锈、车顶瘪、发动机罩瘪等。
(2)车门变形、关闭不紧、把手断裂、门锁坏、钥匙与锁不对号、车窗玻璃破碎。
(3)轮胎瘪、割伤、内胎漏气、无备胎、轮圈变形、生锈、抽盖擦伤。
(4)天线杆、指示灯、反光镜、转向器、刮水器等弯曲、断裂、破损、短缺。
(5)车厢内、驾驶室内仪表仪器破损、短缺。
(6)工具箱、行李舱封条断失、短缺。
(7)车辆底部生锈、排气管瘪。

(二)精密仪器、涉外物资、高级机床等

这类货物价格昂贵、高级精密,因此,理残要求严、细。

铅封断失、破裂、板塌、变形、干水渍、油污渍、生锈、渗漏、内货响声、倒置、箍断缺、反钉、松钉、重钉、钉洞等现象必须注意。

(三)桶装货

破裂、渗漏、盖脱、箍掉、瘪、变形、桶空、生锈等。

(四)袋装货

炸口、裂缝、袋洞、融化、霉烂、粘连、结块、潮湿、水渍、油渍、虫蛀、空袋、污染、地脚等。

(五)箱装货

破裂、变形、内货响声、油污渍、水渍、箱板裂、底掉、反钉、松钉、干水渍、空箱等。

(六)钢材

弯曲、散捆、锈蚀、断裂、卷边、卷角、瘪、螺钉口坏、螺母短缺、钻管和套管的护口套坏等。

(七)卷筒纸

破损、切边、油渍、水渍等。

(八)鲜货食品

融化、腐败、发霉、污染等。要特别注意是否与有毒、有害、异味货物混装在一起。

(九)捆包货

油污、潮湿、霉烂、燃烧焦痕等。

任务二 编制货物残损单

货物残损单是卸船原残货物的证明。货物残损单是依据现场记录汇总编制的。因此,填写内容和要求与现场记录基本相同。

当整船货物无原残时,为区分清船舶承运货物是否有原残,仍需编制货物残损单,这与货物溢短单一样,在通栏内填写"无"字,表示全船货物没有原残。

请根据下列条件正确编制货物残损单。

(1)船名:"碧空"(BLUE SKY);国籍:"巴西";航次:001;泊位:4;
开工日期:2013年2月16日;完工日期:2013年2月17日。

(2)船方在货物残损单上加有:ONLY THE APPEARANCE DAMAGED,CONTENTS IN-

TACT.

请根据船方批注加理货批注(只加理货批注)。

(3)船方在货物溢短单上加有:FIGURE IN DISPUTE,SHIP N/R FOR SHORTAGE.请根据船方批注加理货批注(只加理货批注)。

(4)该轮完船情况如表5-1所示。

表 5-1

提单号	标志	货名	舱单记载件数	溢出件数	短少件数	残损件数	残损情况
QH101	99XE2001CR	设备	150箱	—	6箱	2箱	箱号1、箱底托木断;箱号2、箱板碰穿
QH102	99XE2002CR	马口铁	300箱	8箱	—	7箱	包装轻微破
QH103	99XE2003CR	钢板	200片	—	8片	10片	轻微卷边
QH104	N/M	卷钢	1000卷	2卷	—	15卷	严重生锈

 课堂案例

案例:2013年4月30日(星期二)挪威籍船舶"JI CHENG",VOY.1203N靠泊天津港18泊位开始卸货,该船于2013年5月2日完成船舶卸货后无装货离开天津港。

(一)该船本航次在天津卸货舱单信息

(1)钢管,提单号001,主标志为TIANJIN001件数2000捆(BUNDLE)。

(2)设备,提单号002,主标志为TIANJIN002件数6箱(CASE)。

(3)纸浆,提单号003,主标志为TIANJIN003件数1200件(UNIT)。

(4)纸浆,提单号004,主标志为TIANJIN004件数1200件(UNIT)。

(5)冻鱼,提单号005,主标志为TIANJIN005件数1000盒(CARTON)。

(6)鱼粉,提单号006,主标志为TIANJIN006件数1000袋(BAG)。

(7)卡车,提单号007,主标志为TIANJIN007件数1辆(UNIT)。

(二)卸货过程中发生的情况

(1)从1舱卸钢管1200捆(每捆重1.5t,长12m),从2舱甲板卸下提单号为007的卡车一辆,卸前发现车辆前挡风玻璃裂。

(2)2013年4月30日22:00至5月1日06:00期间作业情况。

(3)从2舱卸出1600件纸浆,卸货过程中有提单号003的纸浆3件箍脱落,10件水渍,5件因工人在卸货过程中装卸公司的叉车漏油造成纸浆表面油污。

(4)从3舱卸出设备5箱(每箱重1t,长2m、宽1m、高1m),在卸货前发现件号为3号的设备箱板有钉眼。

(5)从5舱(5舱为该船唯一的冷藏舱)卸出鱼粉1000袋其中有2袋封口开。

案例解析:货物残损单(见表5-2)的缮制需要在理货单证缮制要求的基础上,分清原残和工残,才能正确缮制单证。

DAMAGED CARGO LIST　　　　　　　　　　　　　　　　　　　　　　表 5-2

B/L No.	Marks	Description	P'kgs & packing damaged	Condition of damage
002	TIANJIN002	EQUIPMENT	1 CASE	CASE BOARD WITH NAIL HOLES C/NO.3
003	TIANJIN003	PULP	13 UNITS	(3) UNITS HOOP OFF (10) UNITS WATER STAINED
006	TIANJIN006	FISHMEAL	3BAGS	SEAM OPEN
007	TIANJIN007	TRUCK	1UNIT	FRONT WINDSHIELD GLASS SPLIT

【复习思考题】

1.残损有哪几种？它们是如何划分责任方的？

2.造成货物残损的主要原因是什么？你认为理货人员常见的原因有哪几种？为什么？

3.造成货物原残的原因是什么？你认为在理残时常见的原因有哪几种？应该怎样进行处理？

【实践训练】

1.练习货物残损责任的划定。

2.练习货物残损状态的确定。

3.练习货物残损单的缮制。

项目六　积载图绘制

知识要点

1. 积载图绘制的原则和要求。
2. 积载图的货位表示法。
3. 积载图的绘制步骤。

项目任务

1. 掌握积载图绘制的原则和要求。
2. 能够绘制完整的积载图。

项目准备

1. 场地、工具准备：件杂货船舶模型、空白积载图、联系电话等。
2. 人员安排：学生按船舶分组，每条船安排理货组长1人，理货员若干人。

相关理论知识

一、积载图绘制的原则和要求

(一)积载图的绘制原因

装船前，理货机构已从船方或其代理人处取得配载图，理货人员根据配载图来指导和监督工人装舱。但是，在装船过程中，经常会发生调整和变更配载图，其主要原因有以下几点：

(1) 由于货物的实际尺码与装货清单上记载的理论尺码不一致，造成部分货物不能按原配载图要求装船，于是，需要调整或变更货物的原装舱位置。有时甚至因舱位不够而不得不退关。

(2) 由于货物未能按计划集中到港，以致造成部分货物不能按配载计划装船，只能调整货物装船顺序和变更货物装舱位置。

(3) 由于各舱装货进度不平衡，港口为了调整作业计划，缩短船舶在港时间，就向船方提出调整或变更个别舱的计划。

(4) 由于港口库场管理不善，或与外运等运输部门配合不协调，或其他意外原因，造成部分货物无法按配载计划装船，从而改变了原配载图的计划。

(5) 有些港口的港池浅，大吨位船舶只有在海水高潮时才能顺利离港。为了抢时间，临时改变作业计划，增加作业舱口，这样就迫使船方调整和变更配载计划。

因此,在装货过程中,调整和变更配载图是常有的事,但有一条原则,即凡要调整或变更配载图,均需征得大副同意,任何人都无权擅自调整或变更配载图。但是,理货组长必须参与配载图的调整和变更事宜,协助船方大副做好此项工作。为此,提出几点与理货工作有关的注意事项:

(1)调整或变更的货物必须是同一卸货港的,港口顺序不能颠倒。

(2)调整或变更的货物,不能破票,必须整票货物一起移动。

(3)调整或变更的货物数量,必须根据货舱的舱容而定,宁少勿多,以防舱容不够而退关。

(4)调整或变更的货物不能与原舱的货物发生性质互抵的现象,也不能造成重压轻的情况。

(5)调整或变更后货物必须在配载图上用明显的颜色加以标明,同时,在装货进度表上也要注明部分调整或变更货物的装货单号、件数、重量和舱位。

这样做的目的,一是为了配合船方和港方做好货物装舱积载工作;二是为了有计划、有步骤地指导装船理货工作,真实反映货物实际装载位置,为绘制货物积载图打好基础。

(二)积载图的绘制原则

装船结束时,理货组长要绘制货物实际装船位置的示意图,即实际货物积载图。在图上要标明卸货港、装货单号、货名、件数、包装和重量等内容。绘制积载图的一般原则是:

(1)积载图反映的船舶方向为船舶的首尾方向,船首为右,船尾为左。

(2)积载图反映的船舶底舱为侧面图。所谓侧面图,就是站在船舶右舷的前面,观看底舱货物装载部位,以此绘制而成的示意图。在侧面图上,用竖线表示货物的前、后舱位,即右边为前舱位,左边为后舱位。用横线表示货物的上、下舱位,即上部为上舱位,下部为下舱位。用斜线表示货物的左、右舱位,即左上位为左舷舱位,右下位为右舷舱位。

(3)积载图反映的船舶二层舱及二层舱以上舱位为平面图。所谓平面图,就是站在船体甲板上,俯首观看二层舱以上货物装载部位,以此绘制而成的示意图。在平面图上,用竖线表示货物的前、后舱位,即右边为前舱位,左边为后舱位。用横线表示货物的左、右舱位,即左上位为左舷舱位,右下位为右舷舱位。用斜线表示货物的上、下舱位,即上部为上舱位,下部为下舱位。

(4)积载图反映的货位大小是按货物的容积大小比例绘制而成。

(5)平面图远离舱口位正中越远,表示所装货物越在下面或里面。

(6)积载图的船型图用实线"———"表示;同一卸货港的货物之间用虚线(点线)"········"表示;不同卸货港的货物之间用锁线(点划线)"-·-·-"表示。

(三)积载图的绘制要求

(1)研究绘图技术,掌握绘图原则,字迹工整、清晰,线条明确、易懂。

(2)绘制积载图时,用英文标明卸货港、装货单号、货名和包装,用阿拉伯数字标明件数和重量。小票零星货物的货名可笼统用杂货名称。

(3)准确地使用通用的线条和符号表示货物的实装舱位。

(4)积载图上内容要填写齐全,包括船名、航次、国籍、装货港、中途港、目的港、装货完毕日期、货名、各卸货港、各舱、各层的货物件数和重量,以及总件数和总重量。

（5）积载图的备注栏内应写明卸货注意事项和要求。

二、积载图的货位表示法

(一) 侧面图

1.示例 1(见图 6-1)

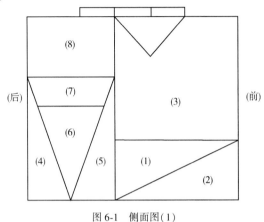

图 6-1　侧面图(1)

图 6-1 所示说明：

（1）从前舱壁起至第二节舱盖止的中心线的左侧部分,高度约 1/3。

（2）从前舱壁起至第二节舱盖止的中心线的右侧部分,高度约 1/3。

（3）从前舱壁起至第二节舱盖止全部装满,其中在前两节舱口位正下方,约 1/4 高度的地方留有空位。

（4）从后舱壁起至第三节舱盖止,1/3 舱口位正下方的左侧部分,高度约 2/3。

（5）从后舱壁起至第三节舱盖止,1/3 舱口位正下方的右侧部分,高度约 2/3。

（6）从后舱壁起至第三节舱盖止,1/3 舱口位正下方,即(4)、(5)左右两侧的中间,高度约 1/2。

（7）从后舱壁起至第三节舱盖止,1/3 舱口位正下方,即(6)的上面,高度与(4)、(5)持平。

（8）从后舱壁起至第三节舱盖止,即(4)、(5)、(7)的上面,装满。

积载状态的分解图如图 6-2、图 6-3、图 6-4、图 6-5 所示。

图 6-1 所示的(1)、(2)分解图,如图 6-2 所示。

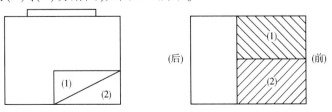

图 6-2　分解图之一

图 6-1 所示的(1)、(2)、(3)分解图,如图 6-3 所示。

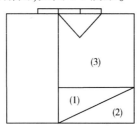

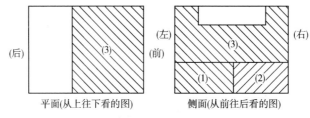

图 6-3　分解图之二

图 6-1 所示的(4)、(5)、(6)、(7)分解图,如图 6-4 所示。

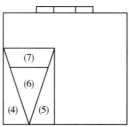

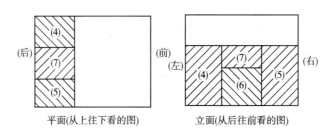

图 6-4　分解图之三

图 6-1 所示的(8)分解图,如图 6-5 所示。

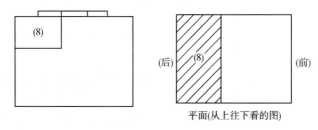

图 6-5　分解图之四

2.示例 2(见图 6-6)

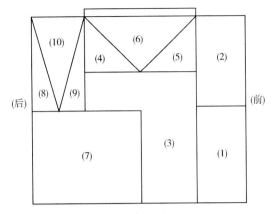

图 6-6 侧面图(2)

图 6-6 所示说明:

(1)从前舱壁起至舱口位处止(不出舱口位)的下部,高度约 1/2。
(2)从前舱壁起至舱口位处止(不出舱口位),(1)的上面,装满。
(3)一部分在 1/2 舱口位正下方,一部分在整个舱口位正下方,(7)的上面,高度约 2/3。
(4)舱口位正下方的左内侧,(3)的上面,装满。
(5)舱口位正下方的右内侧,(3)的上面,装满。
(6)舱口位的正下方,(4)、(5)左右两侧中间,(3)的上面,装满。
(7)从后舱壁起至 1/2 舱口位正下方的下部,高度约 1/2。
(8)从后舱壁起至舱口位处止(不出舱口位)的左内侧,装满。
(9)从后舱壁起至舱口位处止(不出舱口位)的右内侧,装满。
(10)从后舱壁起至舱口位处止(不出舱口位),(8)、(9)左右两侧的中间,装满。

积载状态分解图,如图 6-7、图 6-8、图 6-9、图 6-10 所示。

图 6-6 所示的(1)、(2)分解图,如图 6-7 所示。

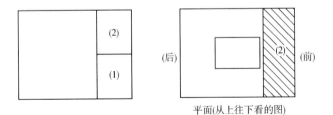

图 6-7 分解图之一

图 6-6 所示的(3)、(7)分解图,如图 6-8 所示。
图 6-6 所示的(4)、(5)、(6)分解图,如图 6-9 所示。
图 6-6 所示的(8)、(9)、(10)分解图,如图 6-10 所示。

(二)平面图

1.示例 1(见图 6-11)

图 6-11 所示说明：

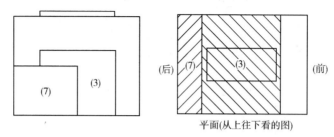

图 6-8 分解图之二

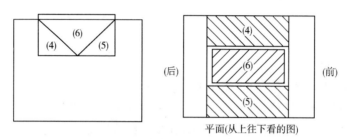

图 6-9 分解图之三

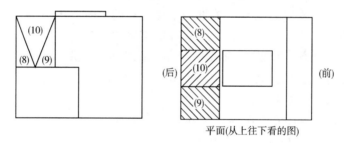

图 6-10 分解图之四

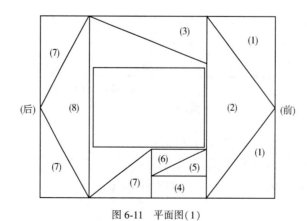

图 6-11 平面图(1)

(1)从前舱壁起至舱口位处止(不出舱口位)的下部,高度约1/2。
(2)从前舱壁起至舱口位处止(不出舱口位),(1)的上面,装满。
(3)从左舷起至舱口位处止(不出舱口位)的下部,高度约1/2。
(4)从前1/2右舷壁起至右舷内侧1/2空间止,装满。
(5)从前1/2右舷外侧,即从外部起至舱口位处止(不出舱口位),高度1/2。
(6)从前1/2右舷外侧,即(4)的外部起至舱口位处止(不出舱口位),(5)的上面,装满。
(7)从后舱壁起至舱口位处止(不出舱口位),及延长后1/2右舷,高度均为1/2。
(8)从后舱壁起至舱口位处止(不出舱口位),(7)的上面,装满。
状态分解图,如图6-12、图6-13、图6-14、图6-15所示。
图6-11所示的(1)、(2)分解图,如图6-12所示。

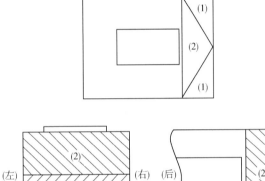

图6-12 分解图之一

图6-11所示的(3)分解图,如图6-13所示。

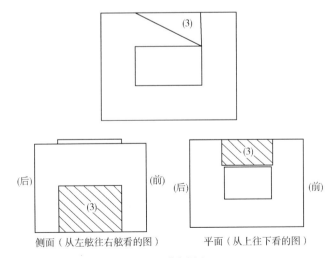

图6-13 分解图之二

图 6-11 所示的(4)、(5)、(6)分解图,如图 6-14 所示。

图 6-11 所示的(7)、(8)分解图,如图 6-15 所示。

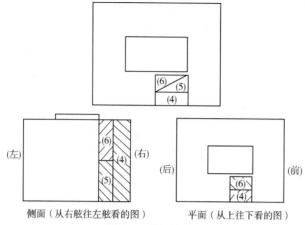

图 6-14 分解图之三

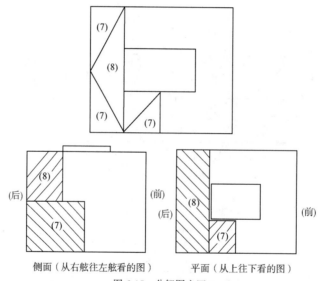

图 6-15 分解图之四

2.示例 2(见图 6-16)

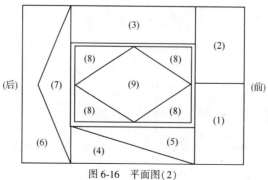

图 6-16 平面图(2)

图 6-16 所示说明：
(1)从前舱壁起至舱口位处止,右侧一半位置,装满。
(2)从前舱壁起至舱口位处止,左侧一半位置,装满。
(3)舱口位左舷位置,装满。
(4)舱口位右舷位置,高度约 1/2。
(5)舱口位右舷位置,(4)的上面,装满。
(6)从后舱壁起至舱口位处止,高度约 2/3。
(7)从后舱壁起至舱口位处止,(6)的上面,装满。
(8)舱口位正下方,高度 1/2。
(9)舱口位正下方,(8)的上面,装满。
积载状态分解图,如图 6-17、图 6-18、图 6-19、图 6-20、图 6-21 所示。
图 6-16 所示的(1)、(2)分解图,如图 6-17 所示。

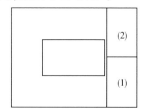

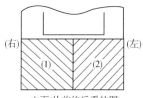
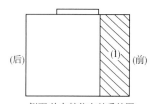

图 6-17　分解图之一

图 6-16 所示的(3)分解图,如图 6-18 所示。

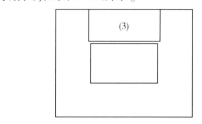

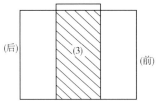
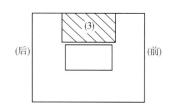

图 6-18　分解图之二

图6-16所示的(4)、(5)分解图,如图6-19所示。

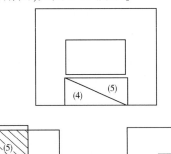

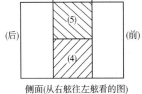 

图 6-19　分解图之三

图6-16所示的(6)、(7)分解图,如图6-20所示。

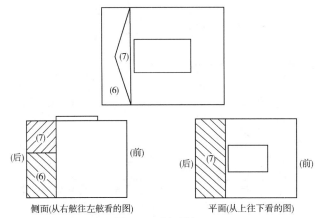

图 6-20　分解图之四

图6-16所示的(8)、(9)分解图,如图6-21所示。

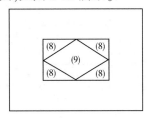

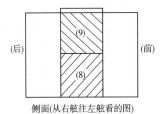 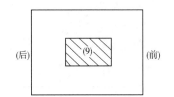

图 6-21　分解图之五

3.示例3 双舱盖货位平面图(见图6-22)

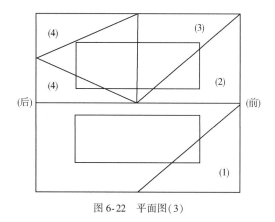

图6-22 平面图(3)

积载状态分解图见图6-23、图6-24所示。

图6-22所示的(1)、(2)、(3)的分解图,如图6-23所示。

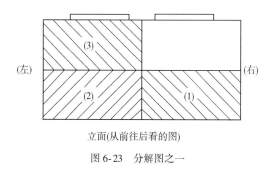

立面(从前往后看的图)

图6-23 分解图之一

图6-22所示的(4)的分解图,如图6-24所示。

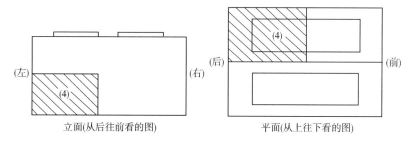

立面(从后往前看的图)　　平面(从上往下看的图)

图6-24 分解图之二

(三)有关其他舱位的表示方法

(1)冷藏舱(见图6-25)。

(2)保险房(见图6-26)。

(3)杂货船甲板上装载集装箱的货位表示法。

①甲板上装一层集装箱的表示法,如图6-27所示。

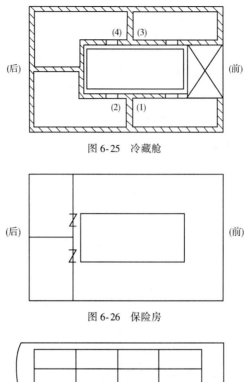

图 6-25 冷藏舱

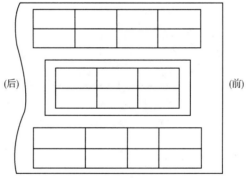

图 6-26 保险房

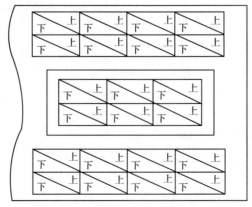

图 6-27 一层集装箱

②甲板上装二层集装箱的表示法,如图 6-28 所示。

图 6-28 二层集装箱

(四)用符号表示货位

1.某些舱位的常用符号
(1)货舱的前部用×表示。
(2)货舱的后部用①表示。
(3)货舱的前后部用⊗表示。
(4)货舱的左舷用←0 表示。
(5)货舱的右舷用 0→表示。
(6)货舱的两舷用←0→表示。
(7)货舱的中部用⊙表示。
(8)货舱的顶部用△表示。

2.舱位的常用英文缩写字母
(1)货舱的前部 F.P.
(2)货舱的后部 A.P.
(3)货舱的中部 M.P.
(4)货舱的左舷 P.S.
(5)货舱的右舷 S.S.
(6)货舱的顶部 UP.
(7)货舱的底部 BM.
(8)舱口位 H.W.
(9)货舱的四周 A.S.

3.某些货物的常用符号
(1)车辆用→表示车头向右停放。
(2)成组货物用∞ 或 P 表示。
(3)转港货物用 W/T 表示。
(4)重件货物用 H/L 表示。
(5)部分货物用 P/L 表示。
(6)某港装的货物,用圆圈内套某港英文名称的第一个大写字母表示。如汉堡港装的货物,用Ⓗ表示。

三、积载图的绘制步骤

(一)绘制草图

绘制正式积载图之前,一般要先绘制草图,再根据草图绘制正式积载图。这样绘制出来的积载图,既准确,又整洁、美观。绘制的步骤如下:

1.绘制船型图

船舶的舱室布置不完全相同,我们要根据作业船舶的实际舱室,在积载图上用实线正确地绘制出机舱和不同层次货舱的位置。机舱不装货,一般用交叉的实线来表示。除了各货舱用来装货外,还有油舱(Deep Tank)、吨井舱(Tonnage Well)、保险房(Lock)、首楼(Forecastle)、尾房(Poop Cabin)等也可用来装货,这些舱位也应在积载图上表示出来。货舱一般分为底舱和二层舱。三层舱的,最上层称为上二层舱、中间称为下二层舱。它们舱容大小根据实际舱容大小用实线正确地绘制出来。

2.绘制货位图

货位图要按上一节货位表示法来绘制。然后在货位图上标明目的港、装货单号、货名、包装、件数和重量等内容,它们通常用英文印刷体大写和阿拉伯数字正楷书写。

例如:HONGKONG （目的港）

S/O 75-80 （装货单号）

TOYS （货名）

580 C'TNS （件数和包装）

G:18.711t （重量）

如果一票货物分装在两个货位上,则应在两个货位上分别填明目的港、装货单号、货名、包装、实际装载的件数和重量。如所画的货位图形较小,文字内容一处写不下,则可把文字内容分两处填写,并标上同一符号。

在绘制货位图时,要注意以下几点:

(1)整票货物画入草图。理货组长在每工班装货结束后,应对照装货进度表和装货单(S/O),按先下后上、先右后左的原则,把已装船的货物绘制在草图上,要写上收S/O多少份。由于理货工作是四班作业,为了使每一班都能明白上一班货物画入草图的情况,避免重复或遗漏,一般采用在装货进度表的重量栏上画个圈,以表示该票货物已画入草图。各舱的S/O用红笔圈。每票货物开始作业要用蓝笔在红圈上划一点,此票货完后用蓝笔打叉。

(2)破票变动舱位货物画入草图。装货过程中,有时因故需要变更整票货物中一部分货物的舱位,这要先在配载图和装货进度表上用文字和记号标明变更货物的装货单号、件数、重量和舱位,然后,根据变更后的货物实际情况,画入草图。

(3)整票变更舱位货物画入草图。装货过程中,因故将整票货物变更舱位时,在配载图和装货进度表上要先标明变更舱位,然后,根据实际舱位画入草图,要切实防止重复或遗漏。

(4)残损货物画入草图。装货过程中,因货物受损无法按原计划装载时,应先在装货进度表上标明该票残损货物的件数和重量,然后,待残损货物修整或调换后,按残损货物实际装载舱位画入草图,防止重复或漏画。

(5)船方提供的出口配载图上不要写开工时间,只加盖 SHEET NO.ONLY 即可。

(6)根据船方提供的配载图制作的积载草图,要写明开工时间年、月、日。

3.汇总货物件数和重量

货物积载图上方两侧有两栏表格,一栏是各舱、层货物件数和重量汇总表,另一栏是各卸货港货物件数和重量汇总表。我们在绘制草图时,做到以下几点:

(1)每日画入草图的各舱货物件数和重量必须与日报单上各舱货物件数和重量相一致。

(2)画入草图的各卸货港货物总件数和总重量必须与出口舱单上的各卸货港货物总件数和总重量相一致。

(3)两栏表格的汇总货物总件数和总重量必须相一致,同时要与出口舱单的全船货物总件数和总重量相一致,与最后一份日报单上的总件数和总重量相一致。

若是出现草图上数字与日报单或出口舱单上的数字不一致,则说明不是草图上数字有问题,就是出口舱单或日报单上数字有差错,此时,务必查个水落石出,不能随意处理。

4.全面检查草图

草图绘制成之后,应对照装货进度表进行全面检查,以防漏、重画和其他差错。检查内容主要有以下几点:

(1)检查各票货物的舱位是否正确,所画线条是否符合规定。

(2)对照装货清单检查各票货物的货名和卸货港是否正确。

(3)对照装货进度表检查各票货物的装货单号是否有遗漏和重复。

(4)检查各舱货物的件数和重量是否正确。

(二)绘制正式图

在绘制的过程中,要注意以下几点。

(1)正式积载图主要使用计算机绘制。装货过程中,因货物受损无法按原计划装载时,应先在装货进度表上标明该票残损货物的件数和重量,然后,待残损货物修整或调换后,按它实际装载舱位画入草图,防止重复或漏画。

(2)绘制的实装舱位和空舱位之间的比例要与实际情况相符。

(3)货位图内所需填写内容写不下时,可用较小字号或用箭头线引向附近地方填写。

(4)如需要在卸货过程中加以注意的事项,如重大件的体积或重量,备用袋的数量等,可记载在备注栏内。

(5)积载图绘制成后,再仔细地检查一遍,所有的数字都要认真地计算一遍,在没有任何异议的情况下,可打印出来提请船方大副签字。

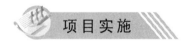

任务一　绘制货位图

某船一舱底舱装载以下货物:

(1)去釜山的 S/0.10 圆钢 800 捆 1500.800t,装在底舱前部,占整个底舱纵向的 1/3 和高度的 1/3。

(2)去仁川的 S/0.9 盘圆 260 捆,530.600t 装在圆钢的上面,高度占剩余部分的 1/2。

(3)去马尼拉的 S/0.3 盐 1000 袋,222.000t,装在底舱后部左舷,占底舱纵向的 1/3,横向的 1/2,高度的 2/3。

(4)去马尼拉的 S/0.4 盐 1000 袋,222.000t,装在底舱后部右舷,占底舱纵向的 1/3,横向的 1/2 和高度的 2/3。

(5)去雅加达的 S/0.5 麻袋 2000 件 300.000t,装在底舱中部,高度占 1/3。

(6)去雅加达的 S/0.6 重碱 500 袋,500.520t,装在底舱中部左舷,麻袋的上面,不出舱口位,高度与 S/0.9 盘圆持平。

(7)去雅加达 S/0.7 轻碱 500 袋,300.520t,装在底舱中部右舷麻袋的上面,不出舱口位,高度同重碱相同。

（8）去雅加达 S/0.8 纸浆 2000 包（小件），201.960t，装在底舱中部中间部分，高度与 S/0.7 和 S/0.6 持平。

（9）去大阪的 S/0.1 草制品 1500 盒，25.150t，装在底舱后部上层弦里顶杆，不出舱口位。

（10）去釜山的 S/0.2 罐头制品 1500 箱，25.000t，装满底舱。

假如你是该船理货组长，请按照绘制积载图的原则和方法完整绘制该舱货物的货位图。

任务二　绘制完整的积载图

东方明珠轮（ORIENT PEARL）在青岛港装载重质纯碱（SODA ASH DENSE）1500 包，1504.500t，装货单号为 OP102，卸货港为雅加达（JAKARTA）；装载轻质纯碱（SODA ASH LIGHT）10668 包，8033.004t，装货单号为 OP101，卸货港为苏腊巴亚（SURABAYA）。全船于 2013 年 4 月 11 日装载完毕。具体积载情况如下：

（1）舱装载轻质纯碱 2565 包，1931.445t；

（2）舱装载轻质纯碱 3100 包，2334.300t；

（3）舱装载轻质纯碱 2700 包，2033.100t；

（4）舱底部装载重质纯碱 1500 包，1504.500t，高度约 1/2；上部装载轻质纯碱 2303 包，1734.159t，装满。

东方明珠轮航次为 010，船籍为 PANAMA，请根据以上信息绘制完整的积载图。

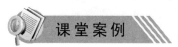

案例： 滚装汽车船码头一直是上海港沪东理货部工作的重点和难点，每年有大量进出口车辆，其中不乏宝马、保时捷、奔驰、劳斯莱斯等高档名贵车辆。对于这类理货任务，部门一般都派来自于老港区的经验丰富的理货长担任。但随着部门人员变动以及作业的繁忙，班组中能操作滚装汽车船理货工作的理货长捉襟见肘。此时，年轻的理货长小黄主动请缨，提出要学习滚装船理货业务。他利用无船待时时间，向滚装船理货组长学习汽车滚装船业务知识，同时，值班经理也给了他更多机会进行实践操作。汽车船理货方法和集装箱理货方法不同，集装箱理货可以依靠电脑来制作所需的单证和船图，但是滚装船不一样，一切都需要手工制作，而且需要注意很多环节，要求理货长具有更广泛的知识面。

华轮威尔森船公司是世界上最大的滚装汽车船船公司，也是唯一要求在积载图上把车辆一辆一辆画出来的船公司，制作的积载图不仅要分卸货港统计、分舱统计，还要使用船公司一套独特的统计表、载货清单、船图，并需要区分亚洲区和欧洲区，操作难度可想而知。在工作前，理货长小黄就听老师傅说，华轮的码头船长出了名的难缠，老师傅也为他担心。小黄笑着说："怕什么！事先询问好工作要求，按客户的需求尽力而为去做就是了。"

等到工作时，小黄首先介绍了自己，曾船长就说："怎么这么年轻的理货长啊，你做过我们华轮的船吗？清楚我们华轮的要求吗？这次有亚洲和欧洲船图，你先从大副那里拿来，把积载图上的货先用橡皮擦掉，然后在上面画，要一辆一辆的画啊，位置一定要画清楚，因为这次出口备件很多，分别装在多个 MAFI 上面，我要一份 MAFI 清单，详细列明每个 MAFI 上的件数、唛头、重量、货物件号、关单号等，你明白了吗？"话语中带着明显的担心。具体操作时，

小黄和理货员在舱里认真核对积载位置,制作船图,并且按要求记下每个 MAFI 上货物件数、件号、唛头等数据。这时,小黄突然发现一票关单为 10 个木箱的货物中有两个件号为 8 号的木箱,经再次核对准确无误后,小黄及时通知了船长并联系货主对箱子件号做了修改。船长说道,"看你年轻,工作还是蛮仔细的啊,一开始我还比较担心,生怕你发生错误,看来是多余了!"

案例解析:件杂货积载图的绘制是件杂货理货中的重点和难点,需要较好的业务能力,也需要细致和耐心。在绘制过程中一定要注意每个细节,才能绘制好积载图,为船方提供良好的服务。

【复习思考题】

1. 积载图绘制的原则和要求有哪些?
2. 在积载图的货位上,要标注哪些内容?
3. 简述积载图的绘制步骤。

【实践训练】

1. 练习船舶底舱货物积载图的编制。
2. 练习船舶二层舱货物积载图的编制。
3. 练习某轮货物积载图的编制。

项目七　签证和批注

知识要点

1. 签证的含义和要求。
2. 批注的含义和要求。
3. 船方批注的处理：可加或不可加批注。
4. 签证的含义和要求。

项目任务

1. 掌握签证的技巧。
2. 掌握处理船方批注的方法。

项目准备

1. 场地、工具准备：外轮理货业务组织模拟仿真系统、港口沙盘、船舶模型、各种理货单证、联系电话等。
2. 人员安排：学生按班制分组，每组安排理货组长1人，根据舱口数安排理货员4~6人，每班有当班业务员、值班队长、值班副队长各1人；安排大副1人。

相关理论知识

一、签证的含义

理货机构为船方办理货物交接手续，一般要取得船方签认的。同时，承运人也有义务对托运人和收货人履行货物收受和交付的签证责任。当然，如果理货机构是个公证机构，那么它的理货结果就可不经船方签认而生效。目前，在我国还没有这样做。因此我们将船方为办理货物交付或收受手续，在理货单证等货运单证上签字，主要是在货物残损单、货物溢短单、大副收据和理货证明书上签字，称为签证。

签证是船方对理货结果的确认，是承运人对托运人履行义务，是划分承、托运双方责任的依据，是一项政策性和时间性较强的业务。它关系到船公司的经济责任和经济利益，关系到托运人和收货人的经济责任和经济利益，关系到理货机构的声誉和影响。签证不仅仅简单地要求船方在理货单上签字，而是要在理货结果准确无误的前提下，提请船方签字。在签字过程，要充分尊重船方的合理要求，发生争议，要以理服人，以情感人，严格执行我国的对外政策和有关规定，只有这样才能做好我们的签证工作。

项目七 签证和批注

签证工作一般在船舶装卸货物结束后，开船之前完成。我国港口规定，一般不超过船舶装卸货物结束后 2h 内完成。青岛外理公司提出的集装箱船舶理货"零时间"签证服务品牌，于 2006 年 12 月荣获山东省服务名牌称号。

二、签证的要求

（一）慎重对待签证

对待签证要持慎重态度，提请签字的理货单证要真实、准确。在签证之前，理货组长应对所有需要船方签字的理货单证进行认真、仔细地检查和反复核对。

1. 装货单

（1）根据计数单，核对理货员填写的实装货物件数是否准确，有否退关情况。

（2）根据计数单，核对货物的实际装船日期是否属实。

（3）核对理货员填写的货物入舱位置是否准确。

（4）核对理货员是否如实作了货物残损状态的批注。

2. 货物残损单和货物溢短单

（1）核对货物溢短件数和残损件数是否准确，标志是否相符。

（2）对短捆溢支的货物，要向理货员查明溢短不能相抵的原因。

（3）对标志不符出现的溢短货物，要向理货员查明情况。

（4）对残损货物，要附上现场记录备查。

（二）办理签证要严肃认真

办理签证要严肃认真，发生意见分歧时要摆事实，讲道理，以理服人。

货物溢短单和货物残损单上的内容将直接涉及船方的经济责任，因此在签证时，船方一般会提出疑问。为此，理货组长应事先作好充分准备，要分析船方可能提出的疑问，要针对不同性质、不同国籍的船舶以及不同国籍的船长和大副，研究消除疑问的对策，采取摆事实，讲道理，以理服人的方法，耐心、细致地做工作。船方为了说明情况，解脱责任，或属于一种习惯做法，要求在理货单证上加放批注。此时，理货组长要向船方了解批注的内容，说明我国理货的性质和对船方批注的态度，然后权衡批注内容是否能接受。如不能接受，则还要与船方协商，寻求一致意见。如达不成一致意见，可暂缓签证，请示领导后再办。

（三）签证后的理货单证要有效

理货单证是否有效，主要指在货物索赔中是否起作用，特别是船公司是否承认和接受。因此，理货单证是否有效，主要取决于船方签证时加放批注内容如何。若系批注内容明显地否定了理货结果，那么理货单证就无效。同时也影响理货机构的声誉。上述看法是目前一种习惯上的认识。如理货机构是一个公证机构，理货结果又是事实的实际反映，那么不论船方是否承认，它都是有效的，船方都要据以承担责任。

三、批注的含义

批注就是指在理货单证或货运单据上书写对货物数字或状态的意见。船方批注是指船方根据在装卸过程中发现和掌握的情况,对货物的残损、数字情况和责任等内容进行声明、申辩的批注。理货单证是否有效,主要是指在货物索赔中是否起作用,特别是船公司是否接受和承认,主要取决于船方签证时加放的批注内容如何。若批注内容明显地否定了理货结果,那么理货单证就无效。

按加批注的对象不同,批注可分为船方批注和理货批注两类。船方加的批注称为船方批注,也就是平常讲的批注。船方批注分为可加批注和不可加批注。理货人员加的批注称为理货批注,有时称为反批注。

按批注的内容不同,可分为货物数字方面的批注和货物残损方面的批注。货物残损方面的批注可分为货物现状内容的批注和一般内容的批注。

四、批注的要求

理货组长在加批装/收货单批注和处理船方批注时,应遵循实事求是原则,尊重船方的正当理由和合理要求,考虑国际上合理的习惯做法和国内有关规定,具体要求如下:

(1)批注的内容要符合实际情况,合情合理,既不能苛求乱加批注,也不能马虎放弃批注。属于提单中规定的免责条款,不需要再加批注。

(2)书写批注要字迹工整,文字精练、确切、含义明确、具体,绝对不可含糊其词,模棱两可。如对货物残损的数量不能批注"许多"、"部分"、"少量"等不确切的数字,而要按照实际理货结果,批注"××箱"、"××袋"、"××桶"等。

(3)处理批注要实事求是,公平合理;发生分歧意见要充分协商,既要坚持原则,又要灵活掌握,遇有重大问题或吃不准的情况,要及时请示报告。

(4)批注大副收据要倍加谨慎。大副收据上是否有批注,将涉及提单是否清洁。按国际航运惯例,在大副收据上加了批注,就要将批注内容转批到提单上,这样就构成了不清洁提单,不清洁提单就会影响到银行结汇。在大副收据和提单上批注下列内容,不构成不清洁提单,即视同为清洁提单:

①不明显地指出货物或包装不能令人满意的地方,如旧箱、旧桶等。
②强调对由于货物性质或包装而引起的风险,承运人不予负责。
③否认承运人知悉货物的内容、重量、尺码、货物重量或技术规格。
④属于提单或贸易合同中规定的免责条款的批注。

货物装船后,发货人凭船长或大副签证的收货单向承运人或其代理人换取提单,然后到银行办理结汇。为此,理货组长对批注大副收据收货单联后能不能取得清洁提单,必须要有所了解。

五、常见批注

(一)可接受批注

1.批注重理、复查的内容

(1)In dispute.Subject to be retallied.　有争议,根据重理。

(2)To be rechecked.　请复查。

(3)Subject to be rechecked. 以复查为准。

2.批注根据理货的内容

(1)According to Qingdao tally figures. 根据青岛理货数字。

(2)Subject to the figure furnished by the tallyman. 根据理货提供的数字。

(3)Over and short according to Qingdao tallyman. 溢短根据青岛理货。

(4)Not tallied by ship's crew. 船员没有理货。

3.批注船上货物全部卸完的内容

(1)All cargo discharged.Nothing remained on board. 货物全部卸完,船上没有遗留。

(2)Vessel sailed from loading port to Qingdao directly without discharging any cargo on the voyage. 船舶由装货港直达青岛港,中途未卸货。

(3)The above shortage not including the remaining loose cargo in hold.After completion of discharging, it was swept and landed. 上述短少不包括货舱内剩余的散货,这些散货在卸货结束后已清扫干净并卸地。

4.批注装卸两港数字不符的内容

(1)1000 packages in the loading port, 990 packages in the discharging port. 装货港1000件,卸货港990件。

(2)1000 packages in the manifest, 990 packages by the tallyman. 舱单为1000件,理货为990件。

(3)Different figures between loading and discharging ports. 装卸两港数字有出入。

5.批注要求对散捆货物进行溢短相抵的内容

(1)Consignees should be consulted for offsetting the shortlanded cargo with the overlanded cargo. 请会同收货人将溢短货物相抵。

(2)Please make up overlanded pieces into bundles. 请将溢出根数折成捆数。

6.批注散装货物重量据说的内容

(1)Said to be. 据说。

(2)Delivered as loaded. 原收原交。

(3)Weight said to be. 重量据说。

(4)Weight furnished by the shipper. 重量由发货人提供。

7.批注有证据证明是其他方责任的内容

(1)Refer to the remarks in the shipping order. 参阅装货单批注。

(2)12 packages short-shipped. 12件没有装船。

(3)Cargo short and over due to the different marks on the packing of the cargo with those on the manifest. 由于货物包装标志与舱单记载的不一致造成货物溢短。

(4)Vessel is not responsible for marks and mixed-delivery as cargo was mixed-loaded. 因货物混装,船方对标志及混交不负责任。

(5)Case renailed due to the custom's inspection in the loading port. 箱子翻钉系装货港海关验看所致。

(6)Ship's not responsible for damage during shipment. 装船时已坏,船方不负责任。

(7) Short and over due to the dismantling of pallets during loading operation. 溢短系装货作业时拆散托盘所致。

(8) Above damage caused at loading port during loading. 上述残损系装港在装货过程中所致。

(9) Damage due to bad stowage and poor separation in the loading port. 残损系装港积载和隔票不良所致。

(10) Damage due to bad weather and rough sea on the voyage. 残损系航行途中恶劣天气和大浪所致。

8.批注货物事故原因或内货不详的内容

(1) The cause of shortlanding unknown. 短少原因不详。

(2) Case broken.Contents not exposed. 箱板破、内货未外露。

(3) Only the appearance damage.Contents unknown. 仅仅外表残损,内货不详。

9.批注根据有关契约或报告的内容

(1) To be settled as per charter party. 根据租船合约处理。

(2) Subject to cargo surveyor's Report. 根据商检报告。

(3) Refer to the Sea Protest. 参阅海事报告。

(4) To be settled as per relevant rules. 根据有关条款处理。

(5) For charterer's account. 租船人付款。

(6) Deck cargo at shipper's risk. 甲板货由发货人承担风险。

10.批注不明显的货物残损系卸后发现的内容

(1) Renailed case discovered after discharging. 箱子翻钉系卸后发现。

(2) Dry water-stains discovered after discharging. 干水渍卸后发现。

11.批注货物实际情况的内容

(1) Steel rusted. 钢材生锈。

(2) Case repaired. 箱子重修。

(3) 1 per cent of bag covers torn. 1%袋皮破。

(4) Drum dented. 桶瘪。

(5) Stored in open air before shipment. 装货前露天堆放。

(6) Work under rain. 雨天作业。

(7) Rusted steels due to loading operation under raining. 钢材生锈系下雨装货所致。

12.批注其他符合事实的内容

(1) All the sweepings of cargo discharged. 地脚货全部卸下。

(2) The shortlanded cargo may be mixed up with the cargo for Shanghai. 短卸货物可能混装在上海港货物内。

(3) Above-mentioned shortlanded cargo may be discharged at the previous port. 上述短少可能已在上一卸港卸下。

(4) Sign for Mate's Receipt only. 仅为收货单而签字。

（5）Sign without prejudice to the question of liability due to the nature and extent of damage. 对于残损性质和程度,在对责任问题保留申诉权利的情况下签字。

(二) 不可接受批注

1. 批注有争议的内容

（1）In dispute. 有争议。

（2）1000 packages tallied by ship's crew. 990 packages tallied by tallyman. 船员理货为1000件,理货员理货为990件。

2. 批注件货数字据说的内容

（1）Said to be. 据说。

（2）Tally said to be. 理货据说。

3. 批注否认理货工作的内容

（1）Tally figure incorrect. 理货数字不准。

（2）Ship not agree to the above shortage. 不同意上述短卸。

（3）Shortage listed unconfirmed. 所列短少未经确认。

（4）Shortage due to inaccurate tallying. 短少系理货不准所致。

（5）Impossible correct figure owing to fallen bags on wharf. 卸货中码头上掉包,无法点清数字。

（6）Tallyman not allowed to make shortage. 理货不许造成短少。

4. 批注根据岸上理货的内容

（1）According to shore tally. 根据岸上理货。

（2）No tallyman on board. 船上未见理货员。

（3）Nobody tallying. 无人理货。

（4）Tallyman not on the spot. 理货员不在现场。

5. 批注否认船方责任的内容

（1）Ship not responsible for the above shortage. 船方不负责上述短卸。

（2）Ship not responsible for the difference in the figure between loading and discharging ports. 船方对两港数字不一致不负责任。

（3）Ship not accept above damage. 船方不接受上述残损。

（4）Ship not responsible for damage caused by poor packing. 船方不负责包装不良造成的残损。

（5）Ship not responsible for any damage to deck cargo. 船方对任何甲板货残损都不负责任。

6. 批注无根据地把货物事故责任推到港方造成的内容

（1）The above damage caused in Qingdao during discharging. 上述残损是在青岛卸货时造成。

（2）Damage caused by stevedores during discharging. 卸货过程中造成残损。

(3) Short bundles and over pieces due to the off-bundling by the stevedores during discharging. 短捆溢只是工人卸散造成。

(4) Above damage due to rough handling of the stevedores. 上述残损系装卸工人野蛮作业所致。

7.批注其他不符合事实的内容

(1) All cargo delivered as loaded. 全船货物原收原交。

(2) Subject to ship owner's approval. 听候船公司核准。

(3) Case broken, contents intact. 箱破，内容完好。

(4) Caused by cargo nature. 货物特性所致。

(5) Naturally melted. 自然融化。

(6) Sign under protest. 被迫签字。

（三）理货批注(反批注)

(1) The above figures furnished are results through tallying by our clerks in the holds (on deck, by the ship side). 上述数字系理货员在舱内（甲板、船边）的理货结果。

(2) The above-mentioned damage and loose bundles had been inspected and confirmed by ship's duty officer before discharging. 上述残损和散捆在卸货前已经值班驾驶员验看并确认。

(3) Tallymen are only responsible for inspecting the cargo packing, contents subject to the cargo surveyor's report. 理货员只负责检查货物包装，内货以商检报告为准。

(4) Damage to cargo was found by tallymen and checked by duty officer before discharging. 货物残损系理货员发现，并在卸前由值班人员验看。

(5) Our company engaged in delivery and taking delivery of cargo on behalf of your vessel. 理货公司代表船方办理货物交接工作。

(6) This is the summary of remarks on the on-the-spot record, all the stevedores' damages are separately listed. 这是现场记录上批注的汇总，所有工残货物都已单独列出。

(7) All sweepings of cargo are from torn bags, they can not offset the shortlanded bags. 所有地脚货都是从破袋中漏出来的，不能抵补短少的袋子。

(8) This is the actual figure we tallied out. 这是我们理出的实际数字。

项目实施

任务一 对待船方批注的处理

1.属于批注合理内容

凡船方批注内容符合货物的实际情况，提出正当理由和合理要求，不影响理货公司为船方办理货物交接手续，都可以接受。

2.属于批注重理、复查的内容

这类批注虽然表示对理货数字有怀疑，但没有直接否认理货结果而提出解除疑点的方

法,遇到这类批注时,我公司应按《业务章程》的规定,进行复查,根据复查结果制作复查单,提供船公司。

3. 属于批注根据我方理货数字的内容

这类批注符合当前国际海运上由当地的理货机构代表船方在港口进行理货、办理货物交接的实际情况。"船员没有理货",不等于船方没有理货,船员没有理货是事实,但理货公司已代表船方进行了理货。因此,"船员没有理货"的批注可以接受,但"船方没有理货"这类否认理货公司代表船方理货的批注是不可以接受的。

4. 属于批注船上货物全部卸完的内容

这类批注适用于船上货物全部在本港卸完的情况。"货物全部卸完"不等于货物全部卸足,"中途未卸货"不等于装港不短装。因此,这类批注解脱不了承运人应承担的责任,可以接受。

5. 属于批注装卸两港或两种单证数字不符的内容

这类批注仅说明装卸两港或两种单证数字不符的实际情况,船方对两港数字都承认而又有怀疑,但没有事实说明哪方正确与错误,按照《海牙规则》规定,签这样的批注,由承运人承担责任,不会影响索赔。

6. 属于批注船方要求对散捆、散组货物进行溢短相抵的内容

这类批注反映了船方的合理要求,作为被委托的服务方应尊重和维护委托人的正当、合理要求。"相抵"不等于相等,"抵补"不等于补足。事实上,有关方面在对外索赔之前,也是先进行溢短相抵,然后才进行索赔。

7. 属于批注散装货物重量据说的内容

这类批注符合船方承运散装货物运输契约的规定。

8. 属于批注有证据证明是其他港口相关方责任的内容

这类批注适用于船方有其他港口责任者造成货物残损、短装、遗失书面证据的情况。

9. 属于批注货物事故原因或内货不详的内容

这类批注意味着船方确认理货结果,同时强调货物事故原因或内货是否短、残不清的情况。

10. 属于批注根据有关契约或报告的内容

这类批注属于船方说明情况,提出要求,在没有外来资料的情况下,外理只能认为船方的批注是正当的。如"甲板货,发货人承担风险"、"参阅海事报告"、"根据商检报告"等。

11. 属于批注不明显的货物残损系卸后发现的内容

这类批注仅适用于在正常作业条件下,对不易发现的不明显的货物残损,在卸地后24h之内提请船方签认的实际情况。理货人员应尽力避免或减少卸后发现残损的情况。

12. 属于批注货物实际情况的内容

这类批注符合货物的实际情况,多见于出口货物包装或外表确实有问题,而理货人员又未主动加批注的情况。大宗货物,在无法点清残损数字的情况下,通常采用批注百分比的方法解决。理货人员对出口货物加批注,在批注前要与发货人或港方货物开发部门取得联系,做到提前解决。

13. 属于批注其他符合事实的内容

这类批注是指符合可接受批注原则的其他各类批注。由于各种原因,本港短卸货物混在其他港口货物内的情况是可能存在的,究竟混与不混是要等下一港口的理货结果来确定。因此,这种批注可以接受。

14. 属于批注不合理内容

凡船方批注内容不符合货物的实际情况,或提出不正当理由和不正当要求,影响理货公司为船方办理货物交接手续的,都是不可以接受的批注。

15. 属于批注有争议的内容

这类批注表示对理货数字有怀疑,但又不提出解除怀疑的办法。遇到这类批注,理货人员可摆事实、讲道理,说服船方尽量不加。

(1)理货人员的工作态度和理货方法船方是看到的,提请船方签认是实事求是依据理货结果进行的。

(2)在理货过程中,未听到船方对理货工作提出不同意见,也未与收货人发生数字争议。

(3)我公司的理货服务有严格的质量体系保证。

(4)如船方对理货工作有意见,欢迎及时提出,加这种批注,无助于问题解决。

16. 属于批注件货据说的内容

这类批注的英文原意道听途说,不能肯定属实的意思,而件货是经过理货人员理货得出来的确切数字。因此,这类批注不可接受。

17. 属于批注否认理货工作的内容

这类批注是指无根据地否认理货数字。因此,不可以接受。如:"理货数字不准"、"船方不同意上述短少"等。

18. 属于批注根据岸上理货数字的内容

这类批注直接否认理货数字。

"根据岸上理货数字"这个概念不清,船方可解释为理货人员来自岸上,也可以解释为理货工作在岸上进行,这就混淆了理货公司代表船方与港口仓库管理员代表货方理货的性质。因此,不可以接受。

19. 属于批注否认船方责任的内容

这类批注是指无根据地否认船方责任,由于船方不负责任而造成外理公司无法向收货人进行交接。因此,不可以接受。

20. 属于批注无根据地把货物事故责任推到我港方造成的内容

这类批注涉及货物事故的责任问题,如船方提供我港方面责任造成残损的证据,理货组长应在"货物残损单"上取消这项残损的签证;如果船方没有证据证明是我港方面责任造成的残损,外理就无法与收货人进行交接。因此,这类批注不可接受。

21. 属于批注其他不符合事实的内容

如"全船货物原收原交"、"听候船公司核准"、"箱破、内货完好"被迫签字"等批注,是不可接受的。

任务二　加注理货批注

在船舶装货过程中,理货人员或船方值班人员发现货物残损或数字短少时,应先要求发货人或内理进行调换、整修和补短少货物,如发货人不及时整修、调换,不按装货单数字补足或更新装货单数字,理货人员为了维护委托方的正当权益,就应如实地在装/收货单上加放批注。

对于船方坚持要在理货单证上加放否定理货数字或对理货工作进行不符合实际情况的批注,理货人员为了澄清事实,说明情况,采用加反批注的做法(一般只在迫不得已的情况下才采用这种做法)。理货人员应尽量避免加放反批注做法,采用这种做法要经理货中心领导同意。

请根据下列情况正确加注理货批注。

(1) 船名:"碧空"(BLUE SKY)　国籍:"巴西"　航次:001　泊位:4
　　开工日期:2013年2月16日　完工日期:2013年2月17日
(2) 该轮完船情况如表4-1所示。
(3) 船方在货物残损单上加有:ONLY THE APPEARANCE DAMAGED, CONTENTS INTACT.
(4) 船方在货物溢短单上加有:FIGURE IN DISPUTE, SHIP N/R FOR SHORTAGE.

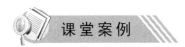

案例:"新昌和"船某航次在江阴港卸由韩国进口的PTA,舱单数字5460包,实际理货数字为5459包,短少1包。完船理货组长通过核查,确认数字无误,制作完船单证提请大副签认,大副在看到溢短单时,提出该轮常年多次在江阴港卸PTA,从未发生短少,要求加批注:"According to shore tally, the ship not responsible for the above shortage"。完船理货组长认为该批注为不可接受批注,向大副提出:一是该船常年多次在江阴港卸货从未发生短少,同样说明理货质量的过硬,以前没有短少并不意味着本航次就不会短少;二是货物数字已经经过多方核查,确实短少一包;三是如果船方坚持加该批注,将加反批注:"Tallyman's remark:The above figures are actual, please settle it as per relevant clauses."通过理货组长的耐心解释最终大副仅按惯例加了:"All cargo discharged, nothing remained on board."

案例解析:签证是船方对理货结果的确认,是划分承、托运双方责任的依据,签证不仅仅简单地要求船方在理货单上签字,而且要在理货结果准确无误的前提下,提请船方签字。在签字过程中,要充分尊重船方的合理要求,发生争议,要以理服人。本案例中就是正确实施对外签证的一个实例。在实际操作中,签证环节的关键在于批注的处理,船方往往在对货物的数字或残损存有异议时,从自我保护的角度,加放批注。针对船方批注,本案例中理货组长的做法:一是准确判断该批注属于不可加批注,积极说服大副撤销不可加批注;二是在说服大副的过程中不卑不亢,应对有理有据,方法得当。例如在大副提出以过去无短少推断出本航次也应无短少时,理货组长用同一个观点认为也证明了理货数据的准确性;另一方面通过强调曾多次核查这一事实,来进一步证明理货数字的准确;三是明确告知大副,如果坚持加放不可加批注时,我们将要采用加反批注的方式表达事实。在实际理货签证过程中,理货组长往往通过提供一个双方可以接受的批注,可以起到缓和气氛,打破僵局的作用,对于解决此类问题比较奏效,追加反批注可以作为备用方案使用。

相关链接: 在实际理货过程中理货组长要加强对于理货数字及残损状况的预控,一是加强过程控制确保理货数字准确、残损按照与船方约定的处理方式解决;二是加强签证的过程处理,一定要在明确批注内容后再提请船方签证,为了尽快解决争议,必要时可以协调作业指导员、代理共同参与;三是熟悉掌握常见批注处理,正确区分可加批注与不可加批注,掌握反批注的运用;四是要加强沟通,尤其是要不断提高英语水平,便于消除语言障碍,确保交流顺畅。

【复习思考题】

1. 如何正确对待船方批注?
2. 请用例子分析船方批注对理货结果的影响。
3. 如何才能做好理货签证工作?
4. 用例子说明处理船方批注的方法。

【实践训练】

练习船舶的签证作业:
(1)船方加注了可接受批注。
(2)船方加注了不可接受批注。

项目八　集装箱理货操作

知识要点

1. 集装箱的构件及类型、选择与检查。
2. 集装箱船舶箱位表示。
3. 集装箱理货依据。
4. 集装箱箱体残损标准。

项目任务

1. 了解集装箱货物装载方法。
2. 熟悉进出口集装箱理货作业程序。
3. 掌握集装箱箱位表示方法。
4. 掌握集装箱箱体检验要点。

项目准备

1. 场地、工具准备：港口理货模拟仿真系统、港口沙盘、船舶模型、理货终端、各种理货单证、联系电话等。
2. 人员安排：学生按班制分组，每组安排理货组长1人，根据舱口数安排理货员4~6人，每班有当班业务员、值班队长、值班副队长各1人。

相关理论知识

一、集装箱

(一)定义与结构

1.集装箱的定义

集装箱(Container)是一种货物运输设备,便于使用机械装卸,可长期反复使用。在我国台湾和香港等地称为"货柜"或"货箱"。在运输实践中又分为 S.O.C.(Shipper's Own Container)和 C.O.C(Carrier's Own Container,)两种情况来处理。国际标准化组织制定了集装箱规格,力求使集装箱标准化得到统。标准化组织不仅对集装箱尺寸、术语、试验方法等作了一定的规定,就集装箱的构造、性能等技术特征也作了某些规定。集装箱的标准化促进了集装箱在国际的流通,对国际货物流转的合理化起了重大作用。

2.集装箱具有的条件

根据《国际标准化组织104技术委员会》(International-Organization Standardization Technical Committee 104,简称ISO-104)的规定,集装箱应具有如下条件:

(1)具有耐久性,其坚固强度足以反复使用(A permanent character and accordingly strong enough to be suitable for repeated use)。

(2)便于商品运送而专门设计的,在一种或多种运输方式中运输无须中途换装(Specially designed to facilitate the carriage of goods, by one or more: modes of transport, without intermediate reloading)。

(3)设有便于装卸和搬运,特别是便于从一种运输方式转移到另一种运输方式的装置(Fitted with devices permitting its ready handling. Particularly its transfer from one mode of transport to another)。

(4)设计时应注意到便于货物装满或卸空(So designed as to be easy to fill and empty)。

(5)内容积为$1m^3$或$1m^3$以上(Having an internal volume of 1 m^3 or more)。

承运人提供的集装箱(C.O.C)应能满足抵抗海上运输中所会遇到的可预见的风险的条件和能满足货物运输所需要的条件。货主箱(S.O.C.)则应能满足抵抗海上运输中所可能遇见的风险的条件。

3.集装箱结构

通用的干货集装箱是一个六面长方体,它是由一个框架结构,两个侧壁,一个端面,一个箱顶,一个箱底和一对箱门组成的。

4.集装箱各构件及其名称

国际标准集装箱的外形与结构通常如图8-1所示。集装箱主要由以下部件构成:

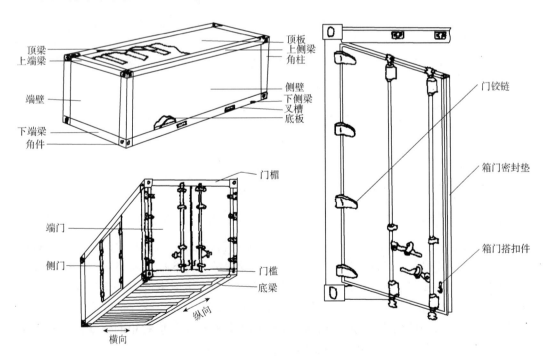

图8-1 集装箱结构图

(1)角配件(Caner Fitting):位于集装箱八个角端部,用于支承、堆码、装卸和栓固集装箱。角配件在三个面上各有一个长孔,孔的长度为 300～350mm,宽度为 100mm,尺寸与集装箱装卸设备上的旋锁相匹配。其形状如图 8-2 所示。

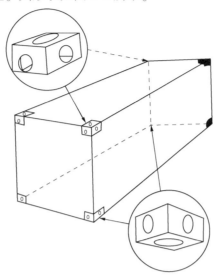

图 8-2　集装箱角配件

(2)角柱(Caner Post):位于集装箱四条垂直边,起连接顶部角配件和底部角配件的支柱作用。

(3)上(下)横梁(Top/Bottom End Transverse Member):位于箱体端部连接顶部(或底部)角配件的横梁。

(4)上(下)侧梁(Top/Bottom Side Rail):位于箱体侧壁连接顶部(或底部)角配件的纵梁。

(5)顶(底)板(Roof Sheet/Floor):箱体顶部(底部)的板。

(6)顶(底)梁(Roof Bows/Floor Bearers Or Cross Member):支撑顶板(底板)的横向构件。

(7)叉槽(Fork Pockets):贯穿箱底结构,供叉举集装箱用的槽。

(8)侧(端)壁板(Side/End Panel):与上下侧(端)梁和角结构相淬的.形成封闭的板壁。

(9)侧(端)柱(Side/End Posts):垂直支撑和加强侧〔端〕壁板的构件。

(10)门相(槛)(Door Header/Door Sill):箱门上(下)方的梁。

(11)端(侧)门(End/Side Door):设在箱端(侧)的门。

(12)门铰链(Door Hinge):连接箱门与角柱以支承箱门,使箱门能开闭随零件。

(13)把手(Door Link Handle):开闭箱门用的零件,其一端焊接在锁杆上。抓住门把手使锁杆旋转,从而使锁托凸轮与锁杆凸轮柱啮合,把箱门锁住。

(14)锁杆凸轮(Locking Bar Cams):是门锁装置中的零件之一,与门楣上的锁杆凸轮座相啮合,用以锁住箱门。

(15)把手锁件(Door Locking Handle Retainer Or Handle Lock):是门锁装置中的零件之一,锁汗中央带有门把手,两端部带有凸轮,依靠门把手旋转锁杆。

（16）门锁杆托架（Door Lock Rod Bracket）：是门锁装置中的零件之一，焊接在门上用以托住锁杆的装置。

（17）箱门搭扣件（Door Holder）：保持箱门呈开启状态的零件，它分两个部分：一部分设在箱门下侧端部，另一部分设在侧壁下方相应的位置上。

（二）集装箱标准化

集装箱标准化工作早在1933年就已经开始，当时欧洲铁路采用了"国际铁路联盟"的集装箱标准。1957年，美国霍尔博士首先发表了有关集装箱标准化的设想，并写了许多有关集装箱标准化的著作。1958年，美国标准协会、美国海运管理署、美国国际运输协会开始集装箱标准化工作。1959年美国国际运输协会建议采用8ft×8ft×20ft、8ft×8ft×40ft型集装箱。1964年4月，美国标准协会采用了8ft×8ft×10ft、8ft×8ft×20ft、8ft×8ft×30ft、8ft×8ft×40ft型集装箱为国家标准集装箱。

ISO/TC-104是国际标准化组织下的一个专门制定集装箱标准的国际性技术委员会组织，下设3个分委会和8个工作组。分委会分别负责通用集装箱的国际标准化工作、专用集装箱的国际标准化工作和代码、标记和通信的国际标准化工作。1961年ISO/TC-104成立后，首先对集装箱规格和尺寸等基础标准进行研究，并于1964年7月颁布了世界上第一个集装箱规格尺寸的国际标准，此后，又相继制定了集装箱箱型技术标准、零部件标准以及名词术语、标记代码等标准。目前，ISR/TC-104已制定了18项集装箱国际标准。

在中国，1978年8月，颁布实施了第一个集装箱国家标准——集装箱规格尺寸国家标准（GB 1413—1978）。为了加强中国集装箱专业领域内的标准化工作，又于1980年3月成立了全国集装箱标准化技术委员会。委员会成立后，共组织制定了21项集装箱国家标准和11项集装箱行业标准。

目前使用的国际集装箱规格尺寸主要是第一系列的4种箱型，即A型、B型、C型和D型。它们的尺寸和重量见表8-1。另外，为了便于计算集装箱数量，可以以20ft的集装箱作为换算标准（Twenty-foot Equivalent Unit，TEU），并以此作为集装箱船载箱量、港口集装箱吞吐量、集装箱保有量等的计量单位。其相互关系为：40ft集装箱=2TEU，30ft集装箱=1.5TEU，20ft集装箱=1TEU，10ft集装箱=0.5TEU。另外，实践中人们有时将40ft集装箱称为FEU（Forty-foot Equivalent Unit）。

第一系列集装箱规格尺寸和总重量　　　　表8-1

规格	箱型	长		宽		高		最大总重量	
（英尺）		公制 mm	英制 ft in	公制 mm	英制 ft in	公制 mm	英制 ft in	kg	lb
40	1AAA 1AA 1A 1AX	12 192	40′	2438	8′	2896 2591 2438 <2438	9′6″ 8′6″ 8′ <8′	30480	67200
30	1BBB 1BB 1B 1BX	9125	29′11.25″	2438	8′	2896 2591 2438 <2438	9′6″ 8′6″ 8′ <8′	25400	56000

续上表

规格（英尺）	箱型	长		宽		高		最大总重量	
		公制 mm	英制 ft in	公制 mm	英制 ft in	公制 mm	英制 ft in	kg	lb
20	1CC 1C 1CX	6058	19′10.5″	2438	8′	2591 2438 <2438	8′6″ 8′ <8′	24000	52900
10	1D 1DX	2991	9′9.75″	2438	8′	2438 <2438	8′ <8′	10160	22400

(三)集装箱类型

在集装箱运输的发展过程中,因所装货物的性质和运输条件不同而出现了不同种类的集装箱,它们适宜装载不同的货物。

1.干货集装箱(Dry Cargo Container)

除冷冻货、活的动物、植物外,在尺寸、重量等方面适合集装箱运输的货物,几乎均可使用干货集装箱。这种集装箱式样较多,使用时应注意箱子内部容积和最大负荷。特别是在使用20ft、40ft 集装箱时更应注意这一点。干货箱有时也称为通用集装箱(general propose container,GP)。

2.散装集装箱(Bulk Container)

散装集装箱主要用于运输啤酒、豆类、谷物、硼砂、树脂等货物。散装集装箱的使用有严格要求,如:每次掏箱后,要进行清扫,使箱底、两侧保持光洁;为防止汗湿,箱内金属部分应尽可能少外露;有时需要熏蒸,箱子应具有气密性;在积载时,除了由箱底主要负重外,还应考虑到将货物重量向两侧分散;箱子的结构易于洗涤;主要适用装运重量较大的货物,因此,要求箱子自重应较轻。

3.冷藏集装箱(Reefer Container,RF)

冷藏集装箱是指"装载冷藏货并附设有冷冻机的集装箱"。在运输过程中,起动冷冻机使货物保持在所要求的指定温度。箱内顶部装有挂肉类、水果的钩子和轨道,适用于装载冷藏食品、新鲜水果,或特种化工产品等。冷藏集装箱投资大,制造费用高于普通箱几倍;在来回程冷藏货源不平衡的航线上,常常需要回运空箱;船上用于装载冷藏集装箱的箱位有限;同普通箱比较,该种集装箱的营运费用较高,除因支付修理、洗涤费用外,每次装箱前应检验冷冻装置,并定期为这些装置大修而支付不少费用。

在实际营运过场中,冷藏集装箱的货运事故较多,原因之一是由于箱子本身或箱子在码头堆场存放或装卸时所致;另一原因是发货人在进行装箱工作时,对箱内货物所需要的温度及冷冻装置的操作缺乏足够的谨慎所致。尽管如此,世界冷藏货运量中,使用冷藏集装箱方式的比重不断上升,近年来已经超过使用冷藏船运输方式的比重。

4.敞顶集装箱(Open-Top Container,OT)

敞顶集装箱,实践中又称开顶集装箱,是集装箱种类中属于需求增长较少的一种,主要原因是货物装载量较少,在没有月台、叉车等设备的仓库无法进行装箱,在装载较再重的货物时还需使用起重机。这种箱子的特点是吊机可从箱子上面进行装卸货物,然后用防水布覆盖。目前,开顶集装箱仅限于装运较高货物或用于代替尚未得到有关公约批准的集装箱种类。

5.框架集装箱(Plat Form Based Container)

这是以装载超重货物为主的集装箱,省去箱顶和两侧,其特点是可从箱子侧面进行装卸。在目前使用的集装箱种类中,框架集装箱(frat Rack Container,FR)稍有独到之处,这是因为不仅干货集装箱,即使是散货集装箱、罐式集装箱等,其容积和重量均受到集装箱规格的限制;框架集装箱则可用于那些形状不一的货物,如废钢铁、卡车、叉车等。除此之外,相当部分的集装箱在集装箱船边直接装运散装货,采用框架集装箱就较方便。框架集装箱的主要特点有:自身较重;普通集装箱是采用整体结构的,箱子所受应力可通过箱板扩散,而框架集装箱仅以箱底承受货物的重量,其强度很大;出于同样的原因,这种集装箱的底部较厚,所以相对来说,可供使用的高度较小,密封程度差。由于这些原因,该种集装箱通过海上运输时,必须装载舱内运输,在堆场存放时也应用毡布覆盖。同时,货物本身的包装也要适应这种集装箱。

6.牲畜集装箱(Pen Container)

这是一种专门为装运动物而制造的特殊集装箱,箱子的构造采用美国农业部的意见,材料选用金属网使其通风良好,而且便于喂食,该种集装箱也能装载轿车。

7.罐式集装箱(Tank Container,TK)

这类集装箱专门装运各种液体货物,如食品、酒品、药品、化工品等。货物由液罐顶部的装货孔进入,卸货时,货物由排出孔靠重力作用自行流出,或者从顶部装货孔吸出。

8.汽车集装箱(Car Container)

这是专门供运输汽车而制造的集装箱。其结构简单,通常只设有框架与箱底,根据汽车的高度,可装载一层或两层。

(四)集装箱标志

为了方便集装箱运输管理,国际标准化组织(ISO)拟订了集装箱标志方案。根据 ISO 6346—1995(E),集装箱应在规定的位置上标出以下内容:

1.第一组标记

箱主代码、顺序号和核对数。

(1)箱主代码:集装箱所有者的代码,它由 4 位拉丁字母表示;前 3 位由箱主自己规定,并向国际集装箱局登记;第 4 位字母为 u,表示海运集装箱代号。例如中国远洋运输(集团)公司的箱主代码为:COSU。

(2)顺序号:为集装箱编号,按照国家标准(GB 1836—1997)的规定,用 6 位阿拉伯数字表示,不足 6 位,则以 0 补全。

(3)核对数:用于计算机核对箱主号与顺序号记录的正确性。核对数一般位于顺序号之后,用一位阿拉伯数字表示,并加方框以醒目。

核对数是由箱主代码的四位字母与顺序号的六位数字通过以下方式换算而得。具体换算步骤如下:

①将表示箱主代码的四位字母转化成相应的等效数字,字母和等效数字的对应关系如表 8-2 所示。

核对数计算中箱主代码字母的等效数字 表8-2

字母	A	B	C	D	E	F	G	H	I	J	K	L	M
数字	10	12	13	14	15	16	17	18	19	20	21	23	24
字母	N	O	P	Q	R	S	T	U	V	W	X	Y	Z
数字	25	26	27	28	29	30	31	32	34	35	36	37	38

从表中可以看出,去掉了11及其倍数的数字,这是因为后面的计算将把11作为模数。

②将前4位字母对应的等效数字和后面顺序号的数字(共10位)采用加权系数法进行计算求和。计算公式为:

$$S = \sum_{i=0}^{9} C_i \times 2^i$$

③以S除以模数11,求取其余数,即得核对数。

例如,求中国远洋运输公司的集装箱 COSU 800121 的核对数。

a.对应的数字是:13-26-30-32-8-0-0-1-2-1。

b.求和,$S = 13×2^0 + 26×2^1 + 30×2^2 + 32×2^3 + 8×2^4 + 0×2^5 + 0×2^6 + 1×2^7 + 2×2^8 + 1×2^9 = 1721$。

c.除以11取余数。

$1721 ÷ 11 = 156……$余数为5。

d.核对数为 5。

2.第二组标记

国籍代号、尺寸代号和类型代号。

(1)国籍代号。用3位拉丁字母表示,说明集装箱的登记国,例如"RCX"为"中华人民共和国"的代号。

(2)尺寸代号。由2位阿拉伯数字组成,用于表示集装箱的尺寸大小。例如:20×8×8,20表示20ft长,8表示8ft宽,8表示8ft高的集装箱。

(3)类型代号。由2位阿拉伯数字组成,说明集装箱的类型,其中00~09为通用集装箱,30~49为冷藏集装箱,50~59为敞顶式集装箱。

3.第三组标记

最大总重和自重。

(1)最大总重(Max Gross):又称额定重量,是集装箱的自重和最大允许载货量之和。最大总重单位用千克(kg)和磅(lb)同时标出。

(2)自重(Tare):是集装箱的空箱重量。

二、集装箱船

集装箱船是指以装运集装箱为主的船舶。其载运能力是以国际通用的标准箱TEU作为换算单位衡量的,集装箱船基本上可以分为全集装箱船和半集装箱船两大类,目前在国际海上航线从事集装箱运输经营的船舶主要是全集装箱船舶。典型的全集装箱船如图8-3所示。

全集装箱船的主要特点如下:

(1)货舱和甲板均能装载集装箱。
(2)多为单层甲板,舱口宽而长,采用双层船壳结构,两层船壳之间可作为压载水舱。
(3)为使集装箱堆放稳固,在货舱内设置箱轨、柱、水平桁材等,组成固定集装箱用的蜂窝状格栅,集装箱沿着导轨垂直地放入格栅中,在甲板上设有固定集装箱用的专用设施。
(4)主机马力大,船速高,多数船为两部主机,双螺旋桨,船型较瘦削的远洋高速集装箱船的方形系数小于0.6。
(5)通常不设起货设备,而利用码头上的专用设备装卸。半集装箱船因货源不稳定而在部分货舱装运集装箱,其他货舱运杂货或散货,船上通常设有起货设备。

图8-3 集装箱船

(一)船舶的基本组成

船舶由主船体(Main Hull)和上层建筑(Superstructure)及其他配套设备(Equipment)所组成,如图8-4所示。

1.主船体

主船体又称船舶主体。是指上甲板(或强力甲板)以下的船体,由甲板及船壳外板组成一个水密的船舶主体。其内部被甲板、纵横舱壁等分隔成许多舱室。

主船体由以下部分组成:
(1)外板是构成船体底部、舭部及舷侧外壳的板,又称船壳板。
(2)甲板是指在船深方向把船体内部空间分隔成层的纵向连续的大型板架。按照甲板在船深方向位置的高低不同,自上而下分别将甲板称为上甲板、二层甲板、三层甲板……及双层底等。
①上甲板是指船体的最高一层全通(纵向自船首至船尾连续的)甲板。二层甲板以下的甲板统称为下甲板。
②平台是指沿着船长方向不连续的一段甲板。
(3)内底板是指在双底上面的一层纵向连续甲板。
(4)舱壁 主船体内沿船宽方向设置的竖壁称为横舱壁,沿船长方向设置的竖壁称为纵舱壁。各层甲板与各舱壁将主船体分隔成各种用途的大小不同的舱室。这些舱室一般以其用途而命名。最前端的一道水密横舱壁称防撞舱壁或首尖舱舱壁。在防撞舱壁之前的舱室称为首尖舱,而在最后一道水密横舱壁之后的舱室称为尾尖舱。安置主机、辅机的处所称为机舱。

项目八 集装箱理货操作

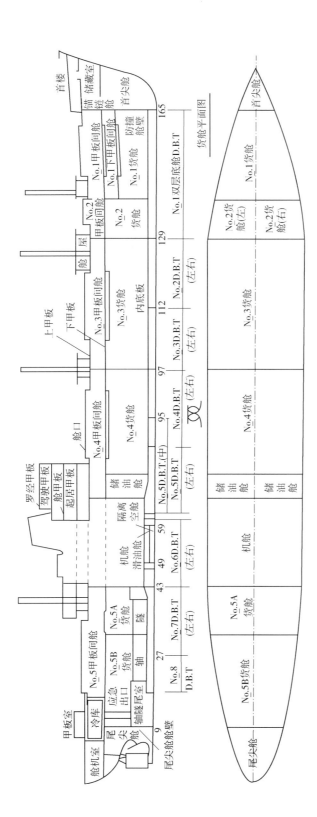
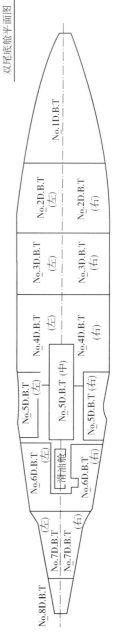

图8-4 船舶基本组成

2.上层建筑

在上甲板以上,由一舷伸至另一舷的或其侧壁板离舷侧板向内不大于船宽4%的围蔽建筑物称甲板室。如果不严格区分,可将上甲板以上的各种围蔽建筑物统称为上层建筑。

(1)船首楼(Fore Castle)。位于船首部的上层建筑,称为船首楼,船首楼的长度一般为船长L的10%左右,超过25% L的船首称为长船首楼。船首楼一般只设一层,其作用是减小船首部上浪,改善船舶航行条件,也可作为储藏室。

(2)桥楼(Bridge)。位于船中部的上层建筑称为桥楼。桥楼的长度大于15% L,且不小于本身高度6倍的桥楼称为长桥楼。桥楼主要用来布置驾驶室和船员居住处所。

(3)船尾楼(Poop)。位于船尾部的上层建筑称为船尾楼。当船尾楼的长度超过25% L时称为长尾楼,船尾楼的作用可减少船尾上浪,保护机舱,并可布置船员住舱及其他舱室。

(4)甲板室(Deck House)。甲板室是指宽度与船宽相差较大的围蔽建筑物,大型船舶的甲板面积很大,在上甲板的中部或尾部设有甲板室,因甲板室两侧的甲板是露天的,所以有利于甲板上的操作和便于前后行走。

(5)上层建筑的甲板:

①罗经甲板是船舶最高一层露天甲板,位于驾驶台顶部,其上设有桅桁及信号灯架、各种天线、探照灯和标准罗经等。

②驾驶甲板是设置驾驶台的一层甲板,位于船舶最高位置,操舵室、海图室、报务室和引航员房间均布置在该层甲板上。

③艇甲板是放置救生艇和救助艇的甲板,要求该层甲板位置较高,艇的周围要有一定的空旷区域,以便在紧急情况下能集合人员,并能迅速登艇,救生艇布置于两舷侧,并能迅速降落水中,船长室、轮机长室、会议室和接待室一般均布置在该层甲板上。

④起居甲板在艇甲板下方,主要用来布置船员住舱及为生活服务的辅助舱室的一层甲板,大部分船员房间及公共场所一般均布置在该层甲板上。

⑤游步甲板是在客船或客货船上供旅客散步或活动的一层甲板,甲板上有较宽敞的通道及供活动用的场所。

3.舱室名称

(1)机舱(Engine Room)。一般商船只设置一个机舱,机舱与货舱必须分开,因此,在机舱的前后端均设有水密横舱壁。

机舱内的双层底较其他货舱内的双层底要高,主要是为了和螺旋桨轴线配合,不使主机底座太高,减少振动。另外双层底高些可增加燃料舱、淡水舱的容积。

(2)货舱(Cargo Room)。一般货船在内底板和上甲板之间,从船首尖舱舱壁至船尾尖舱舱壁的这一段空间,除用来布置机舱外,均用来布置货舱。

在两层甲板之间的船舱称为甲板间舱,最下层甲板下面的船舱称为底舱,货舱的排列是从船首向船尾,一般货舱的长度不大于30m。

每一个货舱只设一个舱口。但有些船设有纵向舱壁,则在横向并排设置2~3个货舱口,如油轮、集装箱船和较大型的杂货船等。

货舱内的布置要求结构整齐,不妨碍货物的积载和装卸,通风管道、管系和其他设施都要安排在甲板横梁之下或紧贴货舱的边缘。

(3)液舱(Liquid Room)。液舱是指用来装载液体的舱室如燃油、淡水、液货、压载水舱等。液舱一般设置在船的低处,为减小自由液面对稳性的影响,其横向的尺寸均较小,且对称于船舶纵向中心线布置。

①燃油舱(Fuel Oil Tank),是储存主、辅机所用燃油的舱室,一般布置在双层底内,由于主机用的重油需要加温,为减少加热管系的布置,重油舱均布置在机舱附近的双层底内。

②滑油及循环滑油舱(Lubricating Oil Tank):通常设在机舱下面的双层底内,为防止污染滑油,四周设置隔离空舱。

③污油舱(Slop Tank):是储存污油用的舱室,舱的位置较低,以利外溢、泄漏的污油自行流入舱内。

④淡水舱(Fresh Water Tank):淡水是生活用水和锅炉用水的统称。生活用水舱一般设置在靠近生活区下面的双层底内,也可布置在船舶尾尖舱内,锅炉用水舱则布置在机舱下的双层底内,为机舱专用。

⑤压载水舱(Ballast Water Tank):是指专供装载压载水用以调整吃水、纵横倾和重心用的舱室。双层底舱、首尾尖舱、深舱、上下边舱及边翼舱室均可作为压载水舱。

⑥深舱(Deep Tank):是指双层底外的压载水舱、船用水舱、货油舱(如植物油舱)及闭杯闪点不低于60℃的燃油舱等。一般货船空载航行时,如打满压载水,仍难以达到适航水尺时,对稳性要求较高的船需另设深舱,既可用来装货,又可用来装压载水。深舱对称布置于纵向中心线的两侧,并水密分隔,以减小自由液面的影响。

(4)隔离空舱(Caisson)。它是一个狭窄的空舱,一般只有一个肋骨间距,专门用来隔开相邻的两舱室,如油舱与淡水舱,又如油轮上的货油舱与机舱均必须隔离,隔离空舱又称干隔舱。

(5)锚链舱(Chain Locker)。位于锚机下方首尖舱内,用钢板围起来的两个圆形或长方形的水密小舱,并与船舶中心线对称布置,底部设有排水孔。

(6)舵机间。布置舵机动力的舱室,位于舵上方尾尖舱的顶部水密平台甲板上。

(7)应急消防泵舱。根据SOLAS要求,应急消防泵应设在机舱以外,一般位于舵机间内,要求在最轻航海吃水线时也能抽上水。

4.配套设备

船舶的配套设备主要有:甲板设备、安全设备、通信导航设备、生活设施设备及各种管系设备。

(二)船舶的主要标志

船舶主船体根据需要,在其外壳板上勘划各种标志,主要有以下几个标志。

1.球鼻首和首侧推器标志

球鼻首标志(Bulbous bow mark),如图8-5a)所示为球鼻首船舶的一种特有标志,主要用于表明在其设计水线以下首部前端有球鼻型突出体,并勘划于船首左右两舷重载水线以上的首部处。

对首部装有首侧推装置的船舶,均须用首侧推器标志(Bow thruster mark),如图8-5b)和图8-5c)所示来加以表明,该标志勘划于船首左右两舷重载水线以上的首部处,并位于球鼻首标志的后面,以引起靠近船舶的注意。

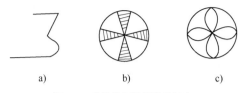

图 8-5　球鼻首和首侧推器标志

2.船名和船籍港标志

每艘船都在船首两侧明显位置写上船名。船名一般写在船首楼中部,字的高度视字的多少及船的大小确定,5000t 左右的船,中文字高为 1m 左右,并在船名下面加注汉语拼音。每艘船在船尾明显位置还写上船名和船籍港,船名字高比船首小 10%~20%,船籍港字高为船名字高的 60%~70%。

3.烟囱标志

烟囱标志是轮船公司自行规定的,各轮船公司规定本公司所有船舶烟囱颜色与标志图案,并且往往还规定船体各部分统一的油漆颜色,便于在海上及港内互相识别。

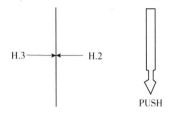

a) 分舱标志　　b) 顶推位置标志

图 8-6　分舱标志及顶推位置标志

4.分舱标志及顶推位置标志

有的船在货舱与货舱之间的舱壁两侧舷外船壳上,绘有表示各货舱位置的分舱标志,如图 8-6a) 所示;有的绘有顶推位置线,如图 8-6b) 表示拖船可以在此处顶推。

5.暗车标志

有的船舶尤其是双车船,在船尾两侧推进器上方明显位置绘有车叶状的标志,并加上简单的中文或英文警句,以引起对水下螺旋桨的注意。

对于船舶载重线和吃水线等标志,会在后面章节中介绍。

三、集装箱航线

(一)集装箱航线的概念及分类

1.集装箱航线概念

世界各地水域,在港湾、潮流、风向水深及地球球面距离等自然条件限制下,形成的可供船舶航行的一定路径即称为航路。集装箱航线就是承运人在可供通行的航路中,根据主、客观条件的限制,为达到经济效益最大化而选定的集装箱营运线路。

集装箱航线的形成取决于以下因素:

(1)安全因素,指确定航线时应考虑自然界的种种现象可能影响船舶航行安全的因素。

(2)货运因素,指航线沿途所经地区当前或未来集装箱货物进出口的主要流向和流量。

(3)港口因素,指影响集装箱船舶靠泊和装卸的各种港口设施和条件。

(4)技术因素,指船舶航行时在技术上需要考虑的因素。

此外,国际的政治形势、沿途国家的关税法令、经济政策、航行政策等的变化都会影响到航运企业的营运成本,未来的收益水平,甚至会影响船舶的营运安全,因而也会影响企业对航线的选择。

2.集装箱航线分类

（1）按航程的远近分：

①远洋航线（Ocean-Going Shipping Line），指航程距离较远，船舶航行跨越大洋的运输航线，如远东至欧洲和美洲的航线。我国习惯上以亚丁港为界，把去往亚丁港以西，包括红海两岸和欧洲以及南北美洲广大地区的航线划为远洋航线。

②近洋航线（Near-Sea Shipping Line），指本国各港口至邻近国家港口间的海上运输航线的统称。我国习惯上把航线在亚丁港以东地区的亚洲和大洋洲的航线称为近洋航线。

③沿海航线（Coastal Shipping Line），指本国沿海各港之间的海上运输航线，如上海/广州，青岛/大连等。

（2）按航行的范围分：

①大西洋航线。

②太平洋航线。

③印度洋航线。

④环球航线。

（二）世界主要集装箱航线

目前，世界上规模最大的三条集装箱航线是远东—北美航线，远东—欧洲、地中海航线和北美—欧洲、地中海航线。这三条航线将当今全世界人口最稠密、经济最发达的三个板块——北美、欧洲和远东联系起来。这三大航线的集装箱运量占了世界集装箱水路运量的大半壁江山。

1.远东—北美航线

远东—北美航线实际上又可分为两条航线，即远东—北美西岸航线和远东—北美东海岸、海湾航线。

（1）远东—北美西海岸航线。这条航线主要由远东—加利福尼亚航线和远东—西雅图、温哥华航线组成。它涉及的港口主要包括远东的高雄、釜山、上海、香港、东京、神户、横滨等和北美西海岸的长滩、洛杉矶、西雅图、塔科马、奥克兰和温哥华等。涉及的国家和地区包括亚洲的中国、韩国、日本和中国的香港、台湾地区以及北美的美国和加拿大西部地区。这两个区域经济总量巨大，人口特别稠密，相互贸易量很大。近年来，随着中国经济总量的稳定增长，在这条航线上的集装箱运量越来越大。目前，仅上海港在这条航线上往来于美国西海岸的班轮航线就达四十几条。

（2）远东—北美东海岸航线。这条航线主要由远东—纽约航线等组成，涉及北美东海岸地区的纽约—新泽西港、查尔斯顿港和新奥尔良港等。这条航线将海湾地区也串了起来。在这条航线上，有的船公司开展的是"钟摆式"航运，即不断往返于远东与北美东海岸之间；有的则是经营环球航线，即从东亚开始出发，东行线为：太平洋→巴拿马运河→大西洋→地中海→苏伊士运河→印度洋→太平洋；西行线则反向而行，航次时间为80天左右。

2.远东—欧洲、地中海航线

远东—欧洲、地中海航线也被称为欧洲航线，它又可分为远东—欧洲航线和远东—地中海航线两条。

（1）远东—欧洲航线这条航线是世界上最古老的海运定期航线。这条航线在欧洲地区涉

及的主要港口有荷兰的鹿特丹港,德国的汉堡港、不来梅港,比利时的安特卫普港,英国的费利克斯托港等。这条航线大量采用了大型高速集装箱船,组成了大型国际航运集团开展运输。这条航线将中国、日本、韩国和东南亚的许多国家与欧洲联系起来,贸易量与货运量十分庞大。与这条航线配合的,还有西伯利亚大陆桥、新欧亚大陆等欧亚之间的大陆桥集装箱多式联运。

(2)远东—地中海航线 这条航线由远东,经过地中海,到达欧洲。与这条航线相关的欧洲港口主要有西班牙南部的阿尔赫西拉斯港、意大利的焦亚陶罗港和地中海中央马耳他南端的马尔萨什洛克港。

3. 北美—欧洲、地中海航线

处于北美、欧洲、远东三大地域与经济板块另一极的,是北美—欧洲、地中海航线。北美—欧洲、地中海航线实际由三条航线组成,分别为北美东海岸、海湾—欧洲航线,北美东海岸、海湾—地中海航线和北美西海岸—欧洲、地中海航线。这一航线将世界上最发达与富庶的两个区域联系起来,船公司之间在集装箱水路运输方面的竞争最为激烈。

(三)世界主要的通航运河(见表8-3)

世界主要的通航运河　　　　　　表8-3

运河	苏伊士运河	巴拿马运河	基尔运河	莱茵-多瑙河运河
洲	亚洲—非洲	拉丁美洲	欧洲	欧洲
示意图				
位置	亚、非两洲分界线,苏伊士地峡	南、北美洲分界线,中美地峡	日德兰半岛南部、德国北部	德国南部
国家	埃及	巴拿马	德国	德国
沿岸气候	地中海气候;热带沙漠气候	热带雨林气候	温带海洋性气候	温带海洋性气候
沟通的海洋(河流)	大西洋(地中海)—印度洋(红海)	太平洋—大西洋	波罗的海—大西洋(北海)	莱茵河—多瑙河
意义	扼欧、亚、非三洲交通要冲,世界国际贸易货运量最大的国际运河	国际贸易货运量仅次于苏伊士运河	世界上通过船只最多的国际运河,世界第三大通航运河	沟通和缩短了黑海—北海之间的航程
长度、通航能力	173km ≤25万t	81.3km 5~10万t	98.7km	约150km
比原航线缩短航程	比绕好望角航线缩短8000~10000km	比绕麦哲伦海峡缩短14500km	比绕卡特加特海峡缩短685km	
回归时间	1956年	1999年		

1.苏伊士运河

苏伊士运河(Suez Canal,又译苏彝士运河)1859~1869年凿成,运河北起塞得港南至苏伊士城,长195km,是著名的国际通航运河。运河位于埃及境内,是连通欧亚非三大洲的主要国际海运航道,连接红海与地中海,使大西洋、地中海与印度洋联结起来,大大缩短了东西方航程。它是亚洲与非洲的分界线之一。与绕道非洲好望角相比,从欧洲大西洋沿岸各国到印度洋缩短5500~8009km;从地中海各国到印度洋缩短8000~10000km;对黑海沿岸来说,则缩短了12000km。这条运河允许欧洲与亚洲之间的南北双向水运,是世界使用最频繁的航线之一。在国际航运中具有重要的战略意义,每年承担着全世界14%的海运贸易。

2.巴拿马运河

巴拿马运河(Panama Canal)位于中美洲的巴拿马,横穿巴拿马地峡,运河全长81.3km,水深13~15m不等,河宽150~304m。整个运河的水位高出两大洋26m,设有6座船闸。船舶通过运河一般需要9h,可以通航76000吨级的轮船。受闸室长度、宽度以及运河深度的限制,目前可以通过运河的最大级别是船长294m,船宽32.3m,吃水12.04m的船舶。该运河连接太平洋和大西洋,是重要的航运要道,被誉为世界七大工程奇迹之一和"世界桥梁"。

巴拿马运河是巴拿马共和国拥有和管理的水闸型运河,切过狭窄的巴拿马地峡,连接大西洋和太平洋。巴拿马运河是世界上除苏伊士运河外最具有战略意义的一条人工水道,行驶于美国东西海岸之间的船只,原先不得不绕道南美洲的合恩角(Cape Horn),使用巴拿马运河后可缩短航程约15000km。由北美洲的一侧海岸至另一侧的南美洲港口也可节省航程多达6500km,航行于欧洲与东亚或澳大利亚之间的船只经由该运河也可减少航程3700km。

巴拿马运河由美国建成,自1914年通航至1979年间一直由美国独自掌控。不过,在1979年运河的控制权转交给巴拿马运河委员会(由美国和巴拿马共和国共同组成的一个联合机构),并于1999年12月31日正午将全部控制权交给巴拿马。运河的经营管理交由巴拿马运河管理局负责,而管理局只向巴拿马政府负责。

3.基尔运河

基尔运河(Kieler Canal),又名北海—波罗的海运河,位于德国北部,西南起于易北河口的布伦斯比特尔科克港,东北至于基尔湾的霍尔特瑙港,横贯日德兰半岛,全长53.3n mile,是沟通北海与波罗的海的重要水道。故又名"北海—波罗的海运河"。基尔运河的开通极大地缩短了北海与波罗的海之间的航程,比绕道厄勒海峡—卡特加特海峡—斯卡格拉克海峡减少了370n mile。

自1895年开凿成功以来,基尔运河一直是世界上最繁忙的运河之一。历经百年沧桑,基尔运河目前是仅次于巴拿马运河和苏伊士运河的世界第三繁忙的运河。如今,每年通过运河的舰船约65000艘,其中60%属德国。基尔运河是通过船只最多的国际运河,运输货物以煤、石油、矿石、钢铁等大宗货物为主。现在这条运河仍是波罗的海航运的重要路线。

4.莱茵河—多瑙河运河

莱茵河—多瑙河运河(Rhein—Donau Canal),德国巴伐利亚州境内的跨流域通航运河。从莱茵河支流美因河岸的班贝格到多瑙河的凯耳海姆,全长171km,宽55m。从纽伦堡至凯耳海姆一段,长102km,其间需翻越汝拉山,工程十分艰巨。由于弗兰克侏罗山的分水岭比班贝格高175m,比凯耳海姆高68m,因此沿途需修建16座长190m的船闸。运河已于1985

年全线通航,大大缩短了北海和黑海之间的航程,沟通了两大水系沿岸的国家,还有跨流域调水、农业灌溉和水力发电等效益。

四、集装箱货物的交接

(一)整箱货与拼箱货

集装箱运输是将散件货物(Break Bulk Cargo)汇成一个运输单元(集装箱),使用船舶等运输工具进行运输的方式。集装箱运输的货物流通途径与传统的杂货运输有所不同,集装箱运输不仅与传统杂货运输一样以港口作为货物交接、换装的地点,还可以在港口以外的地点设立货物交接、换装的站点(Inland Depot)。

集装箱运输改变了传统的货物流通途径,在集装箱货物的流转过程中,其流转形态分为两种,一种为整箱货,另一种为拼箱货。

1. 整箱货

整箱货[Full Container(Cargo)Load,FCL]是指由货方负责装箱和计数,填写装箱单,并加封志的集装箱货物,通常只有一个发货人和一个收货人。

国际公约或各国海商法没有整箱货交接的特别规定,而承运人通常根据提单正面和背面的印刷条款以及提单正面的附加条款(如 Said To Contain,S.T.C.;Shipper's Load and Count and Seal,S.L&C&S 等"不知条款"),承担在箱体完好和封志完整的状态下接受并在相同的状态下交付整箱货的责任。在目前的海上货运实践中,班轮公司主要从事整箱货的货运业务。

2. 拼箱货

拼箱货[Less Than Container(Cargo)Load,LCL]是指由承运人的集装箱货运站负责装箱和计数,填写装箱单,并加封志的集装箱货物,通常每一票货物的数量较少,因此装载拼箱货的集装箱内的货物会涉及多个发货人和多个收货人。承运人负责在箱内每件货物外表状况明显良好的情况下接受并在相同的状况下交付拼箱货。在目前的货运实践中,主要由拼箱集运公司从事拼箱货的货运业务。

货运代理人可以从事拼箱货的货运业务,但此时其身份也发生了变化。货运代理人参与拼箱货的货运业务,提供了为小批量货物快速和高效率的运输服务,解决了集装箱班轮运输大批量替代传统杂货班轮运输后小批量货物的运输等问题。

货运代理人或拼箱集运商从事拼箱货运输,首先,可以因由其直接面对客户和承接小批量的货运业务、专门处理相关的货运问题,使班轮公司不再需要为小批量货物专门组织人力或物力、耗费资金和时间、承担风险和责任;其次,可以扩大货运代理企业的活动空间和业务范围,使货运代理企业通过为小批量货物提供良好服务的同时获得回报;最后,可以通过提供拼箱集运的服务,满足货主对于小批量货物在贸易、技术、经济、流通等方面的要求。

(二)集装箱货物交接地点与方式

1. 集装箱货物的交接地点

货物运输中的交接地点是指根据运输合同,承运人与货方交接货物、划分责任风险和费用的地点。由于国际公约或各国法律通常制定了强制性的法律规范,因此承运人不能通过合同的方式减轻自己的责任。而有关费用问题,则可以由双方当事人另行约定。在集装箱运输中,根据实际需要,货物的交接地点并不固定。

目前集装箱运输中货物的交接地点有船边或吊钩(Ship's Rail or Hook/Tackle)、集装箱堆场、集装箱货运站和其他双方约定的地点(门"door")。

集装箱堆场(Container Yard,CY),是交接和保管空箱(Empty Container)和重箱(Loaded Container)的场所,也是集装箱换装运输工具的场所。

集装箱堆场和集装箱货运站也可以同处于一处。

2.集装箱货物的交接方式

根据集装箱货物的交接地点不同,理论上可以通过排列组合的方法得到集装箱货物的交接方式为16种。在不同的交接方式中,集装箱运输经营人与货方承担的责任、义务不同,集装箱运输经营人的运输组织的内容、范围也不同。

理论上,集装箱货物的交接方式有以下几种:

(1)门到门(Door to Door)交接方式。门到门交接方式是指运输经营人由发货人的工厂或仓库接收货物,负责将货物运至收货人的工厂或仓库交付。在这种交付方式下,货物的交接形态都是整箱交接。

(2)门到场(Door to CY)交接方式。门到场交接方式是指运输经营人在发货人的工厂或仓库接收货物,并负责将货物运至卸货港码头堆场或其内陆堆场,在CY处向收货人交付。在这种交接方式下,货物也都是整箱交接。

(3)门到站(Door to CFS)交接方式。门到站交接方式是指运输经营人在发货人的工厂或仓库接收货物,并负责将货物运至卸货港码头的集装箱货运站或其在内陆地区的货运站,经拆箱后向各收货人交付。在这种交接方式下,运输经营人一般是以整箱形态接收货物,以拼箱形态交付货物。

(4)门到钩(Door to Tackle)交接方式。门到钩交接方式是指运输经营人在发货人的工厂或仓库接收货物,负责将货物运至卸货港码头,并在船边交付货物。通常为整箱货。此时货物的卸船费用都由承运人负担,但也可约定由收货人负担。

(5)场到门(CY to Door)交接方式。场到门交接方式是指运输经营人在码头堆场或其内陆堆场接收发货人的货物(整箱货),并负责把货物运至收货人的工厂或仓库向收货人交付(整箱货)。

(6)场到场(CY to CY)交接方式。场到场交接方式是指运输经营人在装货港的码头堆场或其内陆堆场接收货物(整箱货),并负责运至卸货港码头堆场或其内陆堆场,在堆场向收货人交付(整箱货)。

(7)场到站(CY to CFS)交接方式。场到站交接方式是指运输经营人在装货港的码头堆场或其内陆堆场接收货物(整箱),负责运至卸货港码头集装箱货运站或其在内陆地区的集装箱货运站,一般经拆箱后向收货人交付。

(8)场到钩(CY to Tackle)交接方式。场到钩交接方式是指运输经营人在装货港的码头堆场或其内陆堆场接收货物(整箱),负责运至卸货港码头,并在船边交付货物。通常货物的卸船费用由承运人负担,但也可约定由收货人负担。

(9)站到门(CFS to Door)交接方式。站到门交接方式是指运输经营人在装货港码头的集装箱货运站及其内陆的集装箱货运站接收货物(经拼箱后),负责运至收货人的工厂或仓库交付。在这种交接方式下,运输经营人一般是以拼箱形态接收货物,以整箱形态交付货物。

（10）站到场(CFS to CY)交接方式。站到场交接方式是指运输经营人在装货港码头或其内陆的集装箱货运站接收货物(经拼箱后),负责运至卸货港码头或内陆地区的堆场交付。在这种方式下货物的交接形态一般也是以拼箱形态接收货物,以整箱形态交付货物。

（11）站到站(CFS to CFS)交接方式。站到站交接方式是指运输经营人在装货港码头或内陆地区的集装箱货运站接收货物(经拼箱后),负责运至卸货港码头或其内陆地区的集装箱货运站(经拆箱后)向收货人交付。在这种方式下,货物的交接形态一般都是拼箱交接。

（12）站到钩(CFS to Tackle)交接方式。站到钩交接方式是指运输经营人在装货港码头或内陆地区的集装箱货运站接收货物(经拼箱后),负责运至卸货港码头,并在船边交付货物。通常货物的卸船费用由承运人负担,但也可约定由收货人负担。

（13）钩到门(Tackle to Door)交接方式。钩到门交接方式是指运输经营人在装货港码头船边接收整箱货物,并负责把货物运至收货人的工厂或仓库向收货人交付。通常货物的装船费用由承运人负担,但也可约定由发货人负担。

（14）钩到场(Tackle to CY)交接方式。钩到场交接方式是指运输经营人在装货港码头船边接收整箱货物,负责运至卸货港码头或内陆地区的堆场交付。通常货物的装船费用由承运人负担,但也可约定由发货人负担。

（15）钩到站(Tackle to CFS)交接方式。钩到站交接方式是指运输经营人在装货港码头船边接收整箱货物,负责运至卸货港码头或其内陆地区的集装箱货运站,(经拆箱后)向收货人交付。通常货物的装船费用由承运人负担,但也可约定由发货人负担。

（16）钩到钩(Tackle to Tackle)交接方式。钩到钩交接方式是指运输经营人在装货港码头船边接收整箱货物,负责运至卸货港码头,并在船边交付货物。通常货物的装卸船费用由承运人负担,但也可约定由发货人或收货人负担。

以上16种交接方式是集装箱货物运输理论上所存在的交接方式。了解集装箱货物的交接方式,可以使我们知道在集装箱运输中承运人与货方之间就有关货物交接责任、费用分担等划分问题。当然,实践中,并不是所有16种方式都会碰到。

（三）海运集装箱货物交接的主要方式

在集装箱运输中,根据实际交接地点不同,集装箱货物的交接方式不同,在不同的交接方式中,集装箱运输经营人与货方承担的责任、义务不同,集装箱运输经营人的运输组织的内容、范围也不同。集装箱货物可以传统的方式在集装箱货运站进行交接,也可在多式联运方式下在货主的仓库或工厂进行交接。由于集装箱货物可以在4个地点进行交接,因此理论上就有16种交接方式。但是,目前在船边交接的情况已很少发生,而在货主的工厂或仓库交接较多,这又涉及多式联运。因此在海上集装箱班轮运输实践中,班轮公司通常承运整箱货,并在集装箱堆场交接;而集装箱经营人则承运拼箱货,并在集装箱货运站与货方交接货物。

通常各种书中所列举的集装箱货物的交接方式有以下9种,即:门到门、门到场、门到站、场到门、场到场、场到站、站到门、站到场和站到站的交接方式,因此不够全面。而有的书中则称有场到场、场到站、站到场和站到站4种交接方式,这也与实践结合得并不密切。例如:实践中,如果承运人在集装箱堆场接受整箱货,此时是在箱体完好和封志完整的状况下接受,当承运人在集装箱货运站交付拼箱货时,则是在箱内货物外表状况明显良好的情况下交付,因此 CY/CFS 明显使承运人的责任加重,所以,目前已基本不存在。

因此,实践中海运集装箱货物交接的主要方式为:CY/CY,这是班轮公司通常采用的交接方式;CFS/CFS,这是集装箱拼箱经营人通常采用的交接方式。

五、集装箱配积载

(一)集装箱船舶箱位的表示

箱位是指集装箱在船舶上的具体积载位置。由于集装箱是一种标准化的货运单位,不需要用传统件杂货运输的俯视与侧视等图形符号来表示其相对应的位置。同时,由于集装箱的积载方式是沿船舶长度纵向布置,并依船舶横剖面依次左右、上下排列。所以,对装载在船舶上的每一个集装箱,进行三维定位可用 6 位数码来表示一个统一的实际位置。

1990 年,国际集装箱标准化组织(ISO)颁布 ISO 9711-1:1900 集装箱"船上配载集装箱的有关信息"第一部分:配载计划。该标准适用于集装箱沿船舶长度方向布置的集装箱,标准规定在船上的集装箱按"行、列、层"的序列来定位。

1.行位(BAY NO.)

行位是指在纵剖面图上,船舶横剖面的序列编号,该编号用 2 位阿拉伯数字表示,不足 2 位的用零补足 2 位。编号从船首向船尾按顺序行列。装载 20ft 集装箱时,以单数 01、03、05……表示,装载 40ft、45ft 以上的集装箱时,以 2 位双数 02、04、06……表示。

2.列位(ROW NO.)

列位是指在船舶横剖面上,横向排列的序列编号,该编号用两位阿拉伯数字表示,不足两位的用零补足两位。编号以船首尾线为界,分别向左右两边按顺序排列编号,向右为 01、03、05……,向左为 02、04、06……;如列位总数为单数时,则中间一列集装箱列位号为 00。

3.层位(TIER NO.)

层位是指在船舶横剖面图上,竖向排列的序列编号,该编号分舱内和甲板,用"02"和"82"分别起始编号。舱内从船底第一层起算,依次用 02、04、06……双数表示;甲板从甲板底层起算,依次用 82、84、86……双数表示,如图 8-7 所示。

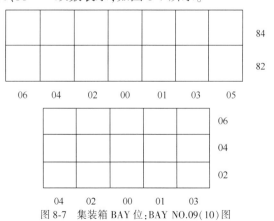

图 8-7 集装箱 BAY 位:BAY NO.09(10)图

全集装箱船舶的船舱内一般设有隔槽,便于固定及装卸集装箱。因此,集装箱船舶的箱位有的既可装载20ft集装箱,也可装载40ft集装箱或45ft集装箱。有的箱位能装载20ft或40ft集装箱,而有的箱位只能装载20ft集装箱(一般称为20ft全隔槽)。

以20ft集装箱作为一个标准箱位,称为一个TEU。船舶规范所列船舶总箱位数,通常表示全船所有不同尺码箱位的换算关系和换算总和。

对同一箱位积载多个集装箱(平板折叠空箱),一般在船图上划格表示,并列注明不同的箱号或加以批注。

(二) 集装箱积载图

集装箱积载图,是集装箱船舶所载集装箱的实际积载位置示意图,是装船理箱全过程的汇总结果。因此,绘制集装箱积载图的质量,直接影响装箱港理货声誉。

随着计算机在集装箱理货业务中的运用,目前现场通常用电脑进行绘制。个别船舶仍采用手工制作船舶积载图的方法,绘制过程中使用船公司提供的积载船舶空白集装箱船图,理货组长在绘制相关数据后复制提供船方。

1. 总积载图(General Stowage Plan)

总积载图是全船总箱位分布图,依照全船的行位顺序,依次列出各行位横剖面图与箱位状况。

完成实际积载的总积载图,应标明下列数据:

① 船名/航次;

② 卸箱港;

③ 受载箱位;

④ 不同箱型;

⑤ 特殊箱;

⑥ 危险品箱及等级。

(1) 船名/航次。根据船公司规范,注明船名和航次。

(2) 卸箱港。卸箱港是指集装箱卸下船的地点,通常一位英文代码表示,如上海"S",神户"K"等。

(3) 受载箱位。受载箱位是指与行(BAY)位图相对应的积载位置,一般以一位卸箱港英文缩写表示。

(4) 不同箱型。不同箱型是指不同规格尺寸的集装箱,20ft箱用单数行位表示,如01、03等;40ft箱用双数行位表示,如02、04等,同时将对应单数行位的箱位用"×"划去。

(5) 特殊箱。特殊箱指标明特殊规格或装有特殊货物的集装箱,各种规格或箱型的集装箱均应以不同字母、不同图形或批注形式加以表示。

2. 行位图(Bay Plan)

行位图是记录每个集装箱实际箱号、质量等数据的分行位图。通常行位图应显示下列数据:

① 目的港/卸箱港/装箱港;

② 集装箱箱号;

③ 集装箱质量;

④集装箱箱型;
⑤重空箱状况;
⑥特殊箱标志;
⑦持箱人标志;
⑧危险品箱。

(1)目的港/卸箱港/装箱港。按照习惯,每个箱位均应依次标明目的港(或称转口目的港)、卸箱港和装箱港。目的港与卸箱港相同时,同一港名应连续显示两次。

(2)集装箱箱号、质量、箱型和持箱人均依次排列在港口名称之下。

(3)特殊箱以不同缩略字母或图形或批注加以注明。

3.汇总清单(Container Summary)

汇总清单是记录本航次不同卸箱港、不同规格集装箱数量和质量的汇总。不同规格如20ft、40ft、45ft等集装箱数量,不同卸箱港集装箱数量,不同持箱人集装箱数量,以及重、空箱的数量与质量等。

六、集装箱理货依据

(一)理货依据

理货依据,是指能够用来检查、核对货物的数字、包装和运输标志是否符合要求的单证资料。目前,在集装箱理货中,能够用来检查核对货物数量和标志的单证资料较多,一般有"进口舱单、集装箱装箱单、海运提单、交接记录、货物清单、场站收据、货物装载预配清单"等。上述单证在货物运输过程中各有不同的用途和作用。

1.进口舱单(Import Maniifesi,简称M/F)

船舶在办理进口报关时,船方必须提交一份有船长签认的进口货物舱单,它是海关对进口船舶所载货物实施监管的凭证。如果船舶载有进口舱单上没有列明的货物,并没有正当理由说明其原因的,海关则以走私论处。

进口舱单一般由卸货港船公司或其代理人在船舶到港前送交理货公司和集装箱码头,作为货物的原始资料,是集装箱码头核对收货人的提单(交货记录)、凭单发货的法定原始依据。

目前以电子报文的形式通过EDI信息中心发送。

2.集装箱装箱单(Container Load Plan,简称CLP)

集装箱装箱单是集装箱运输特有的单证,是记载集装箱箱内货物情况、交付的方式。每一个重箱都必须制作一份集装箱装箱单,它是根据所装入集装箱内货物而编制的。集装箱装箱单,详细记载了每一个集装箱的船名、航次、起运港、卸货港、目的地、集装箱箱号、铅封号、箱类型、货名、件数、包装、重量、体积、提单号、装载时间和地点、装箱人,以及危险品等级、冷藏箱温度等,集装箱装箱单上所记载的货运资料与场站收据所列明的相关内容应完全一致。

集装箱装箱单由货物装箱人按箱编制,如果是整箱货,则装箱人为货主或其代理人,如果是拼箱货,则装箱人为集装箱货运经营人。

集装箱装箱单(新版)为一式五联:

第一联:码头联;

第二联:承运人联;

第三联:船代联;

第四联:发货人联;

第五联:装货人联。

货物装箱后,除第五联由装箱点留存外,其余四联必须随重箱及设备交接单一并进入港方码头堆场。在通过检查道口时收取四联,第一联由港方留用,第二联由外轮理货使用后交承运人(船方),第三、四联交船舶代理人。

3. 海运提单(Bill of Lading,简称 B/L)

集装箱海运提单,是承运人或其代理人签发的货物已装船的运输收据,是货物的物权凭证,即货物所有权的支配文件,是承运人与托运人之间运输契约成立的证明,是在目的港换发提货单的有效凭证。海运提单同样列明了集装箱内所装的货物情况。

4. 货物清单(Cargo List)

货物清单,是收货人向贸易对方订购的货物明细单或装箱出运的货物明细单。

5. 交货记录(Delivery Order)

(1)交货记录是收货人从船公司或其代理人取得签发的海运提单后,在目的港换取的一份港口码头提货凭证。

(2)交货记录是码头堆场或集装箱货运站在向收货人交付货物时,用以证明双方已完成货物的交接状态的证明。交货记录的签发是承运人责任的终止,收货人履行责任的标志。

6. 场站收据(Dock Receipt,简称 D/R)

场站收据又称码头收据,它是承运人委托集装箱码头或集装箱货运站在收到重箱后签发给托运人证明已收到货物,托运人可凭此换取提单(待装提单)的收据。

一套场站收据相当于传统运输的一套"货运单"(包括大副收据):

第一联　货方留底(集装箱货物托运单);

第二联　船代留底(集装箱货物托运单);

第三联　运费通知(1);

第四联　运费通知(2);

第五联　装货单——场站收据副本(集装箱码头留底,归档保存);

第六联　场站收据副本(随码头船舶配载图一并交外轮理货,如属加载集装箱则随加载船图一起交外轮理货);

第七联　场站收据(场站收据签发后,由货代或托运人带回,货代或托运人凭此联向船代换取待装船提单);

第八联　货代留底;

第九联　配舱回单(1);

第十联　配舱回单(2)。

场站收据第五、六、七联由货代(托运人)向海关报关,海关审核后在第五联上加盖海关放行章,送交码头,集装箱码头据此配船。

在出口业务中,场站收据由托运人(通常是货代)填制后分送相应的部门。

7.集装箱货物装载预配清单

集装箱货物装载预配清单是装箱单位根据发货人以其代理人所提供的,并列明船名、卸货港、品名、数量、质量、尺码等内容,对某一集装箱所能装纳的货物进行装载预配的清单;是货物装箱有关部门操作人员,在货物装箱时安排作业计划,进行货物积载和核对实际装载货物是否相符的有效单据。

(二)装卸船理箱依据

交通运输部颁布的《外轮理货业务章程和理货规程》,明确规定了集装箱船舶理箱工作依据:

1.进口——以进口舱单为准

进口舱单(Import Cargo Manifest),集装箱进口卸船以进口舱单为依据,进口舱单又称进口载货清单。进口舱单是一份按港口逐票列明全船实际装载集装箱及货物的明细清单。

进口舱单是船舶在装货港集装箱(货物)装载完毕后,由船公司或其代理人根据相关资料编制的。进口舱单逐票列明货物的提单号、标志、件数、包装、货名、质量和体积,以及装货港、中转港、卸货港和目的地;同时详细记载了所载运集装箱的箱号、铅封号、类型、数量、箱内货物情况,以及交付方式等。

通常为确保集装箱船舶能及时靠泊与顺利卸箱,船公司或其代理人需在规定的时间内向集装箱码头、外轮理货及相关单位提供进口集装箱有关资料,以便为进口卸船作业做好准备。所提供的进口集装箱货运单证资料包括:进口舱单(Cargo Manifest);进口船图(Bay Plan);危险品清单(Dangerous Carco List)等有关资料。

青岛外理公司按照"信息传递网络化,日常办公自动化,业务处理智能化"的要求,运用信息集成理论和实时物流理念,采用先进的IT技术,搭建了理货生产服务综合信息网,成功实现了理货业务自动化处理。借助EDI平台,实现了信息实时录入、过程实时监控、结果实时输出,为专家式超值理货服务提供了科技支撑,走出了一条向信息化要效益的新途径。外理青岛分公司在集装箱进口作业前接收船代、船公司提供的进口船图和进口舱单EDI报文,经计算机系统处理生成进口积载图、进口舱单、分港清单和校对清单,供现场理货人员作业使用。

经计算机处理后的数据排列方式与原始舱单不同,但所提供的数据均为原始数据,并可在报文内逐项查询调阅详细资料。因此,理货下载文本所列明的数据即等同于原始进口舱单。

2.出口——以出口预配图为准

出口预配图(Export Stowage Plan),集装箱出口装船以出口预配图为依据,出口预配图是出口装载集装箱的原始凭证,是由集装箱码头根据船公司或其代理人装载指令,码头配载中心根据已进堆场集装箱装箱单,与海关已放行的场站收据核对后,制作集装箱预配图。

集装箱出口预配图主要由三部分组成,即封面图(Stowage Plan)、行位图(Bay Plan)和汇总清单(Summary)。

(1)封面图(Stowage Plan)是一份与船舶行(BAY)位集装箱实配相对应的总行(BAY)位图,在该图相应的船舶箱位上标明集装箱的卸货港、空重箱、箱类型等。

(2)行位图(Bay Plan),在每一箱位图格内均应标明下列内容:目的港/卸箱港/装箱港(均以通用三位港口代码表示)、集装箱箱号、重量、箱型、持箱人、特殊箱(如危险品、冷藏货物等)。

(3)汇总清单(Summary)是一份全船集装箱装载完毕,根据不同的卸箱港口、不同的集装箱尺寸、规格,以及集装箱数量和重量的明显清单,便于船方和其他有关方了解全船集装箱实际装载情况。

(三)装拆箱理货依据

进口集装箱拆箱的理货依据为进口舱单或交货记录;出口集装箱装箱的理货依据为集装箱货物装载预配清单。

七、集装箱理货岗位

目前集装箱船舶装卸作业的理货岗位主要为甲板和船边,有些港口装卸船理箱均在甲板。

集装箱装、拆箱理货岗位根据集装箱货物交接地点的不同而不同。从集装箱运输过程中可以看出,集装箱货物的交接地点有三处重要,即集装箱码头堆场、集装箱货运站和收(发)货人工厂或仓库。

1.集装箱码头堆场(Container Yard,简称CY)

这是设在集装箱码头内的货运站(也称港内货运站),它是整个集装箱码头的一个组成部分,它的业务隶属于集装箱码头,承担着收货、交货、拆箱和装箱作业,并对货物进行保管。

2.集装箱货运站(Container Freight Station,简称CFS)

集装箱货运站按地理位置可分为内陆集装箱货运站和集装箱码头附近货运站(简称货运站)。

(1)内陆集装箱货运站。内陆集装箱货运站,也称内陆中转站,这种货运站设在运输经济腹地,深入内陆主要城市及外贸进出口货物较多的地区。主要业务将货物集中起来,然后进行装箱,再通过运输将集装箱运至集装箱码头堆场,具有集装箱货运站和集装箱码头堆场双重功能,它既接受托运人的交付托运集装箱货业务,也负责办理空箱的发放和回收工作,同时,它还办理集装箱装、拆箱业务及代办有关海关手续等业务。

(2)集装箱码头附近货运站。这种货运站设置在靠近集装箱码头地区,处于集装箱码头外面,它不属于集装箱码头,但其业务与集装箱码头联系十分密切,业务往来也频繁。其主要任务是承担收货、交货、装箱、拆箱以及货物保管等工作。

3.收(发)货人工厂或仓库(Door)

这是指在货主单位内堆场或仓库进行装、拆箱业务的场所。

八、集装箱箱体残损标准

1.集装箱箱体残损检验认定

目前,青岛口岸各方在集装箱残损认定标准上并不完全一致。在此参考《上海口岸集装箱货物装载管理办法》已限定的集装箱残损检验认定范围。《管理办法》中,对不适合装载、运输货物集装箱的定义：

(1) 结构强度低于国际安全公司(C.S.C.)标准，或(C.S.C)标牌灭失。
(2) 结构变形超出国际标准(I.S.O)或影响正常吊运。
(3) 结构违反国际海关公约(T.I.R)有关条款。
(4) 任何破损、焊缝爆裂。
(5) 板壁凹损单面大于30mm，或影响货物的装卸、积载。
(6) 任何部件凸损超出角配件端面。
(7) 相邻木地板大于6mm，或木地板损坏，凹凸影响货物的装卸、积载。
(8) 箱内有异物、异味。
(9) 箱体外部有异样标志。
(10) 箱门开启、关闭不能到位，门封破损或脱落。

2. 港口集装箱检验接受标准

(1) 箱号清晰(以箱门上的为准)。
(2) 箱门关紧无漏缝。
(3) 箱体表面平整(凹损不超过内端面3cm，凸损不超过角配件外端面)。
(4) 无破洞，门杆、手柄齐全，无弯曲。
(5) 敞顶箱油布完好，横梁、钢丝绳安装完整。
(6) 冷藏箱压缩机、控制箱表面完好，有PTI标贴。
(7) 重箱铅封完好。
(8) 台架箱装载超高、超宽或超长货物，要检查超高、超宽或超长尺码以及货物捆扎牢固状况。
(9) 装载危险货物的集装箱，要检查危险货物标签。

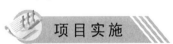

任务一　集装箱的选择与检查

在进行集装箱货物装箱前，首先应根据所运输的货物种类、包装、性质和其运输要求，选择合适的集装箱。所选择集装箱应符合以下基本条件：

(1) 符合ISO标准。
(2) 四柱、六面、八角完好无损。
(3) 箱子各焊接部位牢固。
(4) 箱子内部清洁、干燥、无味、无尘。
(5) 不漏水、漏光。
(6) 具有合格检验证书。

1. 集装箱的选择

国际集装箱标准有3个系列，共15种。在这15种集装箱中，采用何种规格为宜，应根据货物的情况以及航线上所经港口的条件和运输路线的环境来决定。

选用集装箱时，主要考虑的是根据货物的不同种类、性质、形状、包装、体积、重量，以及运输要求采用其格式的箱子。首先要考虑的是货物是否装得下,其次再考虑在经济上是否合理,与货物所要求的运输条件是否符合。

2.集装箱的检查

集装箱在装载货物之前,都必须经过严格检查。一只有缺陷的集装箱,轻则导致货损,重则在运输、装卸过程中造成箱毁人亡的事故。所以,对集装箱的检查是货物安全运输的基本条件之一。发货人、承运人、收货人、货运代理人、管箱人以及其他关系人在相互交接时,除对箱子进行检查外,还应以设备交接单等书面形式确认箱子交接时的状态。通常,对集装箱的检查应做到:

(1)外部检查:对箱子进行六面察看,外部是否有损伤、变形、破口等异样情况,如有即做出修理部位的标志。

(2)内部检查:对箱子的内侧进行六面察看,是否漏水、漏光、有无污染、水迹等。

(3)箱门检查:门的四周是否水密,门锁是否完整,箱门能否270°开启。

(4)清洁检查:箱子内有无残留物、污染、锈蚀异味、水湿。如不符合要求,应予以清扫,甚至更换。

(5)附属件检查:对货物的加固环节,如板架式集装箱的支撑、平板集装箱、敞篷集装箱上部延伸用加强结构等状态检查。

任务二 集装箱货物装载作业

随着适箱货的不多增加,为确保货运质量的安全,做好箱内货物的积载工作是很重要的。许多货损事故的发生都是装箱不当所造成的。货物在集装箱内的堆装、系固等工作看起来似乎比较简单,但由于集装箱货物在整个运输过程中可能涉及多种运输方式,特别是海上运输区段风险更大,货损事故难免发生。货物在箱内由于积载、装箱不当不仅会造成货损,还会给运输及装卸机械等设备造成损坏,甚至造成人身伤亡。

货物在装入集装箱内时应注意的事项有:

(1)在不同件杂货混装在同一箱内时,应根据货物的性质、重量、外包装的强度、货物的特性等情况,将货区分开。将包装牢固、重件货装在箱子底部,包装不牢、轻货则装在箱子上部。

(2)货物在箱子内的重量分布应均衡。如箱子某一部位装载的负荷过重,则有可能使箱子底部结构发生弯曲或脱开的危险。在吊机或其他机械作业时,箱子会发生倾斜,致使作业不能进行。此外,在陆上运输时,如存在上述情况,拖车前后轮的负荷因差异过大,也会在行驶中发生故障。

(3)在进行货物堆码时,应根据货物的包装强度,决定货物的堆码层数。另外,为使箱内下层货物不被压坏,应在货物堆码之间垫入缓冲材料。

(4)货物与货物之间,也应加隔板或隔垫材料,避免货物相互擦伤、沾湿、污损。

(5)货物的装载要严密整齐,货物之间不应留有空隙,这样不仅可充分利用箱内容积,也可防止货物相互碰撞而造成损坏。

(6)在目的地掏箱时,由于对靠箱门附近的货物没有采取系固措施,曾发生过货物倒塌,造成货物损坏和人身伤亡的事故。因此,在装箱完毕,关箱前应采取措施,防止箱门附近货物的倒塌。

（7）应使用清洁、干燥的垫料（胶合板、草席、缓冲器材、隔垫板），如使用潮湿的垫料，就容易发生货损事故。

（8）应根据货物的不同种类、性质、包装，选用不同规格的集装箱，选用的箱子应符合国际标准，经过严格的检查，并具有检验部门发给的合格证书。

任务三　集装箱箱体检验

集装箱装卸船作业过程中，理货人员检验集装箱箱体外表和铅封状况，正确的箱体和铅封检验对确认集装箱箱体残损和箱内货物，以及责任划分具有重要的意义。

1. 进口集装箱

（1）集装箱卸船前，理货组长应与船方商定发现原残集装箱的处理、残损记录编制和签认等工作的要求，并做好相关记录。向理货员布置具体验残要求，并向码头提出理货验残的具体要求。

（2）集装箱卸船，理货公司与码头双方派人员在船边交接。发现箱体损坏、铅封断失，及时通知理货组长联系船方验看、确认，并由理货组长编制集装箱残损记录，取得船方的签认，对铅封断失的集装箱（重箱），理货员应重新施加铅封，并在集装箱残损记录上写明铅封号。发生工残应当即通知责任方确认，编制工残记录取得责任方签认。

2. 出口集装箱

（1）集装箱装船前，理货组长应与船方商定发现残损集装箱的处理方法和要求，并做好相关记录，向理货员布置具体验残方法和要求，并向码头提出理货验残的具体要求。

（2）集装箱装船，理货公司与码头双方派人员进行交接。理货员在大船甲板检验集装箱箱体和铅封状况，发现箱体残损、铅封断失应及时通知码头有关人员验看，编制集装箱残损记录取得签认。

（3）发现集装箱箱体严重残损或铅封失落，应及时告知船方，船方同意后方可装船。

3. 中转集装箱

（1）中转集装箱装船（落驳）时，发现集装箱未施封或箱体残损，外轮理货人员应会同码头方进行验看确认，及时编制集装箱残损记录，取得码头有关方的签认，对未施封集装箱由码头方负责施封。

（2）中转集装箱卸船（起驳）时，发现集装箱未施封或箱体残损，外轮理货人员应及时告知码头有关方，并由责任方负责解决。

4. 集装箱装卸船理箱作业的箱体和铅封检验

理货员在理清箱数的同时，注意检查集装箱的六个面及铅封状况。当发现集装箱异常状况时，应通知理货组长及时编制集装箱残损记录，并取得有关方的签认。

（1）检查集装箱外表，查看外部是否有损坏、变形、破口等异样情况。如发现有弯曲、凹痕、擦伤等痕迹时，则在其附近要加以特别仔细地检查。

（2）检查箱门的关闭状态，箱门周围的水密，门锁装置是否正常完好。

（3）检查开顶集装箱的专用蓬布有否破损和安装用索具的状态，板架集装箱的支柱状态等。

(4)平板箱、框架箱在发现所积载的裸装或箱装货物有明显残损时,应记录货物残损状况,应联系船方或有关方确认。

(5)装载危险品集装箱是否按规定贴上相应的危险品标志或贴有危险品标志的集装箱装载普通货时,危险品标志是否被清除。

(6)在检验集装箱箱体残损的同时,应注意观察铅封状况是否完好,是否断失。

任务四　进口集装箱船舶理箱作业

集装箱船舶每条作业线配备理货员一名,负责该条作业线卸船理货业务。另外,根据实际需要可增配理货员。每艘作业船舶每工班配备理货组长一名,负责本工班全船理货业务。

一、卸船前的准备工作

(1)现场理货机构根据公司业务部门和港方船舶作业计划,编制"理货船舶动态表",明确集装箱船舶理箱作业计划及注意事项,根据作业计划和特点合理配备理货人员。

(2)电子制单室操作员负责向船代或船公司索取"进口舱单"、"集装箱积载图"等理货资料或接收船代、船公司等单位提供的电子数据。对船代或船公司提供的理货资料,操作员要负责审核验收,并进行签名确认。或将船舶理箱电子信息导入理箱操作系统。当发现信息资料不符时,应及时与船代、船公司联系、处理,并记录和落实相关事宜,做好卸船理箱准备。

审核"集装箱进口舱单"和"集装箱积载图"等资料时要注意,以"集装箱进口舱单"上的数据为准,因为"集装箱进口舱单"是集装箱船舶理箱依据。

(3)理货组长接受理箱任务后,备齐理箱资料和设备,带领理货员于船舶卸船前抵达作业现场。理货人员进入现场,必须统一着装,佩戴好安全帽。

(4)登轮后,理货组长向船方索取相关理箱补充资料,并了解装港和航行途中情况,征询船方对卸船理箱工作要求和注意事项,重点是验残方法和要求,并将卸船理箱资料核对结果、了解的情况和工作要求记录在"单船记录"上。理货组长根据港方卸船安排和所掌握理箱作业船舶情况分派理货员工作,提出工作要求。

二、卸船过程中的理箱工作

(一)理货组长

(1)记录船舶作业的开工时间。通常将工人开始拆第一个紧固件的时间,作为船舶作业开工时间。

(2)及时掌握加卸、减卸等变更信息,对舱单信息的变更,应取得船代的书面确认,并在"单船记录"上登记变更结果。

(3)检查前一工班理箱工作结果情况,核对所填制的理箱单证或理箱信息处理是否准确,发现不合格单证立即纠正,将不合格单证销毁,并做好记录。发现箱号信息不准时,及时联系有关方予以解决,并将结果报告现场理货机构。

(4)在理箱作业过程中,检查作业情况,指导理货员工作,及时掌握情况,解决有关问题,并做好相应记录。

(5)根据理货员制作的"理箱单"或确认的已卸船集装箱信息,圈销"积载图"或在有关理箱资料上做类似标识和处理。

(6)根据工班所理箱量制作理箱"日报表",日报表上所卸集装箱箱量、夜班箱量要准确,单证内容完整、正确,核对无误后按照与船方商定的时间报送船方或其代理。

(7)卸船过程中,由于船方原因造成理货员停工待时,理货组长应根据理货员提供的记录,填制"待时记录",取得船方签认。

"待时记录"可随时发生随时签认,但考虑到会发生全船待时,需要计算理货组长待时时间,可与船方协商,一工班一签。

(8)进口集装箱舱单标明装港交接方式为 CFS 时,完船签证时,应在"理货业务凭证"相应栏目内注明 CFS 箱的箱型尺寸和数量。

(9)当发生出舱翻舱时,应取得船方书面确认,及时将纸面清单交理货员卸/装船时核对,或将出舱翻舱信息导入理箱操作系统。当发生舱内翻舱时,应填制"待时记录"提请船方签认。

根据理货员记录的集装箱翻舱移动前、后的位置,在"积载图"上调整翻舱后实际积载位置。

(10)根据"理箱单"上的作业时间及批注的节假日、夜班作业情况记录附加费项目,并在"日报表"上加以注明。

(11)在理箱过程中,应保持与船方、港方等方面的联系,协调解决有关业务问题,及时向现场理货机构汇报船舶理箱情况。对无"进口舱单"而确需在本港卸下的集装箱,按溢卸箱处理;对有"进口舱单"而在本港卸货时未发现的集装箱,按短卸箱处理。

(12)工班理货结束时,汇总本工班船舶理箱作业情况,核对结果,制作相关单证,并做好交接班工作。

(13)交接班时,应交清理货资料和设备等情况,交班内容要记录在"单船记录"上。

交班理货组长除应向接班理货组长口头交清卸船单证资料,卸船要求和注意事项,交清已卸和待卸集装箱数量及装载位置,已检验单证和未检验单证份数外,还应用文字在组长交接班记录上标识。理货员全部交接完毕,均离船后方能离开岗位。

(二)理货员

(1)在船舶甲板或码头前沿安全岗位上对照纸面 BAY 图,手持理箱无线终端(RDT 或 PDA)设备,逐一核对、记录卸船集装箱箱号,识别箱型,检查封志和箱体状况,分清工残或原残,及时将集装箱的卸箱信息报告理货组长。

如没有手持理箱无线终端时,理货员根据积载图或卸船清单,逐箱核对集装箱箱号,检查箱体和铅封是否完好,逐箱圈销已卸船集装箱箱号。圈销时应注意,每个理货班组应使用统一规范的标识。

(2)发生待时情况,理货员应做好记录并及时报告理货组长。

(3)发现实际卸船箱号与"积载图"或"进口舱单"箱号不符时,理货员应做好记录,应及时通知船方人员验看,告知港方人员,并报告理货组长协助解决。如确定卸下,需将实际箱号记录在积载图/卸船清单该箱位旁并取得船方的签认。

（4）发现集装箱箱体残损、封志断失等情况时，理货员应及时报告理货组长，通知船方验看，同时编制"集装箱残损记录"，交船方签认。对封志断失的集装箱由理货员施加封志，记录封号，同时编制"施封/验封单"或将封号记录在"集装箱残损记录"上。发现工残时，应做好"工残记录"，并通知责任方签认或按约定方式进行处理。

（5）发生出舱翻舱时，理货员应根据"出舱翻舱清单"，在"积载图"上做好标记，或在无线终端（RDT或PDA）上进行确认，并制作翻舱"集装箱理箱单"；对卸船过程中出现的舱内翻舱的集装箱，除了要标记集装箱在舱内移动前和移动后的位置外，还应记录翻舱时间，报理货组长，以便其编制待时记录。

（6）工班结束后，根据积载图/卸船清单上确认的所卸集装箱箱量、夜班箱量准确填制或打印"理箱单"，核对无误后交理货组长，与港方办理双边交接。

（7）交接班时，应交清理箱资料、设备及有关事项。

理货员必须以口头和书面方式进行交接，交接班内容记录在"舱口理货交接记录本"上。交接班时须做到"五交五接"：

①交任务：主要是重点舱；

②交情况：舱内情况、卸船要求和注意事项；

③交单证：积载图/卸船清单，其他理货单证，设备；

④交残损：验残方法、处理原残、工残的结果；

⑤交数字：交清已卸和待卸集装箱数量及装载位置。

（8）全船卸船结束时，应查看纸面BAY图或无线终端（RDT或PDA）设备中的航次卸箱信息，检查集装箱有无错卸、漏卸情况。

要查看BAY图上应卸的集装箱是否已全部被圈销，检查船舶每个BAY上余下的集装箱积载位置是否与BAY图一致。

（9）按理货组长要求做好其他工作。交班结束或全船卸船结束，理货员应向理货组长报告，征得同意后方可离开。

卸船理箱作业，如图8-8所示。

图8-8　卸船理箱

三、卸船结束后的理货工作

（1）全船理箱结束时，理货组长应记录船舶作业的完工时间，并及时办理交接手续。

（2）理货组长与港方核对全船进口箱数、残损、出舱翻舱等情况，检查是否有错卸、漏卸，发现问题，应及时解决。

（3）理货组长根据"理箱单"、"日报表"、"集装箱残损记录"、"待时记录"等单证汇总相应数据，制作"集装箱溢短残损单"、"理货业务凭证"及"理货结果汇总证明"等理货单证，核对准确无误后，与船方办理签证。同时，填写"征求意见书"，请船方对理货服务予以评价。

（4）当船方在理货单证上批注时，如批注与实际情况不符的，应说服船方更改批注内容。若船方坚持，应向现场理货机构汇报，按指示意见办理，并记录在"单船记录"上。

（5）在理货服务交付过程中，理货员应在理货组长安排下，协助理货组长办理签证。办完签证后，理货组长整理好全船理货单证和理货设备，带领理货员离船。

（6）理货组长负责将整理好的理货单证和理货设备交给现场理货机构，并汇报相关情况。

（7）现场理货机构业务人员应通过公司业务部门的批准，将完船的理货单证资料审核后，及时向有关部门分发，或及时发送相关卸船理货数据。

（8）现场理货机构应及时向公司业务部门上交完船的理货单证资料，存档备查。

业务部门对理货单证资料进行检查并做好相关记录，将不达标单证、不满意船舶艘次、数字不准确船舶艘次等进行登记，每月进行分类统计，计算出单证达标率、服务满意率、理货数字准确率、理货船舶到数率。

任务五　出口集装箱船舶理箱作业

集装箱船舶每条作业线配备理货员一名，负责该条作业线装船理货业务。另外，根据实际需要可增配理货员。每艘作业船舶每工班配备理货组长一名，负责本工班全船理货业务。

一、装船前的准备工作

（1）现场理货机构根据公司业务部门和港方船舶作业计划，编制"理货船舶动态表"，明确集装箱船舶理箱作业计划及注意事项，根据作业计划和特点合理配备理货人员。

（2）现场理货机构电子制单室操作员负责向船代、船公司或港方索取经海关放行的相关理货资料和信息（装船清单、预配图等）。操作员审核"装船清单"和"出口集装箱预配图"，或将船舶理箱电子信息导入理箱操作系统，当发现信息资料不符时，应及时与船代、船公司或港方联系、处理，并记录和落实相关事宜，做好装船理箱准备。

（3）理货组长接受理箱任务后，备齐理箱资料和设备，带领理货员于船舶装船前抵达作业现场。理货人员进入现场，必须统一着装，佩戴好安全帽。

（4）登轮后，理货组长向船方索取相关理箱补充资料，征询船方对装船理箱工作要求和注意事项，并将装船理箱资料核对结果、了解的情况和工作要求记录在"单船记录"上。理货组长根据港方装船安排和所掌握理箱作业船舶情况分派理货员工作，提出工作要求。

二、装船过程中的理箱工作

(一)理货组长工作

(1)记录船舶作业的开工时间。

(2)及时掌握加载、退关等变更信息,发生加载时应及时向港方或船方索取加载预配资料;发生退关时,应取得有关方书面确认,同时通知理货员,并在"单船记录"上登记变更结果。

(3)检查前一工班理箱工作结果情况,核对所填制的理箱单证或理箱信息处理是否准确,发现问题,及时联系有关方予以解决,并将结果报告现场理货机构。

(4)在理箱作业过程中,检查作业情况,指导理货员工作,及时掌握情况,解决有关问题,并做好相应记录。

(5)根据理货员标识的预配图,制作"积载图",或打印无线终端(RDT 或 PDA)理箱系统生成的"积载图"。

(6)根据工班所理箱量制作理箱"日报表",并按照船方需要,及时提供装船进度情况。

(7)装船过程中,由于船方原因造成理货员停工待时,理货组长应根据理货员提供的记录,填制"待时记录",取得船方签认。

(8)装船清单标明装港交接方式为 CFS 时,完船签证时,应在"理货业务凭证"相应栏目内注明 CFS 箱的箱型尺寸和数量。

(9)当发生出舱翻舱时,应取得船方书面确认,及时将纸面清单交理货员卸/装船时核对,或将出舱翻舱信息导入理箱操作系统。当发生舱内翻舱时,应填制"待时记录"提请船方签认。

根据理货员记录的集装箱翻舱移动前、后的位置,在"积载图"上调整翻舱后实际积载位置。

(10)根据"理箱单"上的作业时间及批注的节假日、夜班作业情况记录附加费项目。

(11)在理箱过程中,应保持与船方、港方等方面的联系,协调解决有关业务问题,及时向现场理货机构汇报船舶理箱情况。

(12)工班理货结束时,汇总本工班船舶理箱作业情况,核对结果,制作相关单证,并做好交接班工作。

(13)交接班时,应交清理货资料和设备等情况,交班内容要记录在"单船记录"上。

(二)理货员工作

(1)在船舶甲板或码头前沿安全岗位上对照纸面预配图,手持理箱无线终端(RDT 或 PDA)设备,逐一核对、记录装船集装箱箱号,识别箱型,检查封志和箱体状况,分清残损,标识实际装船积载位置。理货员应及时将标识的预配图交理货组长,或将确认的装船 BAY 图信息及时发送。

(2)当发生待时情况,应做好记录并及时报告理货组长。

(3)当发现实际装船箱号与"预配图"箱号不符时,应通知港方暂停装船,报告理货组长联系有关方面解决。

(4)当发现集装箱箱体残损、封志断失情况时,原则上不允许装船,应及时联系有关方处理,并报告理货组长。如港方和船方同意装船,应编制"集装箱残损记录",取得港方签认后方可装船。

(5)当发生出舱翻舱时,理货员应在"积载图"(配载图)上做好标记或在无线终端(RDT或PDA)上进行确认,并制作翻舱"集装箱理箱单";舱内翻舱时,要标记集装箱在舱内移动前和移动后的位置。

(6)工班结束后,如实填制或打印"理箱单",与港方办理双边交接。

(7)交接班时,应交清理箱资料、设备及有关事项。

(8)全船装船结束时,应查看纸面预配图或无线终端(RDT或PDA)设备中的航次装箱信息,检查集装箱有无错装、漏装情况。

(9)按理货组长要求做好其他工作。

装船理箱作业如图8-9所示。

图8-9 装船理箱

三、装船结束后的理货工作

(1)船舶理箱结束时,理货组长应记录船舶作业的完工时间,并及时办理交接手续。

(2)理货组长与港方核对全船出口箱数、残损、出舱翻舱等情况,检查是否有错装、漏装,发现问题,应及时解决。

(3)理货组长根据"理箱单"、"日报表"、"集装箱残损记录"、"待时记录"等单证汇总相应数据,核对出口"集装箱清单"数据,制作"理货业务凭证"、"积载图"等理货单证,核对准确无误后,与船方办理签证。同时,填写"征求意见书",请船方对理货服务予以评价。

(4)全船理箱结束后,理货组长应及时办理交接手续,避免因理货原因影响船舶按时开航。

(5)当船方在理货单证上批注时,如批注与实际情况不符的,应说服船方更改批注内容。若船方坚持,应向现场理货机构汇报,按指示意见办理,并记录在"单船记录"上。

(6)在理货服务交付过程中,理货员应在理货组长安排下,协助理货组长办理签证。办完签证后,理货组长整理好全船理货单证和理货设备,带领理货员离船。

（7）理货组长负责将整理好的理货单证和理货设备交给现场理货机构。

（8）现场理货机构业务人员应通过公司业务部门的批准,将完船的理货单证资料审核后,及时向有关部门分发,或及时发送相关装船理货数据。

（9）现场理货机构应及时向公司业务部门上交完船的理货单证资料,存档备查。

任务六　集装箱装拆箱理货作业

一、装箱理货作业

1. 了解理货信息

装箱前,理货人员应提前向场站了解理货信息,作为装箱理货的依据。站内装箱,向场站索取场站装箱预配单或其他装箱资料作为理货依据。在装箱前如未能获得理货信息时,理货员可先将箱号、提单号、件数、标志、铅封号等实际装箱情况记录在装拆箱理货单上,装箱后再将资料补齐。站外装箱向场站索取厂家装箱后确认的装箱预配单(回箱单)。

2. 检查箱体状况

理货员应认真核对集装箱箱号、检查集装箱箱体是否完好。注意集装箱的密封性能、清洁度、箱内的平整程度以及是否有潮湿或异味等情况。发现箱号不符、箱体残损或异状,理货员应联系场站或发货人处理后再进行装箱理货。

3. 装箱理货

（1）理货员应核对站内装箱货物的标志、件数、包装等,进行箱边理货,逐件进行检查和核对,填制装/拆箱理货单,与场站办理交接签认手续。计算箱内货物重量,防止超重箱。

（2）理货员应协助场站指导工人做好箱内货物的积载工作。主要做好箱内货物的绑扎、加固、衬垫等工作,充分利用集装箱的有效容积,注意箱内货物的合理分布,保障货物安全。

（3）理货员应杜绝互抵性货物、性能不同的危险品同装一箱,以防止运输过程中造成货物损害或意外事故发生。

（4）理货员应做好拼箱货的装箱理货工作。核对货名,理清数字,分清标志,隔票清楚。对不同交货地拼装一箱的拼箱货物,应按先后顺序分隔清楚,先交后装,后交先装。

（5）发现装箱预配单数字与实际货物不符,以实际理货数字为准,制作装拆箱理货单,由场站人员签字认可。

（6）发现装箱预配单货名、标记与实际货物不符,通知场站不予装箱。

（7）发现场站提供的集装箱箱号与实际集装箱箱号不符,经场站确认后,以实际箱号为准。

（8）发现以空包装抵货的,一律剔除,按实际数字报数。

（9）发现货物包装不符、包装破损、货物致残,原则上需要换包装、换货,才能装箱。如发货人坚持装箱,理货员应在"装/拆箱理货单"上标明。

（10）一票货物分装多个集装箱,应按箱填制"装/拆箱理货单"。

（11）理货员应积极配合海关做好集装箱及所载货物的监管和查验工作。如发现走私违法行为,理货员应通知场站保护现场并及时报告公司通知海关处理。

4. 施封

装箱理货完毕后,理货员应及时施加铅封,施封时应与场站有关人员配合,检查箱内情况,共同防止偷渡情况发生。

对由于场站场地不平等造成无法关闭箱门及时施封的集装箱,理货员于合适时间施加铅封。

5. 办理交接

理货员应根据装箱的理货结果,正确编制装/拆箱理货单,注明装箱理货时间,将装/拆箱理货单送交场站人员签认。

6. 编制理货单、签批场站收据

(1) 站内装箱,理货员按照实际理货情况编制装/拆箱理货单,与场站计算机系统联网的,可通过本地计算机系统自动打印装/拆箱理货单,由场站人员签认。

(2) 对照装箱预配单(回箱单)或装箱清单签批场站收据。

(3) 检查场站收据有无海关放行章及官员签字、日期,缺一不可,发现异常及时报告海关。对场站收据上仅有验讫章的不能放行走箱。

(4) 检查场站收据船名、航次、提单号、货名是否与实际相符,对于不符的不予签批、放行入港,并通知场站、货代重新更改、报关。对个别字母打错,通知场站、货代 72h 内撤单、更改。

(5) 检查场站收据件数、重量、尺码是否与实际相符,对于不符的场站收据,应通知场站、货代撤单、重新报关。

(6) 理货员对"有纸报关,无纸放行"信息,应向场站索取纸面电子放行信息清单,作为海关放行依据。

(7) 理货员向场站索取站外装箱"回箱单"和站内"装箱理货单",与电子放行信息清单及装箱清单核对,数据不符,不得放行;数据一致,理货员应在入港单上加盖"已放行"章。

7. 加盖外理"已放行"章

理货员经核对海关已放行的场站收据无误后,在场站制作的入港单上加盖外理"已放行"章。并在场站收据登记表上登记、圈销。

8. 圈销场站收据登记表、填写理货台账

(1) 理货员收到海关已放行的场站收据和电子放行信息清单,按船名、航次将提单号登记在场站收据登记表上,入港单上加盖外理"已放行"章后,圈销登记表上的提单号,最后,累计箱数、票数、件数。

(2) 理货员在制作完各种理货单据后,应及时填写理货台账或通过本地计算机系统编制理货台账,作为当天工作纪实。

9. 汇总整理有关单据、存档

(1) 所有单据制作完毕,理货员应检查核对,按船舶汇总整理装订,填写或通过本地计算机系统编制装箱明细单。

(2) 理货员将已签批的场站收据一式四联(四联为装货单联、五联为大副联、五联副为外理留底联、六联为场站收据联)装箱清单、无纸放行清单、装/拆箱理货单、明细单、边检单等一并在船舶开航前送达外理装拆箱站部。

（3）站部业务员将不同场站、同一船舶的场站收据集中分类，四联、无纸放行清单及明细单留站部管理，保存满3年，作为有关单位查询或更改、增补舱单的依据；五联由三班理货组长交船方大副；五联副及装/拆箱理货单由公司计算机中心存档管理，保存满3年；六联交船代制作舱单。

（4）站部业务员将各场站送交的边检单和统计单分船整理，填写汇总单，完船前由边检单位人员取走。

10.结算费用

计算机中心计费人员根据理货员编制的"装/拆箱理货单"按部颁费率表计算理货费，向委托方收取。

二、拆箱理货作业

1.场站、码头、仓库理货

（1）了解理货信息：

①拆箱理货前，理货员应向场站索取进口集装箱舱单，据此制作进口集装箱拆箱货物登记表。

②理货员应在确认海关已放行后，才予办理拆箱理货。

（2）工作安排。各班负责人根据各箱站拆箱信息和资料，合理安排理货员进行理货。

（3）检查集装箱。理货员应对照舱单认真核对箱号、铅封号，检查箱体和铅封是否完好。如有异常，应及时出具集装箱货物溢短、残损单，提供给货主等单位。

（4）拆箱理货：

①CFS货拆箱入库，由理货员对照舱单核对箱号、铅封号进行监理，应认真核对提单号、品名、标志、包装，理清货物数字，分清货物残损，做好有关记录。

②CFS以箱代库，发货时由理货员箱边对照舱单核对箱号、铅封号盯箱理货，发出一票及时施封、锁。

③拼箱货物拆箱理货，理货员应认真指导工人做好箱内货物的分票工作，仔细核对各票货物的标志，理清各票数字，分清残损。

④CY箱在箱站拆提，理货员将参与理货，理货方法与CFS箱一致。

⑤对单货不符或有走私违法行为，理货员应通知场站保护现场并及时通知海关处理。

理货员拆箱理货作业，如图8-10所示。

（5）发货交接：

①货主提货时，理货员检查提货单上是否有海关放行章，无海关放行章不能发货。

②发现货物标志、包装形式与舱单不符，暂不能发货，需船公司发更改后，方能发货。

③箱内货物多票标记一样或无标记，暂不能发货，需货主同时到场，出具证明，方能发货。

④CY拼箱货，原则上全部通关、货主到齐后才能发货。

（6）制作集装箱货物溢短、残损单加盖业务章。

①对拆箱理货过程中出现的实际货物比进口集装箱舱单数字溢出或短少，理货员应制作集装箱货物溢短、残损单，加盖站部业务章，提供货主等单位。

②对拆箱理货过程中出现的原残货物,理货员应制作集装箱货物溢短、残损单,加盖站部业务章,提供货主等单位。

图8-10 理货员拆箱理货

(7)编制日报表、圈销进口集装箱拆箱货物登记表。

①理货员发货,按照提单号一票一圈销进口集装箱拆箱货物登记表。

②当天理货结束后,理货员要对照进口集装箱拆箱货物登记表编制进口拆箱日报表。

(8)编制进口拆箱月度报表。

①每月底,理货员根据进口拆箱日报表汇总编制进口拆箱月度报表,交站部。

②站部依据各场站上交的进口拆箱月度报表,汇总编制全站的进口拆箱月度报表。

(9)理货单证存档。站部收集、整理、审核各场站的进口拆箱理货单证资料归类建档,保存满3年。

2.场站外拆箱理货

(1)当海关提出查验要求或收货人提出到厂家拆箱理货申请时,由站部或值班主任根据就近、就快的原则合理安排理货人员前往理货,保证外出理货的顺利进行。

(2)在条件许可下提供《征求意见书》供收货人填写并回收。

(3)场站外拆箱理货作业程序同场站、码头、仓库拆箱理货作业程序。

3.费用收取

拆箱理货的费用,由站部按有关费率标准通过理货员向委托方收取。

课堂案例

案例:某理货员接受任务到某场站从事拆箱理货作业,现场拆箱箱号为 HNSU2027914,根据舱单显示:船名航次为 PATRICIA SCHULTE /1202N,提单号为 HPMELSHA2A46097-01 的货物件数为 197 件,提单号为 HPMELSHA2A46097-02 的货物件数为 198 件,提单号为 HPMELSHA2A46097-03 的货物件数为 199 件。打开集装箱后发现,三票货物都放在 9 个托盘上,并且托盘上货物标志为杂唛。最后经过与代理的沟通,了解到实际情况为境外装箱时把三票货物打成了 9 托盘,理货员据实制作了相关理货单证。

案例解析:通过本案例分析可以总结出一些理货经验。一是拆箱前需要核对好箱号、铅封号及拆箱前的箱体状况,箱内货物要根据理货依据显示的唛头、件数进行实物清点核对;二是发现拆箱数字有明显的溢短现象时需要及时联系仓库内理等相关方进行确认;三是对于溢出货物一定要详细记录好货物的唛头,区分货物的包装形式,拆箱过程中货物往往以托盘的形式出现,理货一定要以实际包装为计数单位。有时客户提单会显示小件数,如果客户需要货物的小件数量,可以要求客户申请理小数。

相关链接:装拆箱理货在多数理货公司是委托性理货业务,委托性理货业务更应当坚持好公正、准确的原则,维护好理货公司的信誉。鉴于有时装拆箱理货地点不固定,在装拆箱理货过程中,始终要把握住"理数"这一关键环节。例如在橡胶的拆箱理货过程中,要加强与拆箱工人的配合,在确定按照托盘计数的情况下,就要坚持每个货盘橡胶的"三定"堆码原则,确保理货数字的准确性。

【复习思考题】

1. 集装箱的类型有几种?
2. 集装箱标志有哪些?
3. 集装箱船舶的主要标志有哪些?
4. 集装箱航线的成因是什么?
5. 什么是整箱货和拼箱货?区别是什么?
6. 集装箱船舶箱位是如何表示的?
7. 在装载货物之前,应如何检查集装箱?
8. 货物装箱时应注意的事项有哪些?

【实践训练】

1. 练习集装箱箱号合法性的计算。
2. 练习集装箱理货终端的使用(RDT 或 PDA)。
3. 练习集装箱船舶积载图的编制。
4. 练习集装箱船舶装卸船理箱作业。
5. 练习集装箱装拆箱理货作业。

项目九　件杂货理货操作

知识要点

1. 装船理货工作程序。
2. 卸船理货工作程序。
3. 理货交接班的内容。

项目任务

1. 熟悉装船理货工作程序。
2. 熟悉卸船理货工作程序。
3. 熟知理货交接班的内容。

项目准备

1. 场地、工具准备：船舶理货模拟仿真系统、港口沙盘、船舶模型、各种理货单证、联系电话等。
2. 人员安排：学生按班制分组，每组安排理货组长 1 人，根据舱口数安排理货员 4~6 人，每班有当班业务员、值班队长各 1 人，大副 1 人；安排船代 1 人，港口单船指导员 1 人，港口库场理货人员、库场保管人员各 1 人。

相关理论知识

一、进口件杂货理货作业程序

(一)准备工作

卸船前，外理公司从船舶代理人处得到货物积载图、进口舱单等有关单证资料，由理货中心或当班理货队长整理登记后存档。理货队根据船舶作业计划在卸船前做好各项准备工作。

理货组长对全部单证资料进行核对，根据进口舱单在单船记录中编写消数表，依据进口舱单和货物积载图分舱编制装卸货物明细表(整船货物总计 10 票之内时，可不制作装卸货物明细表，由理货员直接对照进口舱单卸理货物)，准备好各种用品和理货工具，理货组长登轮与大副进行联系，了解以下有关情况：

(1) 货物在装港时的积载、衬垫、隔票、退关、溢短争议、保函、批注等情况。
(2) 装港、中途港、航行途中的天气和卸货情况。

（3）危险品、贵重品、使领馆物品等特殊货物及备用袋的装舱位置。

（4）船舶起货机、吊杆、重吊的安全负荷及是否适用等情况。

（5）与船方商定对残损货物的检验的处理方法：集中验残还是随发现随验残；是否都要签认"现场记录"后再起卸；卸后验残的范围等。

（6）对理货工作的要求和注意事项。

理货组长要将了解到的船方对理货单证、理货质量及卸货等方面的要求详细记录在《船方需求表》内，同时，提请船方签字确认。

对于登轮后方从船方或代理处得到进口舱单、货物积载图等单证资料的情况，理货组长应在单船记录本上做好登记，并按开工前的各项准备工作要求备好有关备用单据。

开工前，理货组长根据作业计划，分配舱口理货员，发放装卸货物明细表或进口舱单，并详细布置工作任务、交接方式、残损货物的处理方法及有关注意事项。

理货员准备好理货用品，登船接受组长分配的工作任务，接收舱单、装卸货物明细表等单据资料；检查舱内货物装载、隔票和货物外表、包装及残损情况，发现问题及时汇报。

（二）理货员进口理货作业流程

理货员根据不同货类和操作方式，采用不同的理货方法，分别在库场、甲板、舱内或船边进行理货计数，编制计数单。要坚守工作岗位，认真负责的操作，切实执行有关规章制度和登轮纪律。对大宗货物，要督促装卸工班严格执行定量、定型、定钩的"三定"规定。对所卸的货物，要认真核对标志，检查包装状况，发现异状、破损、污染、水渍、锈蚀、霉变、渗漏、反钉、开封等以及装舱混乱，隔票不清等现象，要编制"现场记录"，取得责任方的验看和签认。对船方原因造成的理货人员待时，要编制"待时记录"，对翻舱作业、困难作业、非一般货舱作业、节假日作业、夜班作业等要在计数单上注明。

工班结束后，理货员要检查作业线沿途有无掉包、掉件，如发现掉物要督促装卸工班及时将货归垛。与仓库理货员或收货人核对卸货数字并签认计数单，如双方数字不符，要当班查清，并报告理货组长；如查不清，不得随意更改理货数字，必要时可翻桩倒垛复核。对装卸工班未通知理货员而擅自卸下的残损货物，按工残货物处理。

理货员制作的各种理货单证，经核对签字后交理货组长。理货员在舱口或船边交接班，交接班要做到"五清"：

（1）舱内卸货进度和货物分隔情况要交接清。

（2）舱单、装卸货物明细表等单据资料要交接清。

（3）卸货要求和验残方法要交接清。

（4）卸货地点及注意事项要交接清。

（5）同一提单未卸数字和残损情况要交接清。

（三）理货组长进口理货作业流程

理货组长在卸货作业开始时正确记录开工时间，作业中经常巡视作业舱口，检查、了解舱口理货员的工作情况，必要时下舱掌握卸货进度，帮助理货员处理诸如隔票不清、货物残损等问题。

理货组长应保持与船方、港方等单位和人员的联系，在卸贵重、特殊货物及重大件时，应提前通知有关人员,并亲自到现场监卸、协助舱口理货员工作。

每工班结束,理货组长对理货员制作的计数单要逐份检查,逐票在销数表中消数,一票货物卸齐,将销数表中该票货物的总数圈销,并在消数栏注明"齐"字样,表示该票货物已卸到数;要详细记录当班工作情况;夜班结束时要根据24h计数单编制理货日报单提供给大副。

理货组长在交接班时要做到"五清":

(1)交清任务:配工会的要求,货物情况,重点舱口情况。

(2)交清情况:舱内隔票、积载情况,船方、货主、港方的反映及注意事项。

(3)交清单证:积载图、舱单、分舱单、计数单、现场记录、待时记录等。

(4)交清残损:验残方法,残损货物处理情况。

(5)交清数字:各舱货物剩余数,全船货物总余数。

临近完货时,理货组长应提前与仓库检算或内理组长核对整船卸货数字和残损等情况,发现问题,立即查明原因,采取措施解决。

货物卸完,理货组长应准确记录完船时间;下舱检查货物有无错卸、漏卸;指派理货员到码头、作业线沿途、道口、库场等处检查有无掉包、掉件和未归垛、未上账的货物;与库方、收货人逐票核对全船卸货总账;对制作的所有理货单证进行复核。

根据现场记录汇总编制"货物残损单";根据舱单、计数单及消数表编制"货物溢短单";制作"理货证明书"。确认上述单证准确无误后提请船方签字并按规定份数提供给船方。

在与船方办理签证时,船方如对理货数字提出异议,要求加批注,可根据公司"批注处理指导书"进行处理。如船方要求复核、重理,要采用检查理货单证,联系发货人等方式复查核实,并根据复查结果,向船公司提供复查单。

办完理货签证后,理货组长要征求船方对理货工作的意见,提请填写征询意见单,整理资料,清扫理货房。下船后,认真做好签证及归档理货单证资料记录,向理货队汇报全船理货和签证情况,递交该艘次全部理货档案资料。

二、出口件杂货理货作业流程

(一)准备工作

装船前,外理公司从船舶代理人处得到船方确认的货物配载图、出口舱单等有关单证资料;从发货人或其代理人处得到装(收)货单,由理货中心或当班队长整理登记后存档,班组根据作业计划在装船前做各项准备工作。

理货组长根据已收到的装(收)货单圈改舱单,根据舱单编制货物分舱单,根据舱单和货物配载图制作装卸货物明细表并对已放行票号予以圈注(整船货物总计10票之内时,可不制作装卸货物明细表,理货员直接对照装货单装理货物)。登船与大副进行联系、了解以下事项:

(1)卸货港港序,船上是否有过境货。

(2)对转口货、选港货的装舱要求。

(3)对贵重品、危险品、使馆物资等特殊货物的装舱、积载的要求。

(4)铺垫、隔票的要求。

(5)各舱吊杆的安全负荷量。

(6)对理货工作的要求和注意事项。

理货组长要将了解到的船方对理货单证、理货质量及装舱积载等方面的要求详细记录在《船方需求表》内,同时,提请船方签字确认。

理货组长与大副核对货物配载图。如发现配载不当或漏配的货物,主动提请船方调整。将了解到的情况详细记录在单船记录本上,介绍给理货员、装卸指导员。

对于登船后方从船方获取到货物配载图等资料的情况,由理货组长在单船记录上做登记,并按开工前的各项准备工作要求制作好有关备用单据。

理货员准备好理货工作用品,登船接受理货组长分配的任务,接受装货单、装卸货物明细表等单证资料,察看了解本舱情况,向装卸工班做有关情况介绍,提出要求。向内理或发货人分发装货顺序,并根据对不同货类理货方法的规定,与内理或发货人商定双边交接办法。

(二)理货员出口理货作业流程

理货员根据不同货类和操作方式,采用不同的理货方法,分别在舱内、甲板、船边或库场进行理货计数,填制计数单。由卡车、火车直接装船的货物,与发货人用小票或画钩计数等方法进行双边计数交接。经港区库场装船的货物,要根据与船方商定的不同的交接方法采用小票或双方库场点垛的交接方式进行双边交接。

作业过程中,理货员要坚守工作岗位,理清数字,确保数字准确。要根据装货单核对货物的港口、标志、包装、件数和外表状态。如装货单所列内容与实际货物不符,要联系内理或发货人处理,需要更改装货单内容时,应由发货人或其代理人报经海关核准重新出具装货单后方可装船。对船方原因造成的理货人员待时,要编制"待时记录",对翻舱作业、非一般货舱作业、节假日作业、夜班作业等要在计数单上注明。

作业结束后,理货员要认真检查货物垛底周围和作业线沿途,防止错装、漏装事故发生。如发现掉包掉件,立即联系装卸工组装船,与仓库理货员或发货人逐票核对已装船的货物件数,相互签认。

在货物已装船的装货单上,批明装船日期,实装件数和装载位置,与计数单一起交理货组长。

理货员在舱口或船边交接班,交接班要做到"四清":

(1)装货情况和船方要求要交接清。

(2)装货单中已装船的货物数字和剩余的货物数字及存放地点要交接清。

(3)舱内铺垫和隔票情况,以及加固、平舱和积载的要求要交接清。

(4)单证资料和注意事项要交接清。

(三)理货组长出口理货作业流程

装船过程中,理货组长根据开工计划,分配舱口理货员,发放装卸货物明细表或装(收)货单,布置装舱任务、装货的具体位置、铺垫隔票的要求和装舱积载的方法,理货员的岗位和计数交接方法,船方是否监装以及装货过程中可能出现的问题和处理方法,准确记录开工时间,作业中经常巡视各舱口,检查各舱装舱质量、铺垫隔票和理货员上岗定位、安全措施等情况,发现问题及时纠正解决。保持与船方、货方、港方的联系。港方和货方提出要求变更货物积载位置时,要事先征得大副同意后,方可变动。发现货物数字不符和货物残损时,要联系内理或发货人退补和进行修整。如无法退补和修整,要按实际情况批注在装(收)货单上,不得接受发货人出具的任何保函。

理货组长对装货过程中接收的装(收)货单,要随收随在单船记录上做登记,并及时圈改舱单,同时通知理货员圈注装卸货物明细表。当装货单全部收齐后,计算出全船和分港的总件数、总吨数。装(收)货单、出口舱单、船图三方面数字应完全一致。

每工班结束,理货组长根据理货员递交的计数单和实批装货单;绘制货物积载图;填写货物分舱单;夜班结束要同时编制日报单提供大副;对装货单上批注的日期、舱位、件数残损等内容核查无误后,提请船方签认大副收据;记录好当班工作情况。

理货组长在交接班时要做到"四清":

(1)各舱装货进度、卸港顺序及注意事项要交接清。

(2)装货过程出现的问题及处理方法要交接清。

(3)货物配载图、舱单、积载草图、装(收)货单等单证资料要交接清。

(4)船方对铺垫、隔票、加固、平舱等要求要交接清。

装船结束后,理货组长要准确记录完船时间;指派理货员检查作业沿途有无掉包、掉件,发现问题立即采取措施补救;与内理或发货人核对货物是否全部装上船,防止漏装;处理各种理货单证:

(1)复核理货员递交的最后理货计数单、实批装(收)货单。

(2)根据记数单、实批装(收)货单校正全船货物和分港货物总件数、总吨数。

(3)根据计数单,编制最后一份日报单。

(4)根据积载草图,绘制实际货物积载图。

(5)根据实批装货单完成分舱单的最后编制工作。

(6)汇总各项附加理货业务内容。

(7)编制理货证明书。

提请船方签字的单证有:货物积载图、理货证明书、收货单和待时记录,并与分舱单、日报单一起按规定份数提供给船方。

办完理货签证后,理货组长要根据公司规定征询船方对理货工作的意见,提请船方填写征询意见单,整理资料,清扫理货房。下船后,认真做好签证及归档理货单证资料记录,向理货队汇报全船理货和签证的情况,递交该艘次全部理货档案资料。

项目实施

任务一 模拟件杂货船舶理货操作程序

2012年12月29日(星期六),塞浦路斯籍"瑞克麦斯-青岛"(RICKMERS-QINGDAO)轮第82航次在青岛卸货,18时开工,全船共卸杂货30票,14700件,计2500t,全船于2013年1月2日结束,各舱情况如下:

HATCH NO.1:29日18时至22时,卸2000件,其中有200包鱼粉结块,29日22时至30日06时卸3000件。

HATCH NO.2:29日22时至30日06时卸4500件,其中因舱内有过境货500件须出舱翻舱(24时至02时卸地,05时至06时装上船)。

HATCH NO.3:29 日 18 时至 22 时卸 3000 件,29 日 22 时至 30 日 02 时卸 200 件,其中有 10 件钢板每件长 12m,重 10.5t,5 件设备每件重 10t,长 12.5m。

HATCH NO.4:有 4 票橡胶 2000 包,在装港全部混装,于 2013 年 1 月 1 日 22 时至 2 日 04 时卸下。

请模拟此船卸船理货操作程序。

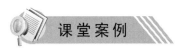

课堂案例

案例:"长崎海运"船某航次在湛江港集司码头装载袋装硅锰,该船装货过程中,某日交接班时,NO.2 舱的前部还有装货单 S/O 4 余下的 11 袋硅锰未装船,理货员甲将此情况交给理货员乙,理货员乙接班后,先是简单的通知了一下装卸指导员 11 袋硅锰的装舱位置,然后在未通知理货组长的情况下就去货垛查看下一票货物情况。然而就在这个时间段内,装舱的工人未将这 11 袋硅锰装在 2 舱前部而是装到了 2 舱后的底部,并把下一票货物——装货单 S/O 2 的硅锰装压在其上面。第二天理货员乙交班后,由于货主原因,装货单 S/O 4 的硅锰需要退关,货物卸地后经清点发现只有 389 袋,少 11 袋。后经了解工人才找到装在 2 舱后底部的 11 袋硅锰,就是因为这 11 袋货物的寻找和翻捣,耽误了较长的时间,延误船舶的开航。

案例解析:装船理货过程中理货环节较多,理货人员应随时掌握理货进度和变化,及时把握工作重点和关键点。这对于保证整个装卸过程的顺利确保理货质量非常重要。本案例中问题主要是理货员乙没有把握好指导和监督工人正确装舱积载的重要环节,致使工人装载错误后没有及时发现和纠正,造成了货物的翻捣和时间的延误。通过进一步分析,导致本案例监督装舱失控的主要原因有:一是接班时理货员、理货组长对于 11 袋硅锰未装这种容易疏忽或出错的事情没有引起重视和关注,理货员虽然告知了指导员但没有重点强调,也没有跟踪;二是没有把握住舱口理货的关键点,尤其在一票装载完毕时,舱口理货员应重点关注货物积载位置及隔票情况,理货员乙没有做到及时盯靠;三是理货员与理货组长的配合有待加强,理货员因故离开岗位或转换理货地点时应通知理货组长,确保对于装卸生产的有效管理和关注。理货组长在作业过程中应当加强对理货员的业务指导和重点环节及业务的提醒或检查。

【复习思考题】

1.在装卸船前,理货长要掌握哪些情况?
2.在装卸船过程中,理货长和理货员各自的业务有哪些?
3.在装卸船结束时,理货长和理货员要做哪些工作?
4.装卸船过程中,理货长和理货员各自交接班的内容是什么?

【实践训练】

练习件杂货进出口理货作业流程。

项目十　理货单证缮制

知识要点

1. 理货单证的种类和格式。
2. 理货单证的编制要求。
3. 理货单证的填写规范。

项目任务

1. 熟悉常用的理货单证种类和格式。
2. 熟悉理货单证的编制要求。
3. 掌握常见理货单证的填写规范。

项目准备

1. 场地、工具准备：船舶理货模拟仿真系统、货物模型、港口沙盘、各种空白理货单证等。
2. 人员安排：学生按班制分组，每组安排理货组长1人，根据舱口数安排理货员4~6人，每班有当班业务员、值班队长、值班副队长各1人。

相关理论知识

一、理货单证的性质和作用

理货单证是指理货机构在理货业务中使用和出具的各项原始资料或证明，履行判断货物交接数字和外表状态的职能。理货单证是海关部门、保险公司、司法机关等部门经查验货物打击走私，依法征税，提供理赔，审理案件的一种重要文件和依据。

1. 理货单证的性质

理货单证是反映船舶载运货物在港口交接当时的数量和状态的实际情况的原始记录，因此，它具有凭证和证据的性质。这是因为理货单证是由货物在船、港交界处转移过程中的理货人员直接参与或亲身目睹，并且根据货物的实际情况所编制的，已取得了交接当事人承认的。如果理货机构是公正性或证明性机构，那么理货人员编制的理货单证，其凭证或证据就更具有法律效力。

船舶在港口装货或卸货，其实质是要把承运的货物交付给提单持有人或从托运人那里按装货单接收货物装船，运到指定港口交付给提单持有人。在货物装与卸、交与接的过程中，当事人有责任和义务对货物进行检查、核实，并对货物的数量和状态负责。这里的当事人是指船方、提单持有人、托运人和港方。理货人员受船方委托,在这期间担负与其合法身份相适应的职责,对货物的数量和状态进行理货和判断,确认其责任,并以理货结果制作相应的理货单证。这种理货单证具有凭证或证据的性质是顺理成章的,也是为国际航运界所公认的。

2.理货单证的作用

根据理货单证产生的过程和所具有的凭证或证据的性质,理货单证应具有以下几点作用:

(1)承运人与托运人或提单持有人之间办理货物数字和外表状态交接的证明。

(2)承运人、托运人、提单持有人以及港方、保险人之间处理货物索赔案件的凭证。

(3)船舶发生海事时,是处理海事案件的主要参考资料(主要是指货物实际积载图的作用)。

(4)港口安排作业、收货人安排提货的主要依据(主要是指货物实际积载图和分舱单的作用)。

(5)船舶在航行途中,保管、照料货物的主要依据。

(6)买卖双方履行贸易合同情况的主要凭证。

(7)理货机构处理日常业务往来的依据。

二、理货单证的种类和格式

目前,国际上还没有统一的理货单证,各国理货机构使用的理货单证种类、格式差异比较大,但几种基本的理货单证还是大同小异。下面介绍我国使用的理货单证(单证模板见附录B)。

1.理货委托书(Application for Tally)

理货委托书是委托人委托理货机构办理理货业务的书面凭证。由于我国对国际航线的船舶实行强制性理货,故此类船舶不需要提出理货委托书,理货机构就与船方自动产生了委托与被委托的关系。在国内沿海运输中,有的船公司与理货公司签订了长期委托理货协议书,也就没有必要按航次再提出理货委托书。

理货委托书由理货机构用中文和英文印刷两种文本,中文本供国内委托方使用,英文本提供给国外委托方使用。

2.计数单(Tally Sheet)

计数单是理货员理货计数的原始记录。在计数单的计数栏内,通常是按钩填写货物的数字。对于不同舱口的货物以及进口和出口的货物,都不能合编一张计数单。

计数单是判断卸船货物数字是否有溢、短,装船货物数字是否准确的唯一根据,是填写装货单/大副收据实装件数的依据。船方对计数单比较重视,在理货过程中,要经常检查理货员编制的计数单是否准确。

为了便于理货员提供计费的依据,在计数单的备注栏内印有计费项目。

3.现场记录(On-the-Spot Record)

现场记录是理货人员记载货物异常状态和现场情况的原始凭证。如发现进口货物在船上有原残、混装、隔票不清等情况以及船方原因造成的翻舱等,均应编制现场记录,现场记录是汇总编制货物残损单的依据。

4. 日报单（Daily Report）

日报单是理货组长向船方报告各舱货物装卸进度的单证。进口和出口货物不能合制一张日报单。日报单上的货物吨数为参考数，因为理货人员很难准确地计数出装、卸货物的吨数，但一票货物如发生溢、短，其质量应根据舱单或装货单做相应的更改。日报单上的货物件数是准确数，它是根据当班的计数单填写的。

5. 待时记录（Stand-by Time Record）

待时记录是记载由于船方原因造成理货人员停工待时的证明。即非装卸工人责任造成的船舶吊机故障、电源中断、舱内打冷气、开关舱、铺垫舱、隔票、拆加固等情况，致使理货人员停工待时，均应编制待时记录。

6. 货物溢短单（Overlanded/Shortlanded Cargo List）

货物溢短单是记载进口货物件数溢出或短少的证明。当整船进口货物件数无溢短时，仍需编制货物溢短单，在通栏内填写英文"NIL"字。货物溢短单由理货组长累计计数单，对照进口舱单汇总编制。

货物溢短单的编制，关系到船方的经济利益，必须经大副或船长签字。货物溢短单是收货人向船公司或保险人提赔的重要凭证。

7. 货物残损单（Damaged Cargo List）

货物残损单是记载进口货物原残情况的证明。由理货组长根据现场记录汇总编制。

货物残损单的编制，关系到船方的经济利益，必须经大副或船长签字。货物残损单是收货人向船公司或保险人提赔的重要凭证。

8. 分港卸货单（Discharging Report in Separate Ports）

分港卸货单记载两港分卸的同一票货物在第一卸货港卸货件数的证明。由理货组长编作为第二卸货港理货的依据。

9. 货物分舱单（Cargo Hatch List）

货物分舱单是分港分舱记载每票货物装舱部位的清单。一个卸货港编制一份，由理货组长根据装货单编制。

货物分舱单对卸货港制定卸船作业计划、安排车、驳衔接、库场堆存等，对卸货港理货，对船方掌握舱内货物情况都有重要作用。

10. 货物积载图（Stowage Plan）

货物积载图是出口货物实际装舱部位的示意图，由理货组长根据装船过程中变化，随时修改货物配载图而绘制成的。

货物积载图对船方了解货物装船情况和货物在舱内的积载部位，对卸货港安排卸船作业和卸货港理货工作，都有重要作用。

11. 复查单（Rechecking List）

复查单是理货机构对原理货物经过复查后出具的凭证。复查是船方或其他方要求进行的。复查的结果有两种。一种是与原结果相同，一种是与原结果不同。两种复查结果，都要对外出具复查单。

12. 更正单（Correction List）

更正单是理货机构更改原理货物结果的凭证。更正与复查的区别是更正是理货机构发现本身理货工作失误,主动地对外更正理货结果,而复查是应他方要求进行的,如证明原理货结果错误,则就主动地对外更正理货结果。理货机构对外出具更正单或复查单,一方面表明承认理货工作有失误,另一方面也表明理货机构的实事求是精神。

13.分标志单(List of Marks-Assorting)

分标志单是在卸船后分清混装货物标志的凭证。

边卸货边分清混装货物标志,或船舶离港前分清混装货物的标志,皆不编制分标志单。

14.查询单(Cargo Tracer)

查询单是向对方调查货物情况的单证。

查询单通常是在货物发生溢短现象时,由船公司或理货机构编制查询单,向船舶停靠港口调查货物有无错卸、漏卸、错装、漏装等情况,以澄清事实,挽回损失。

15.货物丈量单(List of Cargo Measurement)

货物丈量单是记载丈量货物尺码的单证。

丈量货物尺码,计算出货物体积,有两种情况,一种是理货机构为了准确收费的需要,主动地对货物进行尺码丈量,另一种是理货机构受委托方要求,开展对货物进行尺码丈量的业务活动。我国规定货物的 $1m^3$ 体积为 1 尺码吨。理货机构是按货物质量吨和尺码吨择大计费。

对货物的质量和体积,一般是按照进口舱单和出口装货单上的数字。但对有疑问者,理货机构可以进行实际丈量,并以丈量的数字为准。

16.理货证明书(Tally Certificate)

理货证明书是委托方确认理货工作的凭证。由理货组长编制。

理货证明书是理货机构向船公司或其代理人结算各项费用的依据。由于理货证明书上列明了进口或出口货物的总件数,因此,它在客观上又起到了船舶实际装卸货物总数量的交接作用。为了便于理货组长填写理货工作项目,在理货证明书上印制了各项内容。

三、理货单证的应用范围和编制要求

理货单证的应用范围极为广泛,涉及货物流通领域的各个环节,包括仓储、装卸、海运、监督管理、结汇、保险、索赔等;涉及货物的各个关系人,包括发货人、港口、船舶、海关、银行、保险、收货人等;还涉及国内和国外。

我国理货单证提供的对象主要是货物交接的当事人以及国家行政管理机关。其他有关单位是从货物交接当事人那里根据工作需要索取的。各种理货单提供的对象是不同的,计数单、现场记录、待时记录、日报单、理货证明书、货物积载图、货物分舱单提供给船方,货物溢短单、货物残损单提供给船方、港方、货方,其中货物积载图和货物分舱单还要通过船方或其代理人提供给国外卸货港。货物溢短单和货物残损单还要通过船代提供给船公司。船代作为船公司的代理人,为及时了解货物装卸情况和便于开展工作,理货机构必须向他提供理货证明书、货物溢短单、货物残损单和货物积载图等单证。

由于理货单证应用范围和提供的对象超越了一个国家的界限,进入了国际领域,因此,理货人员编制的各种理货单证,都要使用国际海运中通用的英文字母和阿拉伯数字。

由于理货单证集中反映了一个国家的理货业务水平,因此,在一定意义上也反映了一个

国家的工作水平。国际海员可以目睹一个国家的港口面貌和了解理货工作的情况,而国际上接触到理货单证的人,就会从理货单证的设计、印制,更主要地从理货单证的编制质量上,看待这个国家的理货机构的工作质量和工作水平。

由于理货单证流转范围广泛,使用价值较高,以及在国际航运界和世界各国港口都有较大影响,因此对理货单证的编制必须有严格的要求。本书只讲一般要求,具体要求由理货总公司拟定。

(1)理货单证必须如实反映理货结果和记录有关情况。要求数字准确,内容确切,文字通顺、精练、字迹清晰、工整,不得涂改。

(2)理货单证分英文和中文两种文本印制,对国际航线船舶和国外委托方申请的理货,填制英文本理货单证;对国内航线船舶和国内委托方申请的理货,填制中文本理货单证。

(3)在理货单证上书写内容和数字时,英文内容用英文印刷体大写字母表示(另有规定的除外);中文用印刷体正楷表示;数字用标准的(规范的)阿拉伯数字表示。数字需用大写时,用英文印刷体大写字母表示,如"5"为FIVE。要正确使用标点符号。

(4)理货单证上的计量单位要使用国家标准名称和符号,如:吨(t),千克(kg),长度(m),立方米(m^3),日(d),小时(h),分钟(min),人民币(RMB),小数位数的保留按照具体单证要求制作。

(5)理货单证上不用的印制内容,在其中部画一横线,表示不使用。不用的单一空格,在其中部画一横线,表示该空格内没有填写的内容。不用的连续空格,从第一行左端第一个空格起画一条水平线至右端最后一格,再向左端最后一行第一个空格画一条斜线,表示这些空格不使用。当某种单证上只有一横行空格时,则从该行左端第一个空格起画一条水平线至右端最后一个空格即可。

(6)编制理货单证所使用的一切文字,不得潦草书写,但理货人员签名和船方批注除外。

(7)编制的理货单证必须保持整洁、美观,不得涂改。

(8)编制理货单证一律使用钢笔或圆珠笔,不得使用铅笔等。

(9)理货单证共性内容要求如下:

①理货单证上的"分公司"栏,用中文或英文填写,如"青岛"或"QINGDAO"。公司在印刷单证时已在版上直接加进分公司名称的不需填写。

②理货单证上的"船名"栏,用中文或英文填写船名全称。

③理货单证上的"航次"栏,按该轮进口舱单或出口装货单标明的航次编号填写。

④理货单证上的"国籍"栏,按该轮注册国籍填写。

⑤理货单证上的"泊位"栏,按船舶实际停靠的泊位名称填写。

⑥理货单证上的"舱别"栏,集装箱船用贝位(BAY)表示。

⑦理货单证上的"编号"栏,按单证顺序编号,用数字表示,在最后一页的编号后加写"结束"或"END"字样,表示编号上的数字即为该单证的全部份数;当需要编号的单证只有一页时,在编号栏内填写"全"或"ONLY"字样。

⑧理货单证上的"日期"栏(含开工、完工、制单日期),使用八位数字表示,中文顺序为年、月、日,英文顺序为日、月、年,中间用短横线连接。如:二〇一三年三月二十六日,中文表示为2013年03月26日,英文表示为26-03-2013。

⑨理货单证上的"工作起讫时间"栏,按实际作业时间填写,使用四位数字加"至"或"TO"表示。如:二〇一三年三月二十六日八时至十六时工班,中文表示为2013年03月26日08:00时至16:00时;英文表示为08:00 HRS TO 16:00 HRS,26-03-2013。英文版跨日月可用斜杠表示如:2012年12月31日20:00至2013年1月1日07:30,英文表示为20:00 HRS TO 07:30 HRS,31/01-12/01-2012/2013(日-月-年)。

⑩理货单证上使用的数字用阿拉伯数字表示。而大于三位数时,用千分号断开。如:2,687;78,654等。

⑪理货单证上的数字用英文大写表示时,在第一个文字前写上"SAY",在最后一个文字后写上"ONLY",英文大写数字后面加有括号和具体数字。人民币均用"元"或"YUAN"表示,在第一个文字前写上人民币符号"￥",在最后一个文字后写上"整"。

⑫理货单证上的理货人员"签名"栏,由当值理货人员使用中文签字表示。字迹清晰可辨。计数单、理箱单、装拆箱理货单可使用理货人员的印章。

四、理货人员常用的附属单证

附属单证是指理货机构内部为了便于理货工作而使用的单证。理货人员在长期的工作实践中,总结出一套适合理货业务活动需要而有利于帮助完成理货工作的单证和报表。这些单证和报表不仅能帮助理货人员掌握货物的装/卸船进度,而且为核算理货数字,了解货物状况,制作理货单证提供了可靠的依据。下面我们介绍几种主要的附属单证。

1.分舱装货计划表

分舱装货计划表是理货长根据配载图按舱口分层次编制的全船受载货物装货顺序表,俗称进度表。

早期,我国出口杂货票数多,货种复杂,包装不一,中途挂靠港口多,而配载图又比较粗略、简单。在这样复杂的情况之下,如何将货物有条不紊地装上船,这是我们理货人员在工作中经常思索的问题。实践证明,只要理货长能事先根据配载图,按卸货港顺序、货物种类和性质、积载要求、包装式样、货物来源,分舱、分层地编制装货计划表,就能取得理货工作的主动权,就能指导货物有计划、有步骤地顺利装船,就能保证货物装舱质量和顺利完成理货工作。因此,编制进度表是完全必要的,也是行之有效的。其主要作用有:

(1)便于理货长指导全船理货工作和随时掌握装货进度。

(2)为理货长销账、查账提供了方便和依据。

(3)便利理货工作的顺利开展,防止和避免错装和混装,确保理货数字准确,保证货物装舱重量。

(4)便于发现配载图上的错配、漏配货物,以便及时采取补救措施。

(5)为编制实际货物积载图提供了可靠的依据。

2.舱口分唛单

舱口分唛单是根据进口舱单复制而成的,是舱口理货员理进口货物的主要依据和资料。舱口分唛单上的主要内容有:提单号或舱单号、货物的主标志、货名、件数、包装和质量等。

(1)制作舱口分唛单要注意以下几点:

①提单号或舱单号、货物的主标志、货名、件数、包装和重量等各项内容必须要与进口舱

单上相对应的内容完全一致。

②根据进口原始船图或进口分舱单,注明每票货物在舱内的位置。如一票货物被分装在几个舱口或层次,则应分别注明舱位和件数。

③如一票货物内有两种或两种以上包装式样时,则应分别注明其件数和质量。如有定量成捆或成组货物时,则应注明其定量件数。

④对贵重品、危险品、重大件、保密物资等,应加以注明,以便理货员在理货时加强检查和予以特别照料。

⑤如进口货物中附有备袋、备件、附件时,应在备注栏内加以说明。

⑥在舱口分唛单上要标明货物的总件数和总质量,务必与进口舱单上的总件数和总质量相一致。

(2)制作舱口分唛单的主要作用:

①使理货员能事先了解和熟悉卸船货物的情况。

②为理货员核对货物标志,理清货物件数,检查货物残损提供了依据。

3.销账进度表

销账进度表是理货员根据卸货计数单记录每工班卸货件数和状况的一览表。

理货长为了清楚地掌握每工班卸货件数和卸货进度,以便能随时与收货人或其代理人核对卸货数字,了解货物的溢短情况,就需要及时汇总每工班的计数单,于是就产生了销账进度表。

销账进度表的主要作用:

(1)记录每工班的卸货件数。

(2)便于理货长随时掌握全船的卸货进度。

(3)便于与收货人或其代理人核对卸货件数。

(4)作为编制货物溢短单的主要依据。

4.货物流向单

货物流向单是理货长根据计数单记录每工班现提货物件数和流向的一览表。它只适用于进口大宗货物。货物流向单上的主要内容有:提单号、工班日期、车驳号、货物件数、理货员姓名等。

由于大宗货物具有批量大、车驳现提多、货物流向广的特点,为了及时掌握现提货物的数字和流向,便制作了货物流向单。其主要作用:

(1)便于理货长掌握现提货物的数字和流向。

(2)便于分清现提货物发生理货差错时的责任者。

(3)便于与收货人核对现提货物数字和流向。

5.进口卸货分库/分驳交接计数单

进口卸货分库/分驳交接计数单又称三联单,它是理货机构与港口库场或驳船办理货物交接的内部凭证。每工班结束时,由理货员根据计数单上记录的标志、货名、件数和残损情况填制而成,经港口库场理货员或驳船老大签字后,各留一份,以作为双方货物交接的凭证。

项目实施

任务一　理货单证适用性选择

正确选择理货单据是编制理货单证的基础。请根据理货单证的理论知识,总结出件杂货理货、集装箱理箱、集装箱装拆箱理货作业各使用哪些理货单证。哪些单证是进口时使用的,哪些单证是出口时使用的,哪些单证是进出口两用的?请将相关内容填入表10-1。

表 10-1

理 货 项 目	使用的理货单证	使 用 范 围
件杂货理货		
集装箱理箱		
集装箱装拆箱理货		

任务二　集装箱理货单证的缮制

1.理箱单(Tally Sheet for Containers)

理箱单是船舶装卸集装箱时理货员记载箱数的原始凭证,是理货组长编制集装箱积载图、理货证明书和理货结果汇总证明的原始依据。

(1)理箱单上的"箱号"栏,按实际装卸的集装箱箱号填写,内容包括箱主代号、顺序号和核对数。

(2)理箱单上的"铅封"栏,进口箱可根据实际情况分别填写:完好(OK)、断落(BROKEN)、丢失(MISS)。

(3)理箱单上的"尺寸"栏,按集装箱实际规格分40ft(40′)和20ft(20′)分别填写。对非标准的集装箱,按实际尺寸规格填写。

(4)理箱单上的"重/空箱"栏,按集装箱实际情况分重箱(F)和空箱(E)分别填写。

(5)理箱单上的"备注"栏,在单证下方统计总数、细数,并注明夜班、节假日等附加作业项目。

(6)集装箱理箱单一般由电子制单室根据终端确认信息统计打印,无法打印的按照上述要求手工编制。

填制份数:一式两份,理货和船方/委托方各一份。

2.现场记录(On-the-Spot-Record)

现场记录是理货人员记录货物异常状况和现场情况的原始凭证。

(1)现场记录上的"情况说明"栏,填写集装箱的残损部位和状况等。

(2)现场记录上的"值班驾驶员"栏,由船舶值班驾驶员或责任方负责人签字确认。

填制份数:一式两份,理货和船方/委托方各一份。

3.日报表(Daily Report)

日报表是理货组长向船方报告货物、集装箱装卸进度的单证,由理货组长依据舱口理货员填制的计数单和理箱单汇总编制,每24h向船方提供一次(也可根据委托方的要求补充提供)。进口和出口的货物、集装箱不能合填一张日报表。

日报表提供的吨数仅供参考。

(1)本地装卸箱的日报表由电子制单室打印。

(2)对出舱翻舱和重装的集装箱,另行填制日报表,并分别列明"出舱翻舱"或"SHIFT-ING"和"重装"或"RELOADING"或"LOADED"。

(3)日报表填制完毕,由理货组长签字即可,无须船方签认。

填制份数:一式两份,理货和船方/委托方各一份。

4.集装箱溢短残损单

集装箱溢短残损单是记载集装箱箱数溢短和箱体残损情况的证明,由理货组长根据理箱单和现场记录对照舱单汇总编制,此单为一单两用。当整船进口集装箱无溢短、残损时,仍需编制集装箱溢短残损单。

(1)泊位栏如未完成移泊,按照完船所在泊位填写,如有特殊情况及时汇报。

(2)NIL写于斜线中间。仅有溢或短时,短或溢栏应划销,不加NIL。如无溢短而又因残损箱多,需做几份溢短残损单时,每份单证溢短栏都要写上NIL。

(3)溢短箱均需注明空重大小;短卸箱注明提单号;溢卸重箱需注明铅封号(特殊情况及时汇报)。

(4)卸前无舱单,溢短栏划销,不加NIL。REMARKS栏表述:NO MANIFEST BEFORE DISCHARGING。对国内船舶(含挂方便旗的)可酌情使用中文。

(5)溢短需加附表时,首先要用英文在溢短栏中表明溢短细数,并划销剩余格。REMARKS栏中表述:SEE ATTACHED LIST,对国内船舶(含挂方便旗的)可酌情使用中文。附表中也应包含第3项内容。

(6)进/出口溢短残损单在与港方核对后,在第二页右上角请调度员签字。

(7)进口溢短残损单第三页右上角要写上"船舶靠港时间,××××年×月×日×时×分"字样。内支线船舶需在前面注明。

5.待时记录

待时记录是记录由于船方原因造成理货人员停工待时的证明,由理货组长根据计数单备注栏内的待时内容汇总编制。

(1)CAUSE栏中应用英文现在分词形式。

(2)PERSON栏中人数一般不要超过2人,单个时间原则上不超过2h,中货代理的中远船舶单个时间原则上不超过1h,特殊情况除外。

(3)一般情况下,在日期栏下方注明总时间段,此时间段需覆盖待时长度,也可在起止栏分时段填写。

(4)待时作业时间段跨越白夜班或节假日时,需分多份单填制。

(5)中货代理的中集船舶需在起止时间栏中写明具体起止时间。

6.理货证明书

理货证明书是船方/委托方确认所完成理货工作的证明,是外轮理货分公司向船公司或其代理人结算各项费用的依据。

(1)开工、完船日期按照主栏项目(包含翻捣箱)的最早和最晚日期填写。

(2)UNIT 栏用单数表示。

(3)件杂货有附加项,若主栏不足,可在附加栏体现,主、附栏一定要分清。

(4)Stuffing/stripping of containers 栏卸货划去 Stuffing,其余保留;装货全部划去。

(5)RESEAL 需在证明书中体现,RESEAL 没有附加项。

(6)翻捣箱在主栏和附加栏中,都应表明其相应的大小空重细数,如翻捣箱全在一个时间段,附栏中可不注明细数。

(7)装箱时如装上船后又退关,作 LOADED & SHIFTING,其表示法同5。

(8)节假日、夜班作业英文要写全。如:HOLIDAY__CONT'S,NIGHT SHIFT__CONT'S。

(9)与调度对数后在理货组长签名下让调度签字。

7.交接班记录

(1)日期的表述为时间,年-月-日。

(2)若仅有一份,NO.填制"全"。

8.理货结果汇总证明(Certificate of Summary on Tally)

理货结果汇总证明是记载全船货物/集装箱经理货(箱)后最终反映全船理货结果的汇总证明,除反映理货结果外,还可对货物的数量、质量及有关情况,在情况说明处加以说明。

填制份数:一式三份,理货、海关和船舶代理人各一份。

9.集装箱积载图(Container Stowage Plan)

集装箱积载图由三个部分组成,即"贝位图"(Bay plan)、"综合明细单"(Container Summary)和"总积载图"(General Stowage Plan)。

(1)贝位图

贝位图是记录每个集装箱的实际箱号、质量等内容的分位置图,是填制"综合明细单"和"总积载图"的原始依据。正确标明卸箱港,按照国际航运惯例,每个箱位都要标明装箱港和卸箱港,卸箱港在前,装箱港在后,港口名称可用简略字表示。如:青岛-香港用"HKG EX QIN"表示。

①填写箱号要规范。箱主代号、顺序号和核对数之间稍留空隙。

②集装箱的重量填写在箱号下一行位置上。

③20ft 的集装箱一般采用奇数贝位表示,偶数贝位则表示 40ft 的集装箱,相对应的单数箱位用"×"划去。

④标明特殊规格或装有特殊货物的集装箱。除常规干货箱外,其他各种规格或箱型的集装箱均在贝位图上用相应的缩略字表明,如框架箱用 FR 表示;开顶集装箱用 OT 表示;超长、超宽、超高的集装箱也要注明。对箱内装有特殊货物的集装箱,如冷藏货用 RF 标明;危险品用 IMO 标明等。

⑤正确标明航次。按进口舱单或出口装货单(场站收据)标明航次号填写。

⑥结清各贝位的累计数字,便于填制"综合明细单"。

⑦贝位图上的同类内容或数据要保持在同一水平线或同一垂直线上。

(2)综合明细单。

综合明细单中应分清各卸货港的空重大小、特种箱(冻柜、危险品箱等)的箱数、吨数以及总箱数,吨数等内容。

(3)总积载图。

总积载图是全船总箱位分布图,能反映箱位总数和装卸港箱量分布情况,便于卸箱港安排作业计划。除了具体箱号之外,其他一切数据都能从总积载图上反映出来。

①标明受载箱位。原则上对定港支线集装箱船舶采用"F"或"E"字样表示,对干线集装箱船舶,一律用卸箱港英文第一个字母标明受载箱位。

②标明危险品集装箱。在总积载图上除了标上"IMO",并用实线连接积载箱位外,还要根据"装箱单"和"装货单",标明危险品货物的类别和国际危规的统一编号为"UN"。

③标明冷藏货物集装箱。除了标上"RF",并用实线连接积载箱位外,还要根据"装箱单"和"装货单",标明要求保持的温度,如要求保持零下18°,用 T-18℃ 表示。

④标明超常规尺寸的集装箱。对超长、超宽、超高集装箱,如果就受载箱位而言属超常规尺寸那部分,则用实线三角标明,此三角的底线要与受载箱位的一端连接。

⑤在全集装箱船运输中,如该船除集装箱外要捎带件货时,在总积载图上要用"B/B"字样标明,直线要指向积载位置,同时标明货物质量。

⑥集装箱空箱用英文大写字母"E"表示。

⑦总积载图上用"×"划去的箱位要与"贝位图上划去的箱位相一致"。

填制份数:根据需要确定填制份数,主要提供船方和船舶代理人。

10.单船报告表

(1)单船报告表中,在填报日期后加上:航次。如 VOY.0258W;右侧编号前填写代理公司和船公司名称,代理公司名称在前,船公司名称在后。

(2)国外装卸港栏填写航线。内支线标明装卸港;烟海船公司、金泉代理的釜山线船舶,航线要注明釜山。

(3)件数、吨数一栏按实际装/卸数填写。吨数栏保留一位小数;若有件杂货,件数和吨数的合计栏应包含件杂货(合计栏吨数及件杂货重量保留小数点后三位);合计栏不含翻捣箱的件数和重量。

(4)如有件杂货,票数栏填写件杂货票数,只有集装箱的不填。

(5)在情况说明栏左方填写的内容有:A 理进(出)口集装箱(细数);B 有件杂货的需填写:理件杂货××件/吨数,如超长超重件杂货,需标清超长超重的件数、尺码和重量(或见计数单、尺码单);C 如重施封,如:RESEAL:3 P'CS;D 有翻捣箱的填写:SHIFTING、RELOADING、(LOADED) SHIFTING/RELOADING:箱数(细数)/总吨数。

(6)在情况说明栏右方填写的内容有:A 残损箱数,需写明残损箱总数、队别残损数、理货员姓名、残损个数、理货组长姓名;B 翻捣箱数,需写明翻捣箱总数、队别翻捣箱数、讫止时间、细数。

(7)附两份电子打印的单船明细表,其中一份写出队别、组长(副组长)、待时情况;如有件杂货,需注明理货队、理货人员、时间等。

11.装/拆箱理货单(Tally Sheet for Stuffing/Stripping)

装/拆箱理货单是理货员记载集装箱内货物票号、数字和残损情况的原始记录,是编制集装箱货物溢短残损单的依据。在集装箱出口过程中,是集装箱堆场填制"装箱单"的参考资料。

(1)"装/拆箱地点":对门/门作业的,要填写装/拆箱地址和单位名称;对港区或理货设点货运站作业的,则要写明场站名称。

(2)"尺寸"栏:按所装/拆箱的实际集装箱尺寸规格填写(20′、40′、45′)。对特种集装箱,则要标明集装箱的类型代号,如冷藏箱用"RF"表示,框架箱用"FR"表示,开顶箱用"OT"表示,开边箱用"OS"表示,平板箱用"PF"表示,油罐箱用"TK"表示,超高箱用"HC"表示等。

(3)"铅封号"栏:按所装/拆箱的实际铅封号填写。对拆箱时发现的铅封断落或铅封丢失的集装箱,按实际情况填写。

(4)"残损情况"栏:填写拆箱过程中发现的原残件数和残损状况。

(5)装/拆箱理货单填制完毕,要取得收发货人或其代理人交接人员的签字确认。

填制份数:一式两份,理货和船方/委托方各一份。结合公司实际,目前公司只有拆箱业务,因此只需填制拆箱理货单。

12.集装箱货物溢短残损单(Outturn List for Containerized Cargo)

集装箱货物溢短残损单是记载集装箱内货物件数溢短和原残情况的凭证,是海关对箱内货物进行监管和有关方进行索赔的重要依据,此单为一单两用。集装箱货物溢短残损单根据装/拆箱理货单汇总编制,如盖分公司业务专用章后始为有效。对一票货物装多个集装箱,舱单列明分箱数字的,要按箱列明件数溢短和货物原残。

对卸船时铅封完好,拆箱前铅封断落、丢失或拆箱单位自行启封的集装箱,箱内货物件数短少和残损,由拆箱单位自行负责,理货人员不得为其填制含有上述短少或残损内容的集装箱货物溢短残损单。

集装箱货物溢短残损单内的各栏内容,其填制要求和方法与其他集装箱单证的填制相同。

填制份数:一式四份,理货、委托方各二份。

13.集装箱验封/施封记录(Record of Container Sealing/Seal-Examining)

集装箱验封/施封记录是记载集装箱封志完好状况和施封情况的凭证,是收取验封/施封费和封志费的凭证。

(1)"箱号"和"原铅封号"栏,根据舱单或收(发)货人提供的资料填写。

(2)"原铅封完好情况"栏,按铅封实际存在状况填写完好(OK)、断落(BROKEN)、丢失(MISS)等情况。

(3)"新加铅封号"栏,按重新施封的铅封号填写。

(4)单证填制完毕,要取得船方/委托方的签字确认。

填制份数:一式两份,理货和船方/委托方各一份。

任务三　件杂货理货单证的缮制

理货人员在件杂货装卸船过程中,经常需要制作的单证有计数单、日报单、现场记录、待时记录、货物分舱单、货物残损单、货物溢短币、货物积载图和理货证明书以及填制装货单。

一、一般要求

(1)选港货在积载图上的英文表示法:如在安特卫普、鹿特丹、汉堡三个港口间选择卸港,为 OPTION/ANTWERP/ROTTERDAM/HAMBURG。转港货在积载图上要用 W/T 加英文转港名称表示,如香港转港货为 W/T HONGKONG。

(2)理货单证上使用的词句和缩略语,如包装、舱位、残损、批注等,要用国际航运上通用的方法表示:

(3)理货单证上常用英文表示举例:N/N——NO NUMBER(无提单号);N/M——NO MARK(无标志);V/M——VARIOUS MARKS(各种标志);A/B——ABOVE MENTIONED(上述);N/R——NOT RESPONSIBLE(不负责任);P/L——PART OF LOT(部分货)。见下——SEE BELOW;见上——SEE ABOVE;见附单——SEE ATTACHED LIST;见备注栏——SEE REMARKS COLUMN。

(4)理货单证共性内容要求:

①理货单证上的"提单/装货单号"栏,按进口舱单或出口装货单上的实际编号填写。装货单号一般只填写数字。当实际货物上的标志丢失或与进口舱单上的标志不一致时,在提单号栏内填写"无编号"或"N/N"(NO NUMBER)。

②理货单证上的"标志"栏,按进口舱单或出口装货单上标明的主标志填写。当实际货物上的标志与进口舱单上的标志不一致时,在标志栏内填写货物的实际标志。当货物标志丢失或无标志时,在标志栏内填写"无标志"或"N/M"(NO MARK)。当因货物混装造成不能按票起卸货物时,在标志栏内填写"各种标志"或"V/M"(VARIOUS MARKS)。

③理货单证上的"货名"栏,按进口舱单或出口装货单上的主要货名填写,原则上使用名词单数形式表示。当实际货物上的标志与进口舱单上的标志不一致或丢失时,货名栏一般按"空格"的办法进行处理;但当货物名称十分明确时,货名栏内按实际货物名称填写。如:汽车为 TRUCK,钢板为 STEEL PLATE 等。

④理货单证上的"包装"栏,按照货物的实际包装形式填写,使用名词单数形式或缩略字表示。当一票货内含有两种以上的包装时,要按不同的包装形式分类填写。

⑤理货单证上的"卸货港"栏,按照载货清单或装货单上标明的港口填写,使用全称或缩略字表示。

二、单据缮制

1.计数单

计数单是装、卸两用单证,是分标志、记件数的原始记录。理货员要按不同舱口、层次,对现提、现装、进、出库场装卸船的货物分别制作。

(1)进/出:卸货应把"OUTWARD"划掉;装货应把"INWARD"划去。

(2)编号:按舱口和工班编号。

(3)船名:用英文或拼音字母填写全称。

(4)泊位:用英文或拼音字母填写船舶停靠泊位名称。锚地作业可填写"ANCHOR GROUND"或"ANCHORAGE"。

(5)舱别:不同舱别和舱位不能填在同一张计数单内。舱别分1、2、3……,在每个舱口要分清层次、前、后、左、右部位。如1,T,D,A即一舱二层柜后部等。

(6)库场、车、驳号:要填明操作过程。

卸货	装货
SHIP TO GODOWN	GODOWN TO SHIP
SHIP TO STACK YARD	STACK YARD TO SHIP
SHIP TO LIGHTER	LIGHTER TO SHIP
SHIP TO TRUCK	TRUCK TO SHIP
SHIP TO WAGON	WAGON TO SHIP

驳船作业要分清里、外挡操作。

"TRUCK"和"WAGON"要有所区别,"TRUCK"是指卡车运输,"WAGON"是指有车厢的货车。

操作过程改变,计数内容不能填在同一张单证内。

(7)工作起讫时间:两行中如同年同月同日可填写在两行中间,同因工班跨年、月、日的则须分别填写。填写年、月、日按英文习惯表示法填写。

(8)提单、装货单号:卸货用进口舱单号,把"装货单号"划掉。装货用装货单号,把"提单号"划掉。

(9)标志:装货按装货单上的主标志填写;卸货按进口舱单上主标志填写。如卸船货物实际标志与进口舱单不相符,按货物实际标志填写;货物无标志,按"NO MARK"填写,此时提单号栏内,应空白。

(10)包装:指包装式样,一律用英文缩写和英文单数填写。如 CASE:(C—)、BALE(B—)、DRUM(D—)、CARTON(C'TON)、BUNDLE(B'DLE)、PIECE(P'CE)、CONTAINER(CONT.)。

(11)计数:每空格填写每钩货物件数。一票货物数字结束后,在其最后一钩数字后面用一个⊗符号,表示截止。在小计栏内填上累计数。如有空格余下,则用>符号划去,表示以下空格不计数了。

(12)总计:只填写计数的总件数,不必填写包装名称。

(13)计数单上的"备注"栏,在所发生的项目前划一个"△"并记录发生的有关内容。

(14)备注。

①节假日:在我国法定节假日和每日后半夜工班,对外籍船舶、租船、中外合营船舶进行理货时,理货员应在"节假日"、"夜班"后面,分别写明所理货物的单号和件数。

②非一般货舱:指船舶吨井舱、油柜、水柜、行李舱、甲板房、邮件间、保险房、冷藏舱、首楼、尾楼、走廊等地方装卸货物时,理货员应在"非一般货舱"后而,分别写明所理货物的单号和件数。

③锚地:在港口检疫锚地、防波堤外或港池外各水域进行理货时,理货员应在"锚地"后面写明所理货物的单号和件数。

④融化、冻结、凝固、粘连货物和海事货物：在卸船作业中需要进行敲、铲、刨、拉等辅助作业的货物以及遇难船舶装载的货物，或从遇难船舶转卸到其他船上的货物进行理货时，理货员应在"融化、冻结、凝固、粘连货"、"海事货物"后面，分别写明说理货物的单号和件数。

⑤舱内或出舱翻舱：对于船方原因造成舱内货物翻舱时和由船方申请理货出舱翻舱时，理货员应在"舱内或出舱翻舱"后面，写明所理货物的单号和件数。

⑥分标志：由于船舶装舱混乱、隔票不清，使货物在卸船当时无法分清标志，只能卸船后在库场进行分标志时，理货员应在"分标志"后面，写明所理货物的单号和件数。

⑦待时：在船舶装卸过程中，由于船方原因造成理货人员待时．理货员应在"待时"后面写明待时原因和起讫时间。

填制份数：一式两份，理货和船方/委托方各执一份。

2．日报单

（1）填写要求。日报单由理货长根据每工班的计数单填制而成。

进出、船名、工作起讫时间等各栏的填写要求与计数单相同。

①编号：由于此单是从装货或卸货开始起至结束时为止，每工班连续使用。因此，其编号要用 L1、L2、L3……表示装货编号。反之，用 D1、D2、D3……表示卸货编号。

②货名：要根据每工班所装卸的货种，选择几种有代表性的货物名称填写。对零星杂货，则可归纳填写，对大宗货、散装货、冷藏货、危险品、重大件、贵重品等特殊货物，则要单独填写。

③舱、件/吨：根据各舱计数单上的总计数，分别填写，不分舱口层次。对非一般货舱的货物，则应在空白格内填写所装/卸舱位，且相应填写件数和吨位。

④本日小计：是填写本班各舱累计的数，要求横格和竖格的数字相一致。

⑤前日累计：是把前一工班日报单上各舱总计的各栏数字转抄在本工班日报单上的前日累计各栏内。

⑥总计：是填写本日小计和前日累计之和数字，要求横格和竖格的数字相一致。

⑦备注：主要填写需要说明的事宜。

（2）几点说明。

①注意跨年度的年、月、日制单英文方法：

例：31/01-12/01-2013/2014,（日）-（月）-（年）。

②卸船后物发生溢短时，最后一份日报单的总件数必须根据溢短货的件数做相应的调整，对溢短货物的质量也作相应的增减。

③装船货物发生退关时，应根据装货单上的退关件数和质量在日报单上做相应的更改。

3．现场记录

（1）船名、泊位、舱别、编号、工作起讫时间等各栏的填写要求与计数单相同。

（2）提单号、标志、货名：根据进口舱单，填写原残货物的提单号、标志和货名等内容。

（3）件数及包装：填写原残货物的件数和包装式样。

（4）情况说明：填写原残货物的受损情况和程度。

4．待时记录

（1）填写要求。

①单证各项内容的填写要求与计数单相同。

②舱别:是指停工待时的舱口,每次每舱口填写一项。

③人数:是填写停工待时的舱口理货员人数。原则上只能一个舱填写2人,其他舱填写1人,特殊情况除外。各作业舱口同时停工待时,方可计算理货长的待时人数。

④起讫时间:是指发生待时的当日,填写何时开始到何时终止,待时作业时间段跨越白、夜班或节假日时,需填制具体分段时间。

⑤时间:是填写待时从开始到终止,共计几小时几分。

⑥原因:是指船舶在装卸过程中,由于船方原因造成理货人员停工待时。包括:非工人责任造成的船舶吊机故障、起落吊杆、舱内打冷气、开关舱、平舱、铺垫、隔票、拆加固,或由于船方原因舱内翻舱等,致使装卸停止和理货人员待时,CAUSE栏中应用现在分词形式。

（2）几点说明。

①待时累计不足30min不计。

②各作业舱口理货员皆待时,方可计理货长的待时时间。

③全船待时时间汇总以后,尾数不足1h的,按1h进整。

④待时时间计算到船舶装卸工作终了为止。

5.货物分舱单

(1)填写要求。

①船名、航次、国籍、卸货港:根据载货清单相对应的内容填写。

②编号:根据单证的先后顺序填写1、2、3……

③开工日期:根据第一份计数单的开工日期填写。

④制单日期:根据制单完毕日期填写。

⑤装货单号、标志、货名、件数和包装、重量、容积:根据载货清单上相对应的内容填写。

⑥1~5舱的件数和积载位置:根据装货单上签注的实装数量和装舱位置填写。非一般货舱的货物,在空白的格内填写。

⑦小计:填写各舱货物的累计件数。

（2）几点说明。

①装货单上所列内容有更动,包括短装和退关,货物分舱单上要作相应的更动。

②货物分舱单上各舱的累计总件数必须与日报单和积载图上各舱总件数相一致。

③货物分舱单上各卸货港的累计总件数必须与积载图上各卸货港的总件数相一致。

④货物分舱单上各舱汇总的总件数必须与载货清单上的总件数相一致。

6.理货证明书

(1)进/出:装船理货把"进"划掉,卸船理货把"出"划掉。

(2)船名、航次、国籍:装船理货长根据载货清单填写,卸船理货长根据进口舱单填写。

(3)开工日期:根据第一份计数单上的日期填写。

(4)制单日期:根据制单完毕日期填写。

(5)理件货、数量、单位:按实际理货结果填写所理货物名称、数量和包装。

(6)办理散货单证、手续业务、数量、单位:散装出口货按装货单上列明的吨位填写数量和重量单位。散装进口货按进口舱单上列明吨位填写数量和重量单位。

(7)重箱和空箱、数量、单位:理集装箱时,按实际理箱结果将20ft和40ft空、重箱分别填入各自的箱数和单位。

(8)装或拆箱、数量、单位:装箱理货把"拆"划掉,拆箱理货把"装"划掉,且根据装或拆箱理货结果填写数量和包装。

(9)UNIT 栏用单数表示。

(10)件杂货有附加项,若主栏不足,可在附加栏体现。如超长、超重等。

(11)批注:填写与理货收费有关的事宜。

以上单证是理货人员理货中常用的单证,货物溢短单和货物残损单的缮制将在后面项目中介绍。作为理货人员理货过程中经常接触的单证,装货单的填写也起着至关重要的作用。

7.装货单

装货单不属于理货单证,它是属于远洋运输单证,但它跟我们理货有着密切联系,它是理货人员装货的凭证,是理货工作的依据之一。每当一票货物装船时,理货员凭装货单来核对实际货物的标志、件数、重量和卸货港名称。装船后,理货员即要核对计数单上的数字,如已按装货单如数装船无误,则理货员可在装货单上签注实装数量、装舱位置和装船日期,且签上理货员自己的姓名。然后连同收货单一起交船方大副签字,大副在收货单签名后,留下装货单,将收货单交回理货长转交托运人或货运代理人。由此可见,装货单与理货工作有着密切的关系,装船前是理货工作的依据,装船后是理货结果的证明,也是船方实际承运货物数量的证明,因此,装货单填写准确与否,将直接影响到承运人和托运人的经济利益。为此有必要对该单证的填写要求加以说明。

(1)装船日期。件杂货按货物实际装完日期填写。散货按开装日期填写。

在签注日期时,应避免以下两种情况:

①倒签日期。就是发货人要求理货人员将实际装船日期提前几天,以便在装货单的日期与信用证规定的装运日期相一致,而不影响结汇。我们认为这种要求是不合理的,也有一定风险,因此,应该尽量避免。

②预签日期。就是发货人要求理货人员在货物未装完之前,先签注装货单,以便结汇。这种要求也是不合理的,即使发货人出具"保证书",愿意承担一切风险,我们也不能接受。

(2)装舱位置。按货物实际装载位置填写。填写时,舱别要用阿拉伯数字表示,装载位置要用缩写英文字母表示。如3、L、H、F,即三舱底舱前部。若一票货物分装几个舱口,则应分别填写,如1、L、H×2000B/S,2、L、H×3500B/S,即一舱底舱装2000包,二舱底舱装3500包。

(3)实际数量。按实际装载件数填写。填写时,数量要用阿拉伯数字表示,包装可用缩写英文字母表示。若有部分货物退关时,除了按实装件数填写外,还应按退关原因分别在装货单上批注"SHUTOUT××P'KGES"或"SHORT SHIPPED××P'KGES"。

(4)理货员签名。用手写体签上自己的姓名。

课堂案例

案例:直布罗陀籍船舶"JI CHENG",VOY.1203N.于2012年9月30日,抵某港卸货,于2012年10月01日将完成卸货,具体如下:

2012年9月30日(星期日)08:00~08:30在锚地卸下甲板上的集装箱 E20×2(由于此船在航行过程中与他船碰撞,造成集装箱严重变形,代理已经提供海事报告),卸货过程中因妨碍青岛卸货,造成过境货集装箱翻捣 F20×4。

9月30日18:00靠泊港口U3区,18:00~22:00从5舱卸铸管120支(其中115支为单只,规格为DN400,单只重2t长6.15m;5支为套管,每只重10t,长8.15m)。卸板材159捆(每捆重1.5t,长12.05m)。

9月30日22:00~10月01日06:00从1舱卸铸管39支(为DN400的单支铸管),从3舱卸化肥774袋,空袋8袋,地脚9袋,从小房中卸200袋化肥。

10月01日06:00~12:00从2舱卸淀粉661包后,全船货物卸毕。

理货组长按照上述情况制作理货证明书。

案例解析:理货单证的制作需要根据实际理货生产情况结合相关要求,综合考虑非一般货舱、节假日、夜班等各项因素,才能正确制单,理货单证见表10-2。

TALLY CERTIFICATE 表10-2

(~~Inward~~/Outward)　　　　SHEET　NO.ONLY

Vessel:JI CHENG　Voy.1203N　Berth:U3　Nationality:GIBRALTAR

Tally commenced on　30-09,2012　Date of list　01-10,2012

This company has undertaken and completed the following work for you in process of delivery/taking delivery of cargo/containers and you are requested to sign this certificate in order to settle accounts in accordance with the regulations and standards governing fees collection issued by official organs.

No.	Tally items		Quantity	Unit	remarks
1	Break-bulk cargo		1961	P'KG	(1,961)P'KGS Tallied on Sundays/holidays (1,021)P'KGS tallied at night shifts
2	Containers (Loaded)	20'			
		40'			
	Containers (Empty)	20'	2	CONT	ALL HOLIDAYS.ALL SALVAGED. ALLANCHORAGE
		40'			
	~~Stuffing~~/stripping Of containers	20'			
		40'			
3	Tallypaper for bulkcargo				
4					
5	No-cargo hold		200	BAG	
6	Stand-by time				
7	OVER WEIGHT / OVER LENGTH		159	P'KG	
8	SHIFTING/RELOADING(F20×4)		4	CONT	ALL HOLIDAYS.　ALLANCHORAGE
9					
10					

Chief Tally:×××　　　　　　　　　　　　Master/Chief Officer/Entrusting party:

【复习思考题】

1.理货单证有哪些作用?

2.我国使用的理货单证的种类有哪些?哪些单证为进口使用?哪些单证为出口使用?哪些单证为进出口共用?

3.理货单证编制时的一般要求有哪些?

4.理货人员使用的附属单证有哪些?

【实践训练】

1.练习集装箱理货单证缮制:

(1)理箱单的缮制。

(2)现场记录的缮制。

(3)日报表的缮制。

(4)集装箱溢短残损单的缮制。

(5)待时记录的缮制。

(6)理货证明书的缮制。

(7)单船报告表的缮制。

(8)装/拆箱理货单的缮制。

(9)集装箱货物溢短残损单的缮制。

2.练习件杂货理货单证缮制:

(1)计数单的缮制。

(2)日报单的缮制。

(3)现场记录的缮制。

(4)待时记录的缮制。

(5)货物分舱单的缮制。

(6)理货证明书的缮制。

项目十一　船舶水尺计重

知识要点

1. 水尺计重概述。
2. 船舶基础常识。
3. 水尺计重的程序和方法。
4. 水尺计重系统程序使用说明。

项目任务

1. 掌握水尺计重的程序。
2. 掌握水尺计重的算法。

项目准备

1. 场地、工具准备：船舶理货模拟仿真系统、港口沙盘、散货船模型、联系电话等。
2. 人员安排：学生按班制分组，每组安排理货组长1人，根据舱口数安排理货员4~6人，每班有当班业务员、值班队长、值班副队长各1人；安排大副1人。

相关理论知识

一、水尺计重概述

水尺计重，俗称"公估"（Checking Draft），通过对承运船舶的吃水及船用物料（包括压载水等）的测定，根据船舶准确图表，测算船舶之排水量和有关物料重量，以计算载运货物重量的一种方式。

水尺计重是一项技术性较强的工作，要求水尺鉴定人员必须具备相当的数学、物理、船舶结构原理、航运等专业科学知识，以及一定的外语知识，要有公正立场，实事求是的工作态度，认真细致的工作作风。

水尺计重是一种比较科学的计重方法，被普遍采用。用途：交接结算、处理索赔、通关计税、计算运费。

1. 基本原理

（1）依据"阿基米德定律"原理，凡浸在液体里的物体，受向上的浮力作用，浮力的大小，等于物体所排开液体的重量。

（2）简单理解"曹冲秤象"。就是把船当作一个衡器，船上的水尺线就是刻度，但是必须校正。

— 150 —

2.水尺计重的特点和适用范围

(1)特点:简便、迅速、免除装卸货物损耗计算、鉴定费用较低。

(2)精确度:±5‰以内(影响因素有船舶图表的误差;风浪对观测水尺的影响;船体变形的影响;船舶大纵倾对测定压载水、燃料油、淡水的影响;主观因素)。

(3)适用范围:价值较低、过磅困难、大宗干散货物。

二、船舶基础常识

(一)船舶主尺度

船舶主尺度是表示船体外形大小的主要尺度,通常包括船长、船宽、船深、吃水和干舷。船舶主尺度是计算船舶各种性能参数、衡量船舶大小、核收各种费用以及检查船舶能否通过船闸、运河等限制航道的依据。

根据不同用途,又分为船型尺度(即设计尺度)、最大尺度和登记尺度。

1.船型尺度(见图11-1、图11-2)

为量到船体型表面的尺度,钢船的型表面是外壳的内表面,型尺度不计船壳板和甲板厚度,它是计算船舶干舷、稳性吃水差等依据的尺度,是水尺计重主要资料之一。包括以下几种:

(1)夏季满载水线长度 L_{SW}(Length on Summer Load Water Line),指通过夏季满载水线,从首柱前缘至尾舵轮廓线后缘的长度,也叫设计满载吃水线。

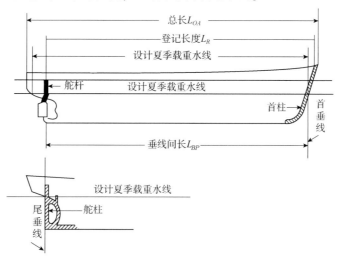

图11-1 船舶主尺度1

(2)两垂线间长度 LBP(Length Between Perpendicular),指平行于基线,通过夏季满载水线,自首柱前缘至尾舵轮廓线后缘的长度,也叫设计满载吃水线。

(3)首垂线 FP(Fore Perpendicular),指通过首柱前缘与夏季满载水线相交一点引垂直于基线的线。

(4)尾垂线 AP(After Perpendicular),指通过尾柱后缘和夏季满载水线相交一点引垂直于基线的线。

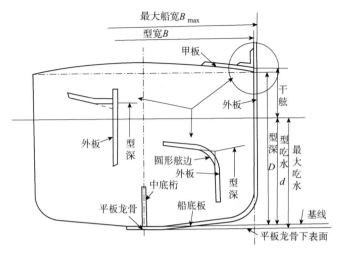

图 11-2 船舶主尺度 2

(5) 基线 BL(Base Line),指通过龙骨上缘与设计水线平行的直线。

(6) 型宽 B(Moulded Breadth),指船中处两线肋骨外缘间的水平距离(不包括船壳铁板)型宽也叫设计宽度,如图 11-2 所示。

(7) 型深 D(Moulded Depth)指船中处得船舶深度,即从龙骨上缘(基线)指露天甲板衡量上缘的垂直距离。

(8) 型吃水 d(Moulded Draft),指船中处自龙骨上缘(基线)之夏季满载水线的垂直距离,也叫设计吃水。

2. 最大尺度

最大尺度为包括各种附属结构在内的,从一端点到另一端点的总尺度。包括总长度(LOA)、最大宽度(B_{max})、最大吃水、水线上最大高度等。它是船舶在营运中停靠泊位,通过船闸,船坞,桥梁外界条件的主要参考数据。

3. 登记尺度

登记尺度为船舶注册国丈量船舶,决定船舶大小的尺度。包括登记长度(LR)、登记宽度以及登记深度。它是专门作为计算吨位、丈量登记和交纳费用依据的数据。

(二)船舶干舷,载重线及水尺标志

1. 船舶干舷(Free Board)

法定干舷高度,是指船中处从甲板线上缘向下量至载重线的上缘的垂直距离。船舶干舷的作用在于为使船舶既能装载尽可能多的货物、又能保证船舶安全,船舶满载后,水线上仍有一部分水密空间,也就是具备一定的储备浮力,一般情况下约占船舶满载排水量的 20%~50%。

2. 载重线标志(见图 11-3)

为了保证船舶在不同航区、不同季节航行的安全,而又能最大限度地利用其载重能力,规定了最低干舷高度(即最大限度吃水),在船舶两舷按规定刻绘载重线标志。

(1) 甲板线。是一条与甲板重合,长 300mm,宽 25mm 的水平线。甲板线勘划在船中两舷,其上边缘一般应通过主甲板上表面向外延伸与船壳板外表面相交点。对于散装船,因其舷缘为圆弧,勘划困难,其甲板线可勘划在船中两舷某一适当位置。

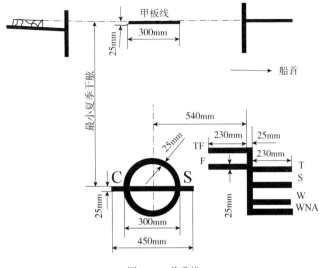

图 11-3 载重线

(2) 载重线圈和横线。载重线圈也称为保险圈。圆环半径为 300mm，圆环线宽 25mm，与圆环相交的一条水平横线，长为 450mm，宽为 25mm，水平线的上边缘通过圆环的中心。圆环的中心位于船中，从圆环的中心到位于甲板线上边缘的垂直距离，等于所核定的夏季干舷，在圆环两边加汇"Z""C"表示勘定干舷的主管机关是"中华人民共和国船舶检验局"。

(3) 载重线。船舶按其航行区带、区域和季节确定了各种载重水线，每一载重水线均为长 230mm，宽为 25mm 的水平线，与一根位于圆环中心前方，长 540mm，宽为 25mm 的垂直线相垂直。各载重线的上缘，就是船舶在不同区带，不同区域和季节期中所允许的最大装载吃水限定线，也表示相应情况下船舶所允许的最小干舷。各载重线名称如下：

①热带载重线。以标有"R"或"T"的水平线段来表示。

②夏季载重线。是以标有"X"或"S"的水平线段表示。该水平线的上边缘延长舷通过圆环中心。

③冬季载重线。以标有"D"或"S"的水平线来表示。

④冬季北大西洋载重线。以标有"BDD"或"WNA"的水平线段来表示。对于船长超过 100m 的船舶，不必勘划此线。

⑤夏季淡水载重线。以标有"Q"或"F"的水平线段表示。

⑥热带淡水载重线。以标有"RQ"或"TF"的水平线段表示。

以上①~④条线段画于垂直线船首方向。⑤、⑥两条线段画于垂直线的船尾方向。

3. 水尺标志(Draft Marks)

船舶水尺标志如图 11-4 所示。

船舶吃水是指船舶进入水中的深度，其入水深度随货物装载重量的大小而变化。一般海船在首、尾的左右两舷对称绘有吃水标志，水尺标志是以数字(公制一般以阿拉伯数字、英制以罗马数字)表示船舶吃水大小的一种记号，公制每个数字高 10cm，英制每字高 6in，看船舶水尺(见图 11-5)的精确读数均以字体的底缘为准。

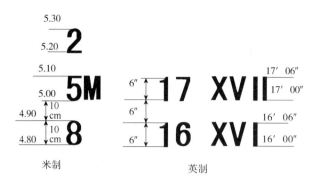

图 11-4　船舶水尺标志

图 11-5　船舶水尺

(三) 排水量及载重量

运输船舶的重量性能包括以吨计的船舶满载排水量、轻载排水量，总载重量和净载重量。船舶排水量是指船舶在任意水线下排开同体积水的重量，也等于该水线时的船舶总重量 WL 及总载重量 DW 之和，其关系用下式表示：

$$W = WL + DW$$

1. 排水量

排水量可分为以下几种：

(1) 满载排水量。ΔS 指船舶满载时吃水达到某一满载线时的排水量。

(2) 轻载排水量。ΔL 指船舶装备齐全但无载重时的排水量，即空船排水量。(不包括水油舱内的燃料、淡水、压舱水)

2. 载重量

(1) 总载重量 DW。即任何装载水线时的排水量。

(2) 船舶的载重量。是指船舶满载时，所在的客、货、油、水和其他消耗品的重量的总和。显然，船舶总载重量等于满载排水量减去轻载排水量。

$$DW = \Delta S - \Delta L$$

(3)净载重量 NDW。是指船舶在具体航次中所装货物的重量。即从总载重量中扣除燃料、淡水、压载水及常数。这些重量随航行距离和补给方式而异,因此,常称为可变载荷。

3.船舶的重量组成

满载排水量 ΔS(船舶总重量 W):

(1)空船排水量 ΔL(空船重量 WL)。

(2)总载重量 DW。

①净重量 NDW;

②燃料、淡水、压舱水等;

③船舶常数(所谓船舶常数是指经过营运以后的空船重量与新船出厂时的空船重量的差值)。

a.粮食及备品、船员及行李;

b.库存机件、器材、废旧物;

c.污油、积水、污泥、沉淀物;

d.船体附着物。

(四)有关图标及使用

1.静水力曲线图(Hydrostatic Curves Plan)

静水力曲线图(见图 11-6)综合的提供在静止正浮状态下任何吃水时的有关船舶特性的一组曲线,因此又称船性曲线图。它是由船舶设计部门绘制,供船员使用的一种重要技术资料。

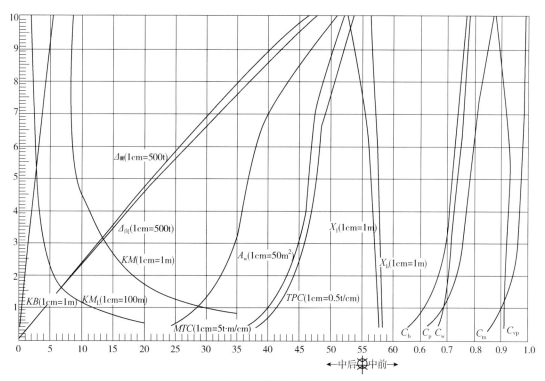

图 11-6 静水力曲线图

在曲线图中,纵坐标表示船舶不同的平均吃水,横坐标表示各项静力性能的标尺,用每厘米表示一定的数值,主要有以下几条曲线:

(1)排水量曲线。排水量曲线表示船舶排水量随吃水的增加而增大的规律。分为淡水和海水排水量曲线。

(2)漂心距中距离(Longitudinal Centimetre of Floatation from Midship)曲线。表示水线面积中心距船中的距离。

(3)厘米吃水吨数(Metric Ton Per Centimetre)曲线。简称T.P.C曲线(T.P.C曲线表示每厘米吃水吨数)表示船舶在某一吃水中,每增加或减少1cm吃水所能增加或减少的载重吨数。

以上曲线在水尺计量中经常使用。此外还有:排水体积(Volume of Disp Lacement)曲线;水线面面积(Areas of Waterplanes)曲线;漂心距船中距离(Longitudinal Center of Floatation From Midship)曲线;横稳心距基线高度(Trans Verse Metacenter Above Base Line)曲线;纵稳心距基线高度(Long Ludine Metacenoter Above Base Line)曲线等。

静水力特性参数表如表11-1所示。

静水力特性参数表   表11-1

型吃水 d (m)	排水量 Δ (t)	总载重量 DW (t)	厘米吃水吨数 TPC (t/cm)	厘米纵倾力矩 MTC (9.81kN·m/cm)	横稳心距基线高度 KM (m)	浮心距船中距离 x_b (m)	漂心距船中距离 x_f (m)
6.00	11860	6295	23.02	177.25	8.840	+0.164	-0.880
6.20	12340	6776	23.17	179.60	8.800	+0.120	-1.130
6.40	12820	7255	23.32	182.00	8.760	+0.068	-1.400
6.60	13280	7715	23.46	184.50	8.738	+0.015	-1.710
6.80	13760	8195	23.63	187.00	8.720	-0.048	-2.040
7.00	14240	8675	23.78	189.75	8.710	-0.114	-2.400
7.20	14710	9145	23.95	192.50	8.710	-0.192	-2.750
7.40	15200	9635	24.11	196.00	8.714	-0.280	-3.135
7.60	15680	10115	24.29	198.50	8.720	-0.370	-3.510
7.80	16180	10615	24.46	202.00	8.740	-0.483	-3.895
8.80	18680	13115	25.39	222.50	8.894	-1.050	-5.450

2.载重量表(Dead Weight Scale)

它是船舶建造时,根据排水量曲线图汇成的在不同吃水的排水量及载重量的数值表上,常用米和尺两种单位表示。

简单的载重表只列明水尺、干舷、海水载重量、每厘米吃水吨数。详细的载重表除上述外,还列明排水量、纵倾力矩、横稳心距基线高度以及海水或淡水、长吨或短吨等。载重表实际上是船舶静水力曲线的补充附件资料便于使用,如表11-2所示。

载 重 表   表 11-2

平均吃水(m)	海水排水量(t)	淡水排水量(t)	海水总载质量(t)	淡水总载质量(t)	厘米吃水吨数(t/cm)	厘米纵倾质量距(t·m/cm)	横稳心矩基线高度(m)	浮心距中距离(m)	浮心距基线高度(m)	漂心距中距离(m)	平均吃水(m)
	23000		17000			240	8.8	1.2	5.0	−2.5	
	22000	17000	16000		26.0			1.3			
900	21000							1.4		−2.0	900
			15000			230	8.7	1.5			
	20000		14000		25.5			1.6	4.5	−1.5	
	19000		13000			220	8.6	1.7			
800	18000							1.8		−1.0	800
			12000		25.0	210	8.529	1.9		−0.5	
	17000		11000					2.0	4.0		
	16000							2.1		0	
700				10000	24.5	200					

3.容积图(Capcity Plan)

容积图或船舶布置图(Arramgement Plan)上有纵剖面各层甲板,平面剖面的船舶外貌、主要舱室、并列明船舶的主要尺度,各货船及油水舱的名称部位、舱容等,在水尺计量中,主要用于纵倾状态下的重线修改。

4.水油舱计量表(Tanks Scale)

水油舱计量表主要用于根据水油舱存水油的不同深度,确定容量,然后换算成重量的表。

5.油舱校正表(Trim Correction Tarle of Tank)

油舱校正表主要用于水油舱纵倾状态下的修正。

6.纵倾排水量修正表(Trim Correction Table of Displacement)

纵倾排水量修正表用于纵倾状态下,排水量的修正。

(五) 有关舱位及管道

船舶的舱位构造和布置十分繁杂,现只介绍与水尺计量有关的部分。

1.首尖舱(Fore Peak Tank)

首尖舱是自船舶首柱起至第一道舱壁,形成一个前部尖、后部宽、顶宽底窄的舱位,叫船首尖舱。

2.尾尖舱(After Peak Tank)

尾尖舱自船尾起至船最末的一道舱壁形成一个后部尖、前部宽、顶宽底窄的舱位,叫尾尖舱。

3.双层底舱(Double Bottom Tank)

在船体内部距离龙骨线3~4ft的底部装置了第二层水密内底,它的长度从船首尖舱后壁起至船尾尖舱前壁止,通过货舱和机舱下部。这两个底的空间又被隔成若干水密的横舱壁和纵舱壁均称双层底舱。

4.顶边舱(Top Side Tank)

顶边舱是散装船特有的舱位,其侧部从舱框成斜坡伸至两舷,舱面即露天甲板,构成一类似三角形的舱位。类似结构的顶边舱还有漏斗舱(Topper Tank)翼舱(Wing Tank)等。

5.深舱(Deep Tank)

深舱一般设在干货船的3舱、4舱下部,在双层底舱至上货舱之下。

6.隔离舱(Cofferdam)

隔离舱在水舱与燃油舱之间。通常设在一个狭小的夹道,称之隔离柜。以防油水舱渗漏混质。

7.箱形龙骨（Duct Keel）

箱形龙骨又称管子隧道,是散装船特有的装置,在双层底舱的中间部分。主要用于布置双层底舱的管道,便于进行修理。

8.地底隧道(Shaft Tunnel)

地底隧道机舱设置在船中部的船舶,为使地轴延伸到船尾,在地轴上设置高约10尺,宽约6~7尺的水密防护罩。

9.机舱(Engine Room)

机舱内除安装船舶动力枢纽外,还有与水尺计量有关的水池舱,如日用舱,锅炉水舱,滤油舱,备用油框等。

10.污水道(Belge)和(Belge Well)

污水道主要用于积集和排放污水之用。

11.测量管(Soundding Pipe)

测量管用于测量各种水油管等处的水油深度,计量容积。

三、水尺计重操作程序

(一)水尺计重的条件

(1)水尺、载重线标志,字迹要清晰、正规、分度正确。

(2)具备本船有效,正规下列图表。

①排水量/载重量表。

②静水力曲线图或可供排水两纵倾校正的有关图表。

③水油舱计量表,水油舱纵倾校正表。

④船型图(容积图)或可供首尾纵倾校正的有关图表。不具备有关纵倾校正图表者,吃水差应调整或保持在0.3m或1ft以内。

(二)准备工作

登轮前,水尺计重人员应备妥下列器具:精确为万分之五的铅锤密度计,容量在5000CC以上的港水采样器和玻璃量筒以及电子计算器钢板尺、三角尺、钢卷尺、分规等测量器具。

登轮后,水尺计重人员应及时与船方取得联系,并做好以下工作:

(1)检查船舶有关水尺计重图表,确认其规范与否。不具备有关纵倾校正图表者,应要求船方把吃水差调整或保持在0.3m以内。

(2)了解各项图表上的计算单位、比例倍数、公英制、海淡水、容量和重量等,以及装(卸)港有关情况。

(3)了解淡水、压载水、燃油等舱位的分布情况和贮存量以及压载水密度。

(4)了解船舶近期修船、清淤及污水储存情况。

(5)了解燃油、淡水的每日消耗量和装卸期间的变化。

(三)做好水尺计重数据的记录及校正

(1)观测船舶吃水,测定港水密度,测量各项水舱,污水井,燃油舱深度并做好记录。

(2)进行纵倾状态的观测水尺校正。

(3)计算平均吃水同时进行中拱中陷校正。

(4)进行排水量纵倾校正。

(5)进行港水密度校正。

(6)计算淡水,压舱水,燃油等的存量。

(7)净载重量的计算。

项目实施

任务一　水尺计重数据测定

1. 船舶吃水测定

用目力观测或用量具实测首、尾、中的左右吃水数,如船舶无中水尺标记或不能直接观测中吃水读数者,可由以下方法确定:中左(右)吃水等于法定干舷加夏季载重线高度减左(右)舷实测干舷高度,或者中左(右)吃水等于夏季载重线高度减左(右)舷实测干舷高度。

2. 港水密度测定

观测水尺的同时,用港水取样器,从船中舷外吃水深度一半处,取得港水样品,用密度计测定其密度。

3. 淡水、压载水测定

用量水尺逐舱测量淡水和压载水的液深、测量管总深度,要注意左右两舱的测量管总深度应基本一致。

4. 污水测定

货舱污水沟、尾轴隧道和隔离柜等处存有较多污水且在装卸货期间有所变动,可按其实际形状进行测定。

5. 燃油测定

用量油尺逐舱测量燃油的油深,每日消耗量在3t以下,也可由船方自行测定,并提供储油量。

任务二　船舶的各种校正及净载重量的计算

一、船舶纵倾时的观测水尺校正

船舶纵倾时的观测水尺校正,也称垂线校正。船舶吃水差在0.3m以上或1ft以上,且吃水点不在船首船尾垂线上时,观测水尺时会产生一定的差值,就必须进行观测水尺校正。这是因为船舶排水量的计算都是以船首船尾垂线间的距离为标准,而排水表又是根据船舶呈平浮状态或接近平浮时制成的,因此,当船舶水尺不在标志船首船尾垂线上时,观察时就产生一定的差值。

1. 吃水校正

(1)船舶具备首、尾、中水尺纵倾校正表,可据以校正,必要时予以核对。

(2)首吃水校正值:首倾时为正,尾倾时为负。

(3)尾吃水校正值:吃水点在垂线前,尾倾时为正,首倾时为负;吃水点在垂线后,尾倾时为负,首倾时为正。

2. 吃水点至垂线间距离的确定

船图上未标明吃水点至垂线间距离,则应由以下方法确定:

(1)首吃水点至首垂线间距离:将首吃水按船图上的比例缩小,用分规量出首吃水点,并测量该点至首垂线间距离,再按比例放大即得首吃水点到首垂线的实际距离 dF。

(2)尾吃水点至尾垂线间距离:船图上标明尾水尺标记,则可按求 dF 之方法量出尾吃水点至尾垂线的距离。如船图上未标明尾水尺标记,则可在船舷侧以目测或实测确定尾吃水点至舵杆中心之间的实际距离。

(3)吃水点至相应垂线距离值:在垂线前为正,在垂线后为负。

3. 首尾垂线的确定

船图上无两垂线时,可将夏季载重线高度,按船图比例缩小,做一平行于基线的水线与船首相交,并以此相交点做一垂直于基线的垂线为首垂线,以舵杆中心线作为尾垂线。

dF = 船首吃水点到船首垂线的距离。

dA = 船尾吃水点到船尾垂线的距离。

T = 吃水差。

FC = 船首吃水校正值。

AC = 船尾吃水校正值。

根据数学方法推导(省略)求得如下关系式:

$$FC = \frac{T}{LBP - (dF + dA)} \times dF$$

$$AC = \frac{T}{LBP - (dF + dA)} \times dA$$

这样,观测吃水校正后的实际吃水应是:

船首实际吃水 = 船首观测水值 + FC

船尾实际吃水 = 船尾观测水值 + AC

例题: "长辉"轮在六区卸煤,空船后经观测,船首平均吃水 3.5m,船尾平均吃水 5m,已知船长 150m,容积图的比例为 1∶200,经测量容积图,船首吃水点距船首垂线后 5cm,船尾吃水点距船尾垂线前 2cm,求该轮实际船首船尾吃水值。

解: (1)先通过容积求出 dF = 5×200 = 10m(按 1∶200 推算)

dA = 2×200 = 4m(按 1∶200 推算)

（2）求吃水 T
$$T = 5 - 3.5 = 1.5\text{m}$$

（3）代入校正公式。求校正值
$$FC = \frac{T}{LBP - (dF + dA)} \times dA = \frac{1.5}{150 - (10 + 4)} \times 10 = 0.113\text{m}(-)$$
$$AC = \frac{T}{LBP - (dF + dA)} \times dA = \frac{1.5}{150 - (10 + 4)} \times 4 = 0.044\text{m}(+)$$

（4）求校正后的船首船尾实际吃水值

船首实际吃水值 = 船首吃水观测值 + FC = 3.5 + (-0.113) = 3.387m

船尾实际吃水值 = 船尾吃水观测值 + AC = 5 + 0.044 = 5.044m

因此，经观测水尺校正后："长辉"轮的船首实际吃水值时 3.387m，船尾实际吃水值是 5.044m。

二、船舶的"拱""陷"校正

船舶受载时，船体各段重力与浮力不平衡时，会造成船舶变形，因而发生船舶的"拱"和"陷"的状态。

出现"拱""陷"是必须进行矫正。

根据"庞勤"曲线图计算，得出拱陷系数为 3/4。

在具备其他纵倾排水量表（如菲尔索夫曲线图等），也可据以校正，但应先作首尾水尺纵倾校正后进行查算，然后再作拱陷校正，其校正公式如下：

$$\Delta\sigma = (MPS - MFA) \times 3/4$$
$$MPS = 船中平均吃水$$
$$\Delta\sigma = 拱陷修正值$$

$\Delta\sigma$ 中拱时取负值，中陷时取正值。

为方便计算，也可用下式，在计算六面平均吃水同时，进行拱陷的修正，求得：

总平均吃水 = （船首平均 + 6 船中平均 + 船尾平均）/8

三、水尺的观测方法及平均吃水的计算

观测水尺时，应尽量降低视线的角度，接近平视，以免造成误差，遇有波浪时，可反复观测波峰吃水与波谷吃水，然后两数相加折半，求平均值。

平均吃水的计算公式如下：

船首平均 = （船首左 + 船首右）/2

船尾平均 = （船尾左 + 船尾右）/2

船中平均 = （船中左 + 船中右）/2

总平均吃水 = （船首平均 + 6 船中平均 + 船尾平均）/8

$$FPS = (FP + FS)/2$$
$$APS = (AP + AS)/2$$

$$MPS = (MP+MS)/2$$
$$MFA = (FPS+APS+6MPS)/8$$

例题：经观测，"长虹"轮到港时船首吃水左 9.6m，右 9.6m，船尾吃水左 9.8m，右 9.84m，船中吃水左 9.7m，右 9.78m。求该航次"长虹"轮的总平均吃水。

解：根据公式代入得：

$$船首平均 = (船首左+船首右)/2 = 9.6m$$
$$船尾平均 = (船尾左+船尾右)/2 = 9.82m$$
$$船中平均 = (船中左+船中右)/2 = 9.74m$$
$$总平均 = (船首平均+6船中平均+船尾平均)/8 = 9.7325m$$

答："长虹"轮该航次到达港平均吃水为 9.7325m。

四、船舶纵倾排水量校正

船舶排水量是根据船舶在平浮状态下的平均吃水为基础求得的，但大部分货轮的首尾的形状不同，当船舶产生纵倾时，（吃水差超过 0.3m 或 1ft 以上）船舶倾斜的中心不会在船舶长度的中心上，而在前或后的 F 点（漂心）上。

当船舶从平浮水线 W_0L_0 改变为纵倾水线 WL 时，倾斜中心在 W_1L_1 水线的漂心 F 点上，这时平均吃水高度等于 C_1K，和平浮时的吃水高度 CK 之间产生一个差值 $CC1$ 的水层，为使船舶首尾平均水尺相当于原来的水线高度，就必须校正 $CC1$ 的校正高度，并计算排水量的变化。

根据数学式的推导（省略）的如下校正公式：

$$Z = CF \times \frac{T}{LBP} \times 100 \times T.P.C(t)$$

$$\Delta 2 = \Delta 1 + Z$$

式中：CF = 漂心距船中距离；
　　　T = 吃水差；
　　　LBP = 船长；
　　　$T.P.C$ = 每厘米吃水吨数。

校正值正负的确定：

仰时漂心在船中前为（-），在船中后为（+）；

俯时漂心在船中前为（+），在船中后为（-）；

漂心距船中距离 CF 可从静水力曲线图中 CF 曲线上查的。

如使用英制，则：

$$Z_1 = CF \times \frac{T}{LBP} \times 12 \times T.P.I(1t)$$

式中：$T.P.I$ = 每英寸吃水吨数。

例题："青羊"轮在九区装石英石出口，装完后首吃水 7.5m，尾吃水 8.4m，已知该轮船长 120m，当时漂心距船中距离 $CF = +2m$，求该轮纵倾校正后排水量变化值。（已知 $T.P.C = 25t/cm$）

解：(1)先求吃水差 T
$$T = 8.4 - 7.5 = 0.9\text{m}$$
(2)代入公式计算
$$Z = CF \times \frac{T}{LBP} \times 100 \times T.P.C = +37.5\text{t}$$
所以，该轮经纵倾校正后，其排水量增加37.5t。

五、港水密度的校正

1.港水密度的测定

港水密度一般采用比重计加以测定。方法是：在船舶吃水处中间一半深度处取样水一桶，将比重计平稳的放入水中，等其浮稳后，观测时眼睛要和水面一样平，读取刻度杆上与水面相切的数字，即是水的密度。

2.港水密度校正的计算方法

船舶吃水不仅与船舶载重有关，而且与所在的水域密度有密切的关系。当船在一水域时，只要它的荷重不变，则它的排水量也不变，但它的排水体积起变化，吃水也随之变化。因为，在通常情况下，船舶的排水量表(尺)/载重量表(尺)的制作均是以标准海水(密度1.025)为基础制造的，这样，当船舶所处水域的密度不是1.025时，其排水量必须进行水的密度的校正，才能得出准确的排水量值，它们之间的关系如下式：

$$\Delta = \Delta 2 \times r_1 / r$$

式中：Δ——港水密度的校正后的排水量；

r_1——实测港水密度；

$\Delta 2$——纵倾校正后的排水量；

r——制表水密度。

如在查表时使用载重吨数，在作港水密度校正时，必须加上空船变成重量，变成排水量数，然后按上式计算。

例题："雪海"轮靠泊二区卸小麦。经观测和各种校正后，其平均吃水9.5m，排水量65000t(标准海水比重1.025)但当时的港水比重是1.005，求该轮的港水密度校正后的实际排水量。

解：从题中得知 $\Delta 2 = 65000\text{t}$，$r_1 = 1.005$，$r = 1.025$。代入公式：
$$\Delta = \Delta 2 \times r_1 / r = 63731.707\text{t}$$

六、净载重量的计算

船舶净载重量是在上述各种校正后求得的。准确的排水量和相应的总载重量的基础上取得的，他们的关系是：

总载重量=满载排水量-空船排水量

1.用载重量计算时

净载重量=总载重量-燃油-淡水-压舱水-常数

例题:"徐州"轮在七区卸煤,经各种校正后,其满载排水量 32000t,相应总重量 26850t,满载时测的燃油 200t,淡水 300t,压舱水 50t,船方报常数 300t。空船后,经各项校正后,排水量 8230t,相应总载重量 3080t,测得船存燃油 180t,淡水 250t,压舱水 2300t,船方报常数 300t。求本次实际装煤多少吨?

解:(1)求满载时的净载重量

$$满净=满总-燃油-淡水-压舱水-常数$$
$$=26850-200-300-50-300$$
$$=26000t$$

(2)求空载时的净载重量

$$空净=空总-燃油-淡水-压舱水-常数$$
$$=3080-180-250-2300-300$$
$$=50t$$

(3)求净载重量

$$实际净载重量=满净-空净=26000-50=25950t$$

2.用排水量计算时

计算公式:

$$WL=(B-b)-(A-a) \quad (装货)$$
$$WD=(A-a)-(B-b) \quad (卸货)$$

式中:A——装/卸货前实际排水量;

B——装/卸或后实际排水量;

a——装/卸货前船存物料总重量;

b——装/卸货候船存物料总重量。

例题:同上题。

解:从题中得知 $A=32000t, a=200+300+50=550t; B=8230t, b=180+250+2300=2730t$

代入公式:

$$WD=(A-a)-(B-b)$$
$$=(32000-550)-(8230-2730)$$
$$=25950$$

任务三 水尺计重操作中常见问题的处理

1.水尺标记模糊不清

遇有水尺标记模糊不清或不规则时,可采取以下措施之一解决:

(1)建议船方清除黏附物或重新漆绘。

(2)以水尺从上部有依据处测至水面计算船舶吃水高度。对船中左、右水尺可采取以水尺测量仪测量干舷的方式确定实际水尺。

2.因船舶纵倾过大,船首水尺脱离水面

可依次采取以下措施解决:

（1）建议船方对有关水舱或油舱内水、油进行调整，改变船舶纵倾差，使船首水尺达到可测视的状态。

（2）从船舶的龙骨下缘或其他明显水尺标记处，以尺测至水面的距离，求出船首负吃水（测量时与基线不垂直的误差可忽略不计）。对船首负吃水经船首修正后，可与修正后船首吃水计算首尾平均吃水。

（3）按比例在船图上从船尾、船中水尺划延长线与船首垂线相交并以此点测出船首的负吃水（拱陷误差可忽略不计）。

3.寒冷气候水面结冰

在寒冷气候地区，一般是船舶里舷靠岸处结冰。采取以下措施之一解决：

（1）如风向是从岸边吹向港湾，可建议船方将船首或船尾的缆绳适当放松，使船中里舷水尺标记脱离冰面，以达到观测水尺目的。

（2）使用工具将船舶里舷船中水尺标记处的浮冰清除，直至可观测港口水面。

（3）如冰层太厚难以清除，可在船中水尺标记处的冰面钻孔至水面，然后测量冰层厚度，以船中冰面所在的吃水数减掉冰层厚度即为船中实际吃水。如水面低于冰层下沿，则须再扣除水面至冰层下沿高度。

4.压载水测量管内结冰

（1）使压载水保持不变。

装货时，前尺压冒，后尺排空。

卸货时，前尺：DBT一般可测，TST可根据装货港末次水尺计重时压载水数据，同时要求船方将 TST 人孔逐舱打开予以检视，如发现舱内有大型冰块，可以实际测量其尺寸予以计算；后尺：压冒，按满舱计。

（2）上边舱压载水的测量与计算。

由于船舶主甲板呈弧形和倾斜，其上边舱的压载水虽从测量管溢出，但也不能作为满舱水处理，应按实测深度进行修正计算。测量的有效方法是在测量口处加"延长管"，使液面处于"延长管"内某一位置，以测量这一位置时的压载水总高计算容积（测水头）。

5.两批或两种以上散装货物同装一船的水尺计重

（1）有条件分舱装载的，可分别计重。

（2）如各批货物的数量相差悬殊，可将数量最大的一、二批进行水尺计重，其他少量各批货物按衡重办理。

（3）如不能分舱装载，单品质相同、在同一地区卸货或同一收货人在不同地区卸货者，在取得收货人确认后，可合并水尺计重。

（4）进口水尺计重同船载有其他货物。

（5）进口水尺计重的船舶，同船载有其他货物时，原则上应将其卸下后再做水尺计重。但遇特殊情况时，申请人对其他货物能提供证据确凿的重量或申请衡器鉴重，且在不影响水尺计重时间的前提下，可做整船水尺计重扣除其他货物重量。

6.遇船方自制排水量表和水舱计量表

船方提供的排水量表和水舱计量表如系自制，应予审核。发现不准确时，排水量可以静水力曲线图查算；水舱计量表如与船舶容积图上的总容积相符，可考虑使用，否则可按实际情况要求船方将水排空、泵满或保持原状。

7.对于数字有差异的同类图表的选择

如船方持有两份以上有差异的同类图表,应以最近的经过鉴定的为准。

船舶常数与前几航次常数出现不正常减少或增多的处理:

(1)进口水尺计重在末次水尺后发现船舶常数出现不正常的减少时,应尽量查找原因(如船体有否改建等)。如因压载水数量过大,并且压载水舱的前端无空气管或空气管距前舱壁较远,受压缩空气的影响,压载水数量计算不准时,可与船方协商,对压舱水数量做适当修正。

(2)进口水尺计重在末次水尺后发现船舶常数出现不正常的增加时,也应查找原因(如有否漏测、漏算等),经核查无误后可按实际结果签证。

(3)出口水尺计重如出现上述情况,应建议船方将压载水排空或保持原状。

8.水尺计重各项数据测算精度确定(见表11-3)

水尺计重各项数据测算表　　　　　　　　　　　表11-3

项 目	准 确 度(±)			
	公 制		英 制	
	单位	精确度	单位	精确度
测看水尺	m	0.01	in	0.5
长度测量	m	0.01	in	0.5
图测量	m	0.0005		
密度测量	g/cm³	0.0005		
吃水计算	m	0.001	in	0.01
长度计算	m	0.01	in	0.5
重量计算	t	0.1	tn	0.1
容积计算	m³	0.1	ft³	1
LBP	m	0.1	ft	1
XF	m	0.01	in	0.5
TPC(TPI)	t/cm	0.01	tn/in	0.01
MTC(MTI)	t·m/cm	0.01	ft·tn/in	0.01
货物质量	t	1	tn	1

任务四　水尺计重计算中有关问题的处理

(1)对于只具备总容量数而无具体计量表的水舱,可泵满、排空或保持相同状态。

(2)对于有些水舱容量表,当测量深度为0时,表中还标明一定数值(即呆存量),如数值不大,可按表上所列数值计算;若数值较大则需向船方查明原因,或下舱查看水舱内实况。如原因不明,可建议船方泵水至测出水的深度为止。

(3)燃油的测定、修正与计算。燃油的测算方法可参考"容量计重"中介绍的相关内容。计算用标准密度由船方提供,必要时查阅相关供油单证核实。

(4)如果装卸期间没有加油,后尺可采取计算消耗量(Consumption)的方法得到。

(5)核算船舶常数。该重量在装或卸货期间一般不变,通常也是验证水尺计重准确与否的一个重要因素。计算出的船舶常数应与船方提供的沿用常数进行核对,如相差较大,应进一步查核各项测算数据。如经查核无任何差错,则以计算出的常数为准。在装或卸货期间,常数重量如有变动,应据实核算。

(6)其他货物的计算。同时装或卸的其他货物,其重量必须核实所提供的有可靠依据之单证(如检验鉴定机构签发之重量证书)。

(7)过境货因保留在船上,不影响水尺计重的准确,可凭提单申报重量予以核定。

(8)出口货物水尺计重时,应该扣减经核实后之其他货物重量,列明在装后的水尺计重记录单内的"其他货物重量"栏内。进口货物水尺计重时,列在卸前水尺计重记录单上。

(9)货物重量计算

水尺计重所计算出之载货重量,系货物毛重或湿态重量,未包括计算净重或干态重量。可依申请在水尺计重时扣除杂质、皮重或水分重量。

例如:废钢杂质、铁矿水分。

课堂案例

案例:某船某航次进港装矿石,船长 $Lbp = 168m$; $dF = 6.4m$(首垂后); $dA = 10.2m$(尾垂前); $Fp = 4.14m$; $Fs = 4.19m$; $Ap = 5.05m$; $As = 5.12m$; $Mp = 4.54m$; $Ms = 4.51m$;测得:燃油 300t;淡水 400t;压载水 500t;港水密度 1.015;船舶常数 280t;经查表船舶排水量 7380t; $T.P.C = 22$; $CF = 2m$(船中后);完货后 $dF = 5.6m$(首垂后); $dA = 9.8m$(尾垂前); $Fp = 12.26m$; $Fs = 12.20m$; $Ap = 13.03m$; $As = 13.05m$; $Mp = 12.76m$; $Ms = 12.78m$;测得:燃油 280t;淡水 360t;压载水 40t;港水密度 1.010;船舶常数 280t;经查表船舶排水量 29360t; $T.P.C = 28$; $CF = 2.6m$(船中后)。理货人员根据上述数据很快的计算出了该船舶本航次的载货量。

案例解析:水尺计重业务需要了解船舶结构,掌握船舶常用表格的使用,能够掌握相关计量数据的运算,本案例具体的运算步骤如下:

1.装船前

(1)横倾校正

$$Fps = (Fp+Fs)/2 = (4.14+4.19)/2 = 4.165m$$
$$Aps = (Ap+As)/2 = (5.05+5.12)/2 = 5.085m$$
$$Mps = (Mp+Ms)/2 = (4.54+4.51)/2 = 4.525m$$

(2)纵倾校正

$$T = Fps - Aps = 5.085 - 4.165 = 0.92m$$
$$Fc = T \times dF/(Lbp - dF - dA)$$
$$= 0.92 \times 6.4/(168 - 6.4 - 10.2) = 0.039m$$
$$Ac = T \times dA/(Lbp - dF - dA)$$
$$= 0.92 \times 10.2/(168 - 6.4 - 10.2) = 0.062m$$
$$F_m = Fp_s + F_c = 4.165 - 0.039 = 4.126m$$
$$A_m = Ap_s + A_c = 5.085 + 0.062 = 5.147m$$

(3)中拱中陷校正
$$DM = (Fm + Am + 6Mps)/8$$
$$= (4.126 + 5.147 + 6 \times 4.525)/8 = 4.553m$$

(4)排水量纵倾校正
$$Z = CF \times T/Lbp \times 100 \times T.P.C$$
$$= 2 \times 0.92/168 \times 100 \times 22 = 24.1t$$
$$\Delta 2 = \Delta 1 + Z = 7380 + 24.1 = 7404.1t$$

(5)港水密度校正
$$\Delta = \Delta 2 \times r1/r = 7404.1 \times 1.015/1.025 = 7331.86t$$

2.装船后

(1)横倾校正
$$Fps = (Fp + Fs)/2 = (12.26 + 12.20)/2 = 12.23m$$
$$Aps = (Ap + As)/2 = (13.03 + 13.05)/2 = 13.04m$$
$$Mps = (Mp + Ms)/2 = (12.76 + 12.78)/2 = 12.77m$$

(2)纵倾校正
$$T = Fps - Aps = 13.04 - 12.23 = 0.81m$$
$$Fc = T \times dF/(Lbp - dF - dA)$$
$$= 0.81 \times 5.6/(168 - 5.6 - 9.8) = 0.03m$$
$$Ac = T \times dA/(Lbp - dF - dA)$$
$$= 0.81 \times 9.8/(168 - 5.6 - 9.8) = 0.052m$$
$$Fm = Fps + Fc = 12.23 - 0.03 = 12.2m$$
$$Am = Aps + Ac = 13.04 + 0.052 = 13.092m$$

(3)中拱中陷校正
$$DM = (Fm + Am + 6Mps)/8$$
$$= (12.2 + 13.092 + 6 \times 12.77)/8 = 12.739m$$

(4)排水量纵倾校正
$$Z = CF \times T/Lbp \times 100 \times T.P.C$$
$$= 2.6 \times 0.81/168 \times 100 \times 28 = 35.1t$$
$$\Delta 2 = \Delta 1 + Z = 29360 + 35.1 = 29395.1t$$

(5)港水密度校正
$$\Delta = \Delta 2 \times r1/r$$
$$= 29395.1 \times 1.010/1.025 = 28964.93t$$

(6)净载重量的计算
$$A = 7331.86$$
$$a = 300 + 400 + 500 = 1200$$
$$B = 28964.93$$
$$b = 280 + 360 + 40 = 680$$
$$WL = (B - b) - (A - a)$$
$$= (28964.93 - 680) - (7331.86 - 1200) = 22153.07t$$

【复习思考题】

1.什么是水尺计量?
2.水尺计量的原理是什么?
3.什么是船舶排水量?
4.登轮后,水尺计重人员向船方了解的事项有哪些?
5.船舶平均吃水的计算公式是什么?
6.观测船舶吃水时,船舶纵倾过大,船首水尺脱离水面应如何处理?

【实践训练】

1.练习船舶水尺的观测。
2.练习散货船水尺计重作业。

项目十二　木　材　检　尺

 知识要点

1. 木材检尺计量单位。
2. 木材检验常用标准。
3. 木材材积计算与材积表。
4. 原木检验与锯材检验。

 项目任务

1. 掌握木材检验常用标准。
2. 掌握原木检验方法。
3. 掌握锯材检验方法。

 项目准备

1. 场地、工具准备：船舶理货模拟仿真系统，木材模型，联系电话、锤子、皮尺、围尺、篾尺、钢卷尺、卡尺、尺杆(竹尺)等测量工具。
2. 人员安排：学生按班制分组，每组安排理货组长1人，根据货垛数安排理货员4~6人，每班有当班业务员、值班队长、值班副队长各1人。

 相关理论知识

一、木材的树种和分类

(一) 按树种分类

1. 针叶树

针叶树树叶细长如针，多为常绿树，材质一般较软，有的含树脂，故又称软材，如：红松、落叶松、云杉、冷杉、杉木、柏木等，都属此类，用于建筑工程、木制包装、桥梁、家具、造船、电杆、坑木、枕木、桩木、机械模型等。

2. 阔叶树

阔叶树树叶宽大，叶脉成网状，大部分为落叶树，材质较坚硬，故称硬材。如：樟木、水曲柳、青冈、柚木、山毛榉、色木等，都属此类。也有少数质地稍软的，如桦木、椴木、山杨、青杨等，都属此类。用于建筑工程，木材包装，机械制造，造船，车辆，桥梁，枕木，家具，坑木及胶合板等。

(二) 按材质分类

1. 原条

原条系指已经除去皮、根、树梢的木料,但尚未按一定尺寸加工成规定的材类。用于建筑工程的脚手架,建筑用材,家具装潢等。

2. 原木

原木系指已经除去皮、根、树梢的木料,并已按一定尺寸加工成规定直径和长度的木料。

(1)直接使用的原木:用于建筑工程(如屋梁、檩、椽等)、桩木、电杆、坑木等。

(2)加工原木:用于胶合板、造船、车辆、机械模型及一般加工用材等。

(3)板方材:系指已经加工锯解成材的木料,凡宽度为宽度的2倍或3倍以上的,称为板材,不足3倍的称为方材。用于建筑工程、桥梁、木制包装、家具、装饰等。

二、计量单位和检量工具

(一)计量单位

1. 法定计量单位

为了保障国家计量单位制度的统一和计量的正确可靠,我国于1985年9月6日在第六届人民代表大会常务委员会第十二次会议通过了"中华人民共和国计量法"。

在木材检验中常用的法定计量单位是长度:"米(m)"、"厘米(cm)"、"毫米(mm)"、"微米(μm)"。

它们之间的换算关系为:

$$1m = 100cm$$
$$1cm = 10mm$$
$$1mm = 1000\mu m$$

木材检量中的体积单位为"立方米 m^3",即长、宽、高各为1m的一个立方体,在行业内一般将木材的体积称为"材积"。

2. 行业用计量单位

英制:在进口木材的国家中北美的美国、加拿大到目前为止还采用英制,因此我们要了解一些英制的计量常识,英制的常用长度单位是英尺和英寸。

他们之间的换算关系为:

$$1ft = 12in = 30.48cm$$
$$1in = 25.4mm$$

英制木材的体积单位为英板尺、千板尺。

1英板尺为一块长、宽各1ft,厚1in的木板,但这计量单位太小,因此在木材的交易中一般是采用1英板尺的一千倍,即千板尺,代号"MBF"。

霍普斯顿:也是英制的一个计量单位,在东南亚一带还很流行,主要用于比较名贵的木材,如:红木、柚木等。

原木:

$$1 \text{霍普斯顿} = 1.0802 m^3$$

板材：
$$1\text{霍普斯顿} = 50\text{ft}^3 = 600 \text{板尺} = 1.41584\text{m}^3$$

3. 英制材积与法定计量单位材积的换算

板材：
$$1\text{m}^3 = 423.78 \text{板尺}$$
$$\text{一千板尺} = 2.36\text{m}^3$$

原木：没有一个固定的换算系数，美国西北部的针叶材直径 6in 左右的一千板尺可折合 $6\sim7\text{m}^3$，大原木一千板尺只能折合 4m^3，有的还不到，在计划经济时代曾规定了其换算系数为一千板尺折合 5.1m^3。

美国东部的硬木原木同样也没有个固定的换算系数，也是大原木换算的立方米数少，小原木换算的立方米数多，但同西北部软木又有不同，现大部分采用的是换算系数是一千板尺折合 4.5m^3 左右。

(二) 检量工具

1. 皮尺

皮尺用于检量原木直径和长度，木材缺陷尺寸，锯材长度、宽度和厚度等。常用规格由 10m、15m、20m、30m 等。为了检验北美的原木有的皮尺做成一面为法定检量单位的"米"、"厘米"，另一面为英制的"英尺"、"英寸"，这类皮尺制作时要注意：两面刻度的起点必须是在同一位置，以方便检量。皮尺的起点（零为）有时包括铜头在内，有时在皮尺头上的某一位置，使用时每次都必须先检查一下，以免用错。皮尺有带壳的和不带壳的（只有尺芯）两种，一般检验员为了方便现场操作都愿使用不带壳的皮尺。

2. 围尺

围尺主要用来检量进口原木的直径，刻度已经过换算，为实际检量尺寸/3.1416，围量后的读数直接为原木的直径。

3. 尺杆(竹尺)

尺杆用于检量原木的径级，锯材的厚、宽度及枕木各端面尺寸等。

4. 钢卷尺

钢卷尺用于检量原木的直径和长度，木材缺陷尺寸，锯材长度、宽度和厚度等。规格由 1m、2m、3m、5m、10m、20m 等，用钢锯尺来检量原木的长度，优点是克服了皮尺缩水的毛病，但钢卷尺容易被木材卡住而褶皱变形。

5. 卡尺

大的卡尺用于检量原条和欧洲进口原木的直径，小的不锈钢卡尺还用于检量人造板和板材的厚度等，这类卡尺有使用刻度读数的，现也有同时使用液晶显示读数的。卡尺的规格有 20cm、30cm、50cm、90cm、120cm 等。常用木材、铝合金、不锈钢等材料制作。

6. 篾尺

篾尺用于检量原条直径和毛竹直径。是用毛竹的篾青经特殊处理而制成。规格有 30cm、60cm、90cm、120cm 等 4 种，但常用的为 30cm 一种，篾尺的刻度同样也经过换算，可直接读出被测量原材的直径。

三、木材检验常用标准

原木的计量单位国际上目前没有一个统一的标准在全球范围内都通用,但是各个国家的计量标准是可以相互换算的,国内基本上按照立方米来衡量的。

我国采用国家标准,简称 GB。还有 GB/T、LY/T 等。如果该标准只有 GB,如 GB 4814—1984《原木材积表》,则为国家强制标准;GB/T 为国家推荐标准,LY/T 为林业部推荐标准。依此类推。

国外常用检验标准有日本农林(JAS)检尺标准,俄罗斯检尺标准,ATIBT 热带非洲检尺标准,巴新检尺法,美国 SCRIBNER 检尺法等。我们在实际工作中要按照出口国标准对原木实施检尺。

(一)日本农林(JAS)检尺标准

日本是世界上森林资源较为贫乏的国家之一,因民经济发达,消耗东材量大,长期依赖进口解决。由于日本年进口量约占世界木材进口员的 40%,日本在世界木材贸易中所占的地位是十分重要的,所以,世界上有许多因家均采用日本木材标准检验,如智利、新西兰等。

日本原木尺寸检量的计量单位采用公制,即长度以米(m)计,直径以厘米(cm)计,材积以立方米(m^3)计。

1.长度检量

原木长度,检量原木两端断面之间的最短距离。端头直径不足 3cm 的部分及木端呈圆球形或水(鼻)眼部分应扣除。即:

(1)横断面有偏斜的木材,要找出直角的横断面后才进行测定正常的直线。

(2)尖削材(指短径不足 3cm 的部分)通常去掉直径不足 3cm 的部分后再测定木材长度。

(3)对于弯曲的木材,用 1cm 以下的刻度尺连接测定时,容易发生误差,要用竹制长尺或卷尺等来测定正确的最短长度。

(4)带有小鳗鱼头的直径为 3cm。如图 12-1 所示。

原木长度以 0.2m 为 1 个进舍单位不足 0.2 舍去不计。但是应保留:1.9m(建筑材)、2.1m(枕木)、2.7m(桥枕木)、3.3m、3.65m、4.3m(建筑材)等 6 个长级规格,不足上述长级的尾数也不计。

2.直径检量

原木直径是检量原木小头的最小直径。但是,最小直径自 14cm 以上的原木,与其相垂直的另一条直径的差自 6cm 以上的(最小直径在 40cm 以上的原木,两径之差自 8cm 起),则每差 6cm,将最小直径加 2cm 作为原木直径。

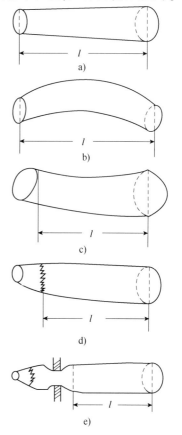

图 12-1 原木长度检量
a)通直材;b)弯曲材;c)横断面锯斜材;
d)尖削材;e)瓶颈材(鳗鱼头)

(1)小头直径。小头直径指从木材长度的所有横断面中求出的最小横断面,通过最小横断面中心点的所有直径中最短直径为横断面直径。最小横断面通常为小头,小头的最短直径称为小头直径。

检量小头直径时,直径不足14cm的,以1cm为一个增进单位进级。不足1cm的尾数不计;直径自14cm以上的,以2cm为一个增进单位进级,不足1个单位的尾数舍去不计。

在检量最小直径时,由于多心、节子、树瘤以及受撞击等所引起的异形凸起或膨胀,或者因运输而引起的材周腐朽、尖头、劈裂等损耗的情况下,应在木材的正常部位检量或让出缺陷部位检量,如图12-2所示。

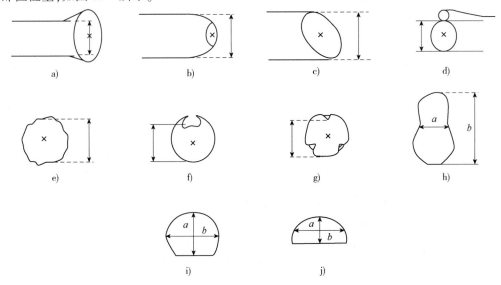

图12-2 各种形状端面的原木直径检量

a)异形膨胀材;b)异形损耗材;c)横断面偏斜材;d)双叉材;e)菊形材;f)心形材;g)夹皮材;h)蚕茧形材;i)剖开优弧材;j)剖开劣弧材

(2)加算直径。最小直径在14cm以上的原木,最小直径和与其成直角的另一直径(2cm进级)相差6cm以上时(最小直径40cm以上的原木相差8cm以上时),则每相差6cm,该原木直径增加2cm。

根据最小直径和与其成直角的另一直径的差而在最小直径的基数上加上数值作为直径,称为加算直径。这样的原木称为扁平材(对平材)。

有时,小头横断面直径大于大头横断面直径也会发生,如图12-3所示。

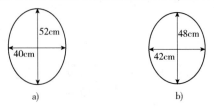

图12-3 加算直径

a)小头横断面;b)大头横断面

小头:52cm－40cm＝12cm>8cm

加算直径:40cm+4cm＝44cm

大头:48cm－42cm＝6cm<8cm

最小直径:42cm;

小头加算直径大于大头最小直径。所以,该原木检尺径为42cm。

(3)直径规格:

①小材,指直径不足14cm的原木;

②小材,指直径自14cm以上,不足30cm的原木;

③大衬,指直径自30cm以上的原木。

(二)俄罗斯原木标准与检验

俄罗斯当前执行的原木标准与检验,仍按苏联部长会议国家标准委员会颁布的有关规定执行。鉴于中国从俄罗斯进口的木材一直居于首位,所以,把俄罗斯原木标准与检验介绍如下。

原木尺寸检量包括原木长度检量、原木直径检量和原木材积查定。计量单位均采用公制,长度以米(m)计,直径以厘米(cm)计,材积以立方米(m^3)计。

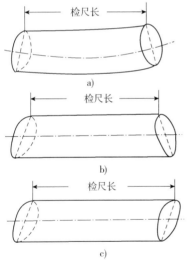

图12-4 原木长度检量
a)弯曲原木;b)、c)锯口偏斜原木

1.长度检量

(1)检量方法:长度检量是在原木小头断面至大头断面之间相距最短处取直检量。检量时,量至厘米,不足厘米者四舍五入取整。

检量弯曲原木、锯口偏斜原木的长度时,均是量取两头断面间的最小距离,如图12-4所示。

(2)长级进位:根据《ГОСТ22298—1976出口针叶树种加工用原木的技术要求》(以下简称《ГОСТ22298—1976"技术标准"》)的规定,原木长度一般为4~7m,均以0.25m为1个进舍单位,不足0.25舍去不计。并规定有3.8m、7.6m和8m的长度(3.8m和7.6m为非标准材长,只适用于除落叶松之外的其他针叶树种)。

(3)长度余量:《ГОСТ 22298—1976"技术标准"》规定,原木长度的后备余量为5~8cm,不足25cm及应留的后备余量均视为长度余量。

后备余量关键在于下限,如下限满足要求,上限也就无所谓了。

长级分类:原木的长级可划分为长衬、短材和规格材3类,如表12-1所示。

2.直径检量

(1)检量方法:直径检量以原木小头断面的最大直径和最小直径的平均值计,经进舍后为原木检尺径。

原木长级分类(m)　　　　　　　　　　　　　　　表 12-1

分类 \ 树种	长　材	短　材	规 格 材
落叶松	8	4	自 4~7 按 0.25 进位
除落叶松之外的其他针叶树种	8 (含 7.6)	4 (含 3.8)	

注：按苏联标准和现行价格，长材比短材价格高 10%，短材比规格材价格高 10%。长、短材中，非标准材价格又略高。

检量原木直径时，一是要在小头断面；二是要去掉皮厚（长薪树除外）；三是长径、短径不需要垂直交叉；四是不需要区分长径、短径的检量先后顺序；五是不论长径、短径均需通过断面几何中心进行检量；六是检量时量至毫米，不足毫米者舍去。原木直径的检量如图 12-5 所示。

原木直径 = $1/2(D_1+D_2)$

式中：D_1——短径；
　　　D_2——长径。

图 12-5　原木直径的检量

在某些特殊情况下，检量原木直径应注意：

①不允许在节子、树包及凹陷处检量，应让去该部位，如图 12-6 所示。

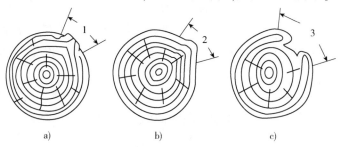

图 12-6　原木直径不允许检量处
a) 节子原木；b) 树包原木；c) 偏枯原木
1、2、3-应让去的区域

②检量锯口偏斜原木的直径时，应垂直于原木的纵轴检量，不允许与截面平行进行检量，如图 12-7 所示。

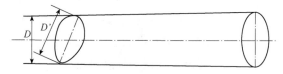

图 12-7　锯口偏斜原木的检量
D-正确的检量；D'-错误的检量

③检量端面开裂原木的直径时，不能垂直裂纹量取直径，而应匀裂缝成 45°的方向上量取。然后减去裂缝的宽度检尺径 = D-a，如图 12-8 所示。

④检量新折断、劈裂、端部磨伤等原木的直径时，应以复原后的直径为检尺径，如图 12-9 所示。

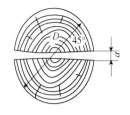 

图 12-8 端面开裂原木直径的检量　　　　图 12-9 劈裂原木直径的检量
D-检量直径;a-缝宽　　　　　　　　　D-理论直径;b-实际直径

(2)径级进位:检尺径小于13cm(包括13cm),采用1cm进位,自0.5cm以上的尾数进位取整,不足0.5的尾数舍去。即原木直径为12.5~13.4cm,检尺径按13cm计。检尺径大于14cm(不包括14cm),采用2cm进位,自1cm以上的尾数,逢奇进偶,不足的尾数舍去。即原木直径为15.0~16.9cm,检尺径按16cm计。检尺径等于14cm为过渡直径。即原木直径为13.5~14.9cm,检尺径均按14cm计。

(3)径级分类:《ΓΟCT22298—1976"技术标准"》中规定,出口针叶树种加工用原木的直径(检尺径)自14cm起。

原木的径级一般按树种分别分类。一般树种可划分为14~20cm、22~30cm、32cm以上3个径级组。雪松(红松)划分为14~30cm、32~40cm、42cm以上3个径级组。并且实行分类归堆。

四、木材材积计算与材积表

(一)原木材积计算与材积表

检查了原木检尺长和原木检尺径后,就可以求取原木的材积了,但一般原木的并不等于由该原木的检尺长和检尺径所确定的圆柱体体积。原木材积可以通过统计公式计算或从国际标准 GB 4814—1984《原木材积表》中查取。

我国现行的原木材积表根据国标 GB 4814—1984 是从1986年开始执行的,它适用于我国当前所有树种的原木材积计算,该材积表的编制是依据下述公式计算。

(1)当原木检尺径自14cm以上时。其原木材积计算公式为:

$$V = 0.7854L \times [D + 0.5L + 0.005L^2 + 0.000125L \times (14 - L)^2 \times (D - 10)] \times \frac{1}{10000}$$

(2)当原木检尺径为4~12cm的小径材时,其原木材积计算公式为:

$$V = 0.7854L \times (D + 0.45L + 0.2)^2 \times \frac{1}{10000}$$

(3)对于检尺长超过原木材积表所列2~10m的,而又不符合原木标准的圆材,其材积按以下公式计算:

$$V = 0.8L \times (D + 0.5L)^2 \times \frac{1}{10000}$$

式中:V——原木材积,m^3;
　　　D——原木检尺径,cm;

L——原木检尺长,m。

检尺径 4~6cm 的原木材积数字保留 4 位小数,检尺径自 8cm 以上的原木材积数字,保留 3 位小数。

(二)部分国家原木材积计算简介

1.日本原木材积计算(JAS)

(1)长度不足 6m 的原木,采用公式:

$$V = \frac{1}{4}\pi D^2 \times L \times \frac{1}{10000}$$

式中:V——原木材积,m³;
　　　D——检尺径,cm;
　　　L——检尺长,m。

(2)长度超过 6m 以上的原木,采用公式:

$$V = \frac{1}{4}\pi \left(D + \frac{L'-4}{2}\right)^2 \times L \times \frac{1}{10000}$$

式中:V——原木材积,m³;
　　　D——检尺径,cm;
　　　L——检尺长,m;
　　　L'——舍去不到 1m 尾数的原木长度,m。

原木材积的计算数据,原则上保留小数点后 3 位数,第 4 位四舍五入。但当第 3 位后无有效数字时,应保留小数点后 4 位数,第 5 位四舍五入。

2.加拿大原木材积计算公式

$$V = \frac{A_1 + A_2}{2} \times L$$

式中:V——原木材积,m³;
　　　L——原木材积,m³;
　　　A_1、A_2——原木大头、小头断面面积,m²。

3.常用材积计算公式(ATIBT,以及东南亚、欧洲等国通用)

$$V = 0.7854 \times D^2 \times L \times \frac{1}{10000}$$

式中:V——材积,m³;
　　　D——检尺径,cm;
　　　L——检尺长,m。

材积单位以下的尾数,保留小数点后 2 位数,第 3 位四舍五入。

(三)其他木材材积计算简介

1.杉原条材积计算

国标 GB 4815—84 适用于杉原条和其他树种的原条商品材材积计算。

(1)检尺径自10cm以上的杉原条材积由以下公式确定：

$$V = 0.39 \times (3.50 + D)^2 \times (0.48 + L) \times \frac{1}{10000}$$

式中：V——材积，m³；
  L——检尺长，m；
  D——检尺径，cm。

(2)检尺径为8cm杉原条材积由以下公式确定：

$$V = 0.4902L \times \frac{1}{100}$$

原条材积数字都保留3位小数。

2.锯材材积计算

国标GB 4822.2—84《锯材检验 尺寸检量》规定锯材材积按长方体体积公式计算：

$$V = L \times W \times T \times \frac{1}{1000000}$$

式中：V——锯材材积，m³；
  L——锯材长度，m；
  W——锯材宽度，mm；
  T——锯材厚度，mm。

项目实施

任务一 原木检验

国标(GB/T 144—2003)规定原木检验有尺寸检量、材质评定、检量工具和号印标志等内容。这里仅介绍尺寸检量。

从尺寸指标测量到物体尺寸数值的过程称为尺寸检量。原木尺寸检量的是检尺长和检尺径(直径)。国标中的规定内容主要有以下几项：

1.长度检量

检量原木两端间的最短距离，如图12-10所示。以0.2m进位，不足舍去，允许公差+6~2cm。

图12-10 长度检量

伐木桩口锯切断面的短径不小于检尺径的，材长自大头端部量起；小于检尺径的，材长应让去小于检尺径部分的长度，如图12-11所示。大头呈圆兜或尖削的材长应自斧口上缘量起。

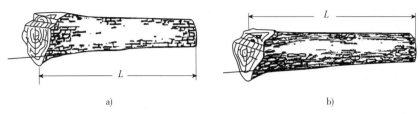

图 12-11

a)不小于检尺径；b)小于检尺径

靠近端头打有水眼的原木(指扎排水眼)，检量材长时，应让去水眼内侧至端头的长度，再确定检尺长，如图 12-12 所示。

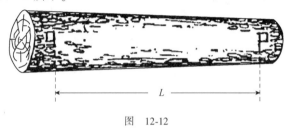

图 12-12

2.直径检量

检尺径的检量(包括各种不正形的断面)，是通过小头断面中心先量短径，再通过短径中心垂直检量长径，如图 12-13 所示，其长短径(不足 14 cm 的按 4.8 规定进舍)之差自 2 cm 以上，以其长短径的平均数经进舍后为检尺径；长短径之差小于上述规定者，以短径经进舍后为检尺径。

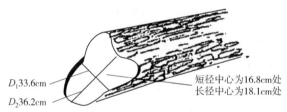

图 12-13 直径检量

原木的检尺径不足 14 cm，以 1cm 为一个增进单位，实际尺寸不足 1cm 时，足 0.5 cm 增进，不足 0.5 cm 舍去；检尺径自 14cm 以上(直径 13.5cm 可进为 14cm)，以 2cm 为一个增进单位，实际尺寸不足 2cm 时，足 1cm 增进，不足 1cm 舍去。

3.让尺

让尺是在木材尺寸检量时，根据木材的缺陷(或损伤)的严重程度，相应的减少检尺长和检尺径的数值，以弥补使用者的损失。

原木检尺时应注意以下几点：

(1)不允许在节子、树包及凹陷处检量；

(2)检量锯口偏斜原木的直径时，应垂直于原木的纵轴检量，不允许于截面平行检量；

(3)有裂缝要减掉检量；

(4)新折断、劈裂、端部磨伤等原木的直径时，应复原后检量。

任务二 锯 材 检 验

根据国标(GB/T 4822—1999)规定执行。我们主要应了解尺寸检量和计量单位。

一、尺寸检量

(1)锯材尺寸检量指对平行整边锯材的检量。
(2)锯材的尺寸以锯割当时检量的尺寸为准。
(3)锯材长度:沿材长方向检量两端面间的最短距离。
(4)锯材宽度、厚度:在材长范围内除去两端各15的任意无钝棱部位检量。
(5)实际材长小于标准长度,但不超过负偏差,仍按标准长度计算;如超过负偏差,则按下一级长度计算,其多余部分不计。
(6)锯材宽、厚度的正、负偏差允许同时存在,如果厚度分级因偏差发生混淆时,按较小一级厚度计算。
(7)锯材实际宽度小于标准宽度,但不超过负偏差时,仍按标准宽度计算。如超过负偏差,则按下一级宽度计算。

二、计量单位

(1)长度以米为单位,量至厘米,不足1cm舍去。
(2)宽度、厚度以毫米为单位,量至毫米,不足1mm舍去。

任务三 木材检尺现场操作流程

一、安全操作注意事项

由于木材的特殊性质,在实际操作中应注意以下事项:
(1)木材进口全部经过熏蒸,有可能存在药物残留,有毒性。操作中需注意防护,不能用手直接接触,要带好手套,严禁摸眼睛、抠鼻子。
(2)原木检尺时,应在原木货垛的侧面,严禁在垛正面工作,上高时应用专门的梯子,严禁在垛上面工作。
(3)检尺时注意避让流动机械。
(4)雨天和夜间视线不良,应停止检尺。
(5)双芯材、三芯材以及中间细两头粗的原木,其检尺径均在原木正常部位(最细处)检量。
(6)双丫材的检尺径检量,以材积较大的一个干岔断面检量检尺径和检尺长;另一个分岔按节子处理。
(7)两根原木干身连在一起的,应分别检量尺寸和评定材质。
(8)未脱落的劈裂材,顺材方向检量劈裂长度,按纵裂计算,检量检尺径如需通过裂缝,须减去通过裂缝长二分之一处的裂缝垂直宽度。小头已脱落的劈裂材,劈裂的厚度不超过小头同方向原有直径的10%的不计;超过10%的,应予让尺让检尺径或检尺长。

二、操作流程

原木检尺属于委托性业务,需要货主或代理提出申请,并提供相关单证,如:进口提单(BILL OF LADING)、明细表(PACKING LIST)等单证复印件。

收到检尺申请后,联系检尺时间、地点,安排参加检尺人员,准备好检尺工具(皮尺、钢卷尺、记号笔、梯子等)和个人劳动保护用品。

根据进口国标准和国家标准进行检尺,并将检尺结果统计在检尺单上,按委托方要求进行汇总。

将汇总信息录入到原木检尺软件中,得到检尺结果并打印出来;按照结果打印检尺报告封面,装订成册,加盖骑缝章,一式三份交委托方,同时收取费用。

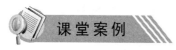

案例:某日,某物流公司委托港口理货公司派检尺人员对其所在仓库里的板材进行检量。外理检尺人员到达仓库后,发现买卖双方均在场,客户要求港口外理检尺人员现场检量并计算总共20件货物的货物的体积,买卖双方要根据检尺人员计算的体积并以每立方米2000元的价格进行现场交易。同时,买方也申请了其他公司的检尺人员在场。港口外理检尺人员迅速开展工作,实地测量,检尺人员发现所需检量的板材比较特殊每件均由两种规格组成,(1220mm×76mm×51mm)(1373mm×102mm×51mm),每种规格各50片。通过认真的计算很快计算出了板材体积,并得到了买方的认可,买方申请的检尺人员没有检量的情况下,依据港口外理检尺人员的检尺数据,买卖双方顺利完成交易。

案例解析:板材检尺是在木材检尺中的一项业务,本案例中业务顺利开展的前提条件有以下几点:

(1)检尺人员在明确此次工作重要性的同时要有一份责任心,恪尽职守、公正执业,不被外界事物所干扰,严守公正立场,才能做到公平、公正;

(2)检尺人员在检量过程中,将买卖双方叫至检量现场,与检尺人员共同检量,以避免买卖双方出现分歧;

(3)计算准确。

计算每件板材体积,根据体积计算公式,$V = L \times W \times T/1000000$,$V1 = 1220mm \times 76mm \times 51mm \times 50 = 0.236m^3$,$V2 = 1373mm \times 102mm \times 51mm \times 50 = 0.357m^3$,$V = V1 + V2 = 0.236m^3 + 0.357m^3 = 0.593m^3$。20件的总体积为$0.593m^3 \times 20 = 11.86m^3$。交易总金额为$11.86 \times 2000 = 23720$元。

【复习思考题】

1.木材检尺常用的计量单位有哪些?

2.木材检验的常用标准有哪些?

3.按照俄罗斯原木标准检量的原木直径有哪些注意事项?

4.按照国标(GB/T 144—2003)原木检尺的注意事项是什么?

【实践训练】

1.练习原木的检验:
(1)长度检量;
(2)直径检量。
2.练习锯材的检验。

项目十三　油　品　计　量

知识要点

1. 石油的特性。
2. 减少误差的方法。
3. 石油容器容积表的编制和使用。
4. 石油容器的计量与计算。

项目任务

1. 熟悉石油的特性。
2. 掌握石油体积的计算。

项目准备

1. 场地、工具准备：船舶理货模拟仿真系统、油罐模型、测深钢卷尺、油品温度计等。
2. 人员安排：学生按班制分组，每组安排理货组长 1 人，根据油罐数安排理货员 4~6 人，每班有当班业务员、值班队长、值班副队长各 1 人。

相关理论知识

石油是工农业生产的重要能源之一。众所周知，石油以及石油产品是具有易燃烧、易爆炸、易产生静电等特性的特殊液体。这些特性会给储运、装卸、计量带来危险，因此，从事石油运输、装卸生产和计量工作的人员，必须熟悉和掌握石油的特性，并针对这些特性采取一些相应措施，才能在石油运输和装卸过程中做到安全生产。

一、石油种类

石油可分为原油和石油产品两大类。第一类，原油是未经提炼的石油。第二类，石油产品是原油经过提炼而成的油品。它可分为：

(1) 透明石油及其产品，如汽油、煤油等轻质油品。
(2) 深色石油及其产品；柴油、润滑油等。
(3) 沥青及其他。沥青呈固体状，是石油经提取油品后的剩余物。在运输和装卸时，以件杂货处理。

二、石油的特性

1. 易燃性和爆炸性

石油和石油产品的易爆程度可以用闪点、燃点和自燃点来衡量。闪点即在常压下和一定温度时,油品蒸发出来的油蒸汽和空气混合后,与火焰接触闪出蓝色火花并立即熄灭时的最低温度;燃点即在常大气压力下和一定温度时,油品蒸发出来的油蒸汽与空气混合后,与火焰接触而着火并继续燃烧不少于5s时的最低温度;自燃点即在常压下,将油品加热到某温度,不用引火也能自行燃烧时的最低温度。表13-1、表13-2所示给出了在常压下石油主要几种产品的闪点及火灾危险分类。

石油产品的闪点、燃点、自燃点 表13-1

油品	温 度(℃)	
	闪 点	燃 点
原油	27~45	一般较闪点高3~6℃,但个别油品则高的很多,例如航空润滑油
汽油	-58~+10	
煤油	28~60	
柴油	50~90	
润滑油	120~200	

爆炸是一种极为迅速的物理或化学的能量释放过程。在此过程中,体系内的物质以极快的速度把其内部所含有的能量释放出来,转变为机械功、光和热等能量形式。爆炸具有极大的破坏性,它可能造成设施设备、建筑物的破坏、人员的伤害及火灾事故。

油品火灾危险性分类 表13-2

类 别	油品闪点(℃)	例
甲	28以下	原油、汽油
乙	28~60	喷气燃料、灯用煤油、-35号轻柴油
丙	60~120	轻柴油、重柴油、20号重油
	120以上	润滑油、100号重油

油品储运中发生的爆炸按其原理主要有两类:一类是油气混合气因遇火而爆炸,这是一种化学性爆炸;另一类是密闭容器内的介质,在外界因素作用下,由于物理作用,发生剧烈膨胀超压而爆炸,如空油桶或空油船等因高温或剧烈的碰撞使腔内气体剧烈膨胀而造成爆炸等。在油库中最易发生且破坏性较大的是第一类爆炸。

油蒸汽与空气的混合气达到适当浓度时,遇到足够能量的火源就能发生爆炸。某种油蒸汽在空气中能发生爆炸的最低浓度和最高浓度,称为某种油蒸气的爆炸浓度下限和爆炸浓度上限,其所对应的饱和蒸汽压对应的油料温度称为这种油料的爆炸温度极限。爆炸极限一般使用可燃气体在混合气体中的体积百分数来表示,如表13-3所示。

由表13-3可见,汽油的爆炸极限下限为1%,上限为6%。当空气中含油蒸汽的量处于爆炸上限和爆炸下限之间,才有爆炸的危险,而且爆炸极限的幅度越大,危险性就越大。如果低于爆炸下限,遇明火,既不会爆炸,也不会燃烧;当空气中含油蒸汽的量超过上限时,遇火只会燃烧而不会立刻爆炸,并在燃烧过程中可能突然转为爆炸。这是因为油品蒸汽在空气中所占的体积百分比在燃烧中逐渐降低而达到爆炸上限的缘故。这就是为什么空载油船较易发生爆炸,也就是油船爆炸往往发生在燃烧后(先燃烧后爆炸)的主要原因。所以在考虑石油码头的建设时,要注意以下几点:

(1)油码头要和其他码头分隔并设在下游或下风处。
(2)与临近的建筑物要有 300m 以上的防护距离,并要和居民区分开。
(3)码头要设置合理的消防设施。

几种物资的爆炸极限　　　　　　表 13-3

气体或液体名称	与空气混合时爆炸极限（体积百分比）		爆炸范围	气体或液体名称	与空气混合时爆炸极限（体积百分比）		爆炸范围
	爆炸下限	爆炸上限			爆炸下限	爆炸上限	
甲烷	5.3	14.0	8.7	苯	1.5	9.5	8.0
乙烷	3.2	12.5	9.3	汽油	1.0	6.0	5.0
丙烷	2.4	9.5	7.1	煤油	1.4	7.5	6.1
丁烷	106	8.5	6.9	乙炔	2.5	80.0	77.5

2.挥发性

石油产品主要由烷烃和环烷烃组成,大致是碳原子数 4 个以下为气体,5~12 个为汽油,9~16 个为煤油,15~25 个为柴油,20~27 个为润滑油。碳原子 16 个以下为轻质馏分,很容易挥发成气体。不同的油料的挥发性是不同的,一般轻质成分越多,挥发性越大,汽油大于煤油,煤油大于柴油,润滑油挥发较慢,同时油料在不同温度和压力下,挥发性也不同,温度越高,挥发越快,压力越低,挥发越快。从油料中挥发出来的油蒸汽迅速与空气混合,形成可燃混合气,一旦遇到足够大的点火能量,就会引起燃烧和爆炸。挥发性越大的油料的火灾危险性越大。如果此时有的挥发性对安全运输、装卸和储存具有重大的意义。

再则,石油的挥发会引起油量的减少和油质的降低,因为挥发成气体的大部分是石油及其产品中的轻质有效成分,而且这些挥发的气体还有伤害人体健康,一般情况下,当空气中油蒸汽的含量达 8.3g/L 时,还会危及人的生命。所以,要求油码头要加强通风,开放,配备必要的防毒面具以在检修管道或油罐时用。

3.扩散性

油料的扩散性及其对火灾危险的影响主要表现在以下三个方面:

(1)油料的流动性 油料,特别是轻质油料,具有很强的流动性。油料的这种流动性使得油料的扩散能力大大增强。所以,油料的流动性使其在储存和运输过程中易发生溢油和漏油事故,同时也易沿着地面或设备流淌扩散,增大了火灾危险性,也易使火势范围扩大,增加了灭火难度和火灾损失。

(2)油料比水轻且不溶于水这一特性决定了油料会沿水面漂浮扩散。一旦管道、储油设备或油船把油料漏人江、河、湖、海等水域,油料就会浮于水面,随波漂流,造成严重的污染,甚至造成火灾。这一特性还使得不能用水直接覆盖扑救油料火灾,因为这样做反而可能扩大火势和范围。

(3)油蒸汽的扩散性 油蒸汽的扩散性是由于油蒸汽的密度比空气略大,且很接近,有风时受风影响会随风飘散,即使无风时,它也能沿地面扩散出 50m 以外,并易积聚在坑洼地。

4.纯洁性

不同品种的石油产品一旦混在一起就不易分离,这就要求石油产品在装卸运输储存时要保持其纯洁性。因为混合品种的油会影响油的质量,而不同油种的用途也是各不相同的。如:变压器油要严格防水,润滑油要严格防尘等。为了保持各种油种品质的纯洁性,在装卸输送和储存时,要设专线管道,如管道输送的油种发生变化时,先要进行严格彻底地冲洗,所以在石油装卸机械化系统中,应设置管道冲洗设备。

冲洗方法可用蒸汽冲洗,水冲洗和人工清洗几种。前者效果较好,但成本较高,通常用于对清洗要求较高的油品(如汽油)。

5. 易产生静电性

石油沿管线流动时,与管道壁产生摩擦,石油在金属容器中晃动与容器壁摩擦均会产生静电荷,产生的静电荷就聚集在管道的容器壁上,当静电荷积聚到一定电位时,会产生静电放电,这种放电的火花对有大量的石油蒸汽的作业场所来说,很容易引起燃烧和爆炸。

影响产生静电荷的因素是多方面的。如:油品带电与管壁(容器壁)的粗糙程度有关,管壁越粗糙,油品带电越多;也与油温有关,温度越高,产生静电荷越多,但如柴油则相反;油品在管道内流速越大,流动的时间越长产生的静电荷越多,反之越少;空气的相对湿度越大,产生的静电荷越少等。当静电积聚到一定电位时,会产生静电放电。这种放电的火花对具有大量石油蒸汽的作业现场来说,很容易引起石油蒸汽着火或爆炸。所有静电放电导致石油火灾的危险性很大。所以,我们在装卸保管和设计机械化系统时,要采取排除和减少静电荷积聚的措施,如管道壁,容器壁要有一定的光滑度,控制油温和油的流速等,更重要的是所有的输油管和储油设备等都应设置可靠的接地装置,以将摩擦产生的静电导入地下。

6. 黏性和凝结性

油品的流动性能叫作黏性。各种石油产品及原油的黏性是不同的,有的黏性小,容易流动如汽油;有的不仅在低温下有很大的黏性,甚至在夏季气温较高的情况下,仍是凝结的,如某些原油及不透明的石油产品。

任何液体都有黏度,油品的黏度是表示油品流动性的指标,一般轻质油的黏度小,流动也快;重质油的黏度大,流动也慢。油品的黏度与温度有关,温度升高,黏度下降,流动性好;反之,温度降低,黏度升高,油品易凝固。

油品的黏度对储运工作也有很大的影响。例如储运黏度大的燃料油或原油时,装卸作业就显得较为困难。所以我们在输油和储存时,要注意对油品进行必要的加温和保温,以使油品黏度下降,从而使之通畅的流动。然而,对油品的加温要有一定的控制,不能加温太多,否则油品就挥发成气体。

各种油品的黏度是不同的,可从有关手册中查到。

7. 膨胀性

物质具有热胀冷缩的特性,称为膨胀性。膨胀性表现为物资的体积随着温度的升高或降低产生膨胀或缩小。石油及其产品受热时,体积会膨胀而增大,这就是石油的膨胀性,用膨胀系数表示:

$$\beta = \frac{V_2 - V}{V_1(T_2 - T_1)}$$

式中:β——膨胀系数,m;

V_1——初始体积,m^3;

V_2——变化后的体积,m^3;
T_1——初始油温,℃;
T_2——变化后的油温,℃。

由上式可见,油品的膨胀性与体积、温度有关、一般说来,油品越轻,膨胀系数越大。

石油及其产品的膨胀性要求我们在输油和储油的油罐容器中留出一定的剩余空间,以适应这种特性的要求。

8.毒害性

石油蒸汽对人体健康很有害。因石油中毒或以吸入其蒸汽而引起中毒的情况时有发生,越是大量吸入蒸气就越能造成人体中毒甚至死亡。有的油品,如四乙基铅的汽油蒸汽毒害性更大,它可以通过皮肤接触使人中毒。

石油的毒性与其蒸发性有密切关系,易蒸发的石油制品比难蒸发的石油制品毒性大。

总之,石油是一种危险品,如不注意,在运输和储存的过程中容易发生泄漏,带来严重的后果,所以必须注意预防它的溢漏污染。

三、石油计量

(一)计量单位和单位制

目前,我国现行的计量法律是《中华人民共和国计量法》(简称《计量法》),一切有关计量的标准和算法都要以《计量法》为依据。

(1)计量单位是指为定量表示同种量的大小而约定的定义和采用的特定量。

(2)计量单位制是指为定量制按给定规则确定的一组基本单位和导出单位。

(3)国际单位制(SI):是由米制发展而来,是米制的科学形式。国际单位制(SI)的基本单位:m、kg、s、A、K、mol、cd 共 7 个,专门名称的导出单位共 21 个,还有组合形式的导出单位。

我国的法定计量单位包含了 SI 所有单位,又选用了一些非国际单位制单位(21 个),共计 49 个。

(二)误差与真值

1.误差的定义

测量结果减去被测量的真值。即:测量误差=测量结果-真值。

真值反映了人们力求接近的理想目标或客观真理。即:与给定的特定量定义一致的值。

2.误差的表示方法

(1)绝对误差=测量结果-〔约定〕真值。

(2)相对误差=(绝对误差/〔约定〕真值)×100%。

(3)引用误差:测量仪器的绝对误差与该仪器的特定值之比,采用引用误差可以表述测量仪器的准确度等级。

(4)修正值=真值-未修正测量结果。

①真值=未修正测量结果+修正值=未修正测量结果-示值误差。

②修正值和示值误差的取得:查相关图表(检定证书、校准证书等),无法直接查到的,要

采用线性比例内插法计算求得,即

Δt=基本值1+(基本值1-基本值2)/(基本值对应值1-基本值对应值2)×(给定值-基本值对应值1)。

或 Δt=基本值2+(基本值1-基本值2)/(基本值对应值1-基本值对应值2)×(给定值-基本值对应值2)。

正比例关系:Δt=小+(大-小)×等份。

反比例关系:Δt=大-(大-小)×等份。

(三)减少误差的方法

误差主要分为系统误差和随机误差。

1. 减少系统误差的方法

减少系统误差主要采用:一是采用修正值法;二是从产生的根源上消除;三是专门方法:交换法(高斯法)、替代法(波尔达法)、补偿法(异号法、抵消法)等。

2. 减少随机误差的方法

减少随机误差主要采用实验标准差(σ)的求取,其步骤如下。

(1)求算术平均值:$\overline{X}$;

(2)求残余误差:$V_i = X_i - \overline{X}$;

(3)求残余误差的平方数值;

(4)求各残余误差的平方数值之和:ΣV_i^2;

(5)求标准差 σ 值:贝赛尔公式:$\sigma = [\Sigma V_i^2 / (n-1)]^{0.5}$。

3. 剔除随机误差中超出预期误差的方法

剔除随机误差中的超出预期的误差主要采取以下两个准则:

(1)3σ 准则:$|V_i| > 3\sigma$ 则剔除。

(2)肖维勒准则:$|V_i| > Z_C \sigma$,Z_C 为查表值。

(四)修约原则

数值修约即保留适当的位数或有效数字。

1. "1"间隔修约

(1)若舍去部分的数值小于5,则保留数字的末位不变。

(2)若舍去部分的数值大于5,则保留数字的末位加1。

(3)若舍去部分的数值等于5,则观察该保留数字的末位,为偶数时不变,奇数时则加1。

2. "0.5"间隔修约

先乘以2,再按"1"间隔修约,再除以2。

3. "0.25"间隔修约

先乘以4,再按"1"间隔修约,再除以4。

4. "0.2"间隔修约

先乘以5,再按"1"间隔修约,再除以5。

在油品计量中液面高度数值单位保留至毫米,温度保留至小数点后一位,密度保留至0.1kg/m³,压强保留至0.1kPa。

四、石油容器容积表的编制和使用

(一)立式拱顶金属罐容积表

1.容积表

容积表一般包括:

(1)主表:通常以间隔1dm或1cm的高度给出对应容积值,但在焊缝处也标有对应的容积值。

(2)附表:按每区段高度1~9cm或1~9mm的对应的有效容积值。

(3)容量静压力修正值表:一般按介质为水的密度编制,指油罐装油后受到液体静压力的影响,罐壁产生弹性变形,使得油罐的容量比空罐时大出的那部分量。

(4)底表量:专门对罐底最高点水平面以下的容量给出的表。

2.容积表的使用

(1)根据确定的罐内液面高度 H_y,通过查表得到表载总体积 V_b。

(2)根据确定的罐内底部明水高度 H_s,通过查表得到表载水体积 V_{bs}。

(3)根据确定的罐内液面高度 H_y,通过查容积表的水静压力修正值表可计算得到罐内液体的水静压力修正值 ΔV_s。

(4)根据水静压力修正值 ΔV_s,求得罐内液体的静压力容积修正值 ΔV_y,即

$$\Delta V_y = \Delta V_s \times D_4^{ty}。$$

D_4^{ty}:液体计量温度下的密度 ρ_{ty} 与4℃纯水的密度的比值。

(5)计算出罐内液体的净容积 $V_y = V_b - V_{bs} + \Delta V_y$。

注:无法查表直接得到的数值一律按线性比例内插法计算求得。

(二)立式浮顶金属罐容积表

浮顶金属罐容积表的编制形式和方法立式拱顶金属罐。

容积表的使用中,浮顶罐查表和计算时应注意:

(1)液面高度低于非计量区间下限(第一计量区间)。此时容积表使用同立式拱顶罐。

(2)液面高度介于非计量区间上下限之间(第二计量区间),容积表不作为计量使用,要避开。

(3)液面高度介于非计量区间上限至安全高度之间(第三计量区间),查表得到 V_y,还要扣除浮顶所占的计量温度下的体积 $V_浮$。

$$V_y = V_b - V_{bs} + \Delta V_y - V_浮$$

注:无法查表直接得到的数值一律按线性比例内插法计算求得。

(三)汽车罐车容积表

汽车油罐车的每个油舱均有计量基准点刻线。按JJG 133—2005《汽车油罐车容量》的规定编制,按每厘米为一间隔编制,分为测实高容积表和测空高容积表,等同于卧式金属罐。

容积表的使用不需考虑容量静压力值,其余等同于立式拱顶金属罐,计算公式为:

$$V_y = V_b - V_{bs}$$

(四)船舶液货计量舱容积表

容积表的编制分为:容积比较法、几何测定法、混合测定法。当船舱倾斜时,需进行纵倾

修正。

舱容表的使用如下:
(1)计算首尾吃水差。
(2)根据吃水差和液面高度 H_y,查表得到液面高度的修正值 ΔH_y。
(3)对液面高度进行修正 H_y 修正 $= H_y + \Delta H_y$。
(4)根据液面高度修正值 H_y 修正查舱容表得到表载总体积 V_b。
(5)根据上述步骤查表得到表载底部明水总体积 V_{bs}。
(6)计算出该舱内液体净容积 $V_y = V_b - V_{bs}$。

五、石油容器的计量与计算

(一)液面高度的测量与计算

1.液面高度测量的有关术语
(1)检尺:用测深钢卷尺测量容器内液体的液面高度的过程。
(2)检尺口:在容器顶部,进行检尺、测量和取样的开口。
(3)参照点(上基准点):在检尺口上的一个固定点或标记,即从该点起进行测量。
(4)检尺板(基准板):一块焊在容器底(壁)上的水平金属板,位于参照点的正下方,作为测深尺铊的接触面。
(5)检尺点(下基准点):在容器底或检尺板上,测深尺铊接触的点。
(6)参照高度(基准高度):参照点到检尺点之间的距离 H。
(7)液面总高:从油品液面到检尺点的距离 H_y。
(8)底部明水高度:从油水界面到检尺点的距离 H_s。
(9)液面空高:从参照点到容器内油品液面的距离 H 空。

2.液面高度的直接测量方法
(1)测量时,左手握住尺柄,右手拇指和食指轻轻固定下尺位置,在指定投尺口投尺。
(2)下尺时,尺铊不应前后摆动,并在其重力下引尺带下伸。尺铊接触油面时应缓慢,以免引起油面大的波动。估计尺铊将近罐底时,应放慢速度。当尺铊轻轻地触及罐之前,应有一个液面扰动的平息时间,用左手拇指压紧尺架的尺带,慢慢降低手腕高度,手感尺铊触及罐底或基准点后,迅速提尺读数。
(3)对于测量黏性油品,应保持尺铊与容器底板接触3~5s,以使得量油尺周围的油品表面达到正确的水平位置再提尺读数,避免读数偏低。
(4)读数时,应先读小数,后读大数,尺带不应平放或倒放,以免液面上升。
(5)油高应测量两次,两次测量值相差大于1mm时,应重新测量,直到两次连续测量值相差不大于1mm为止。记录测量值,取第一次测量值作为油高。
(6)对于测量挥发性油品,若读数困难时,可以在量油尺的液面读数附近涂上示油膏,但一定不能使用粉笔或其他多孔性材料。

3.液面高度的间接测量法
(1)测量时,应在指定计量口参照点处降落尺铊,下尺方法同实际油高的测量。

(2)当尺铊在刚刚进入液体中,使尺铊在这个位置保持到液面停止扰动,待液面平稳后继续缓慢地降落,直到量油尺上的一个整数米或分米刻度准确地与参照点处在一条水平线上。

(3)提出量油尺,记录被油浸湿的量油尺长度与参照点处在一条水平线上的量油尺刻度值。这两个量值之差就是空高值。

(4)以同样的方法测量,直到两次连续测量的读数相差不大于2mm为止。如果第二次测量值与第一次测量值相差不大于1mm时,取第一次测量值作为油高;如果第二次测量值与第一次测量值相差大于1mm时,取两个测量值的平均值作为油高。

(5)空高值转换成相当的油高值,即从容器底检尺点到参照点的高度减去量油尺在参照点处的读数加上量油尺的浸油高度,换算液面公式:

测深石油尺　　　　　　　　$H_y = H - H_1 + H_2$
测空石油尺　　　　　　　　$H_y = H - H_1 - H_2$

式中:H_1——石油尺在参照点高度数值;
　　　H_2——石油尺尺带或尺铊被液面浸没部分的高度数值。

(6)汽车罐车容积表按检定规程要求是以空距计算其容积,使用时可用石油尺直接测出空高值,在对应的容积表中直接查出其实际容积。

4.水高的测量

(1)外贸交接和用外浮顶油罐作国内交接,每次均应量水。其他罐国内交接,收油前后均应量水。发油和盘点计量3~4d应测量一次水高。

(2)测量前,将加在量油尺尺带上的检水尺刻线上均匀涂抹一层很薄的示水膏。

(3)投尺时,将检水尺和量油尺尺带靠近参照点,紧贴计量口壁降落到容器中,直到检水尺轻轻地接触罐底或基准点。量油尺的尺带必须拉紧,以保证检水尺垂直。

(4)检水尺在这个位置上要维持足够长的时间,以便于水改变示水膏的颜色。一般情况下,轻质油品3~5s;重质油品10~30s。提出检水尺,观察水高示值,并做好记录。读数时,检水尺不应平放或倒置。

(5)一般情况下,水高只要求测量一次。如果第一次浸液检水尺不能得到清晰的水层读数时,必须除去已起过作用的示水膏,擦干检水尺,待水面稳定后做第二次测量。

(6)如果要测量的水高超过300mm时,应使用量油尺尺铊代替检水尺,将示水膏涂抹到量油尺尺带上,测量方法同检水尺。

(7)得到的H_y和$H_水$均为示值,需按照第一章所述,进行计算,得到真值(准确值),再按照"1"进行修约至毫米。

(二)温度的测量与计算

1.温度测量的有关术语

(1)实验温度:在读取密度计读数时的液体试样温度,也叫视温度t',单位℃。
(2)计量温度:石油容器或管线内的油品在计量时的温度t_y,单位℃。
(3)环境温度:石油容器或管线外部介质在计量时的温度t_j,单位℃。

2.测量方法

(1)测量油品高度后,应立即进行温度测量。温度测量应距罐壁至少300mm,以避免受到外部冷热影响。

(2)测温位置：

①油高 3m 以下，在油高中部测一点。

②油高 3~5m，在油品上液面下 1m、油品下液面上 1m 处共测两点。取算术平均值作为油品的温度。

③油高 5m 以上，在油品上液面下 1m，油品中部和油品下液面上 1m 处，共测 3 点。取算术平均值作为油品的温度。如果其中有一点温度与平均温度相差大于 1℃，则必须在上部和中部测量点之间加测一点及中部和下部测量点之间加测一点，最后以这 5 点的算术平均值做为油品的温度。

④输油管线插孔以 45°迎流插到至少为管线内径 1/3 处。

(3)测量数量：

①立、卧式油罐、铁路罐车、汽车罐车应逐罐逐车测温。

②油轮(油驳)内装单一油品时，要测量半数以上舱的温度。如果内装不止一种油品时，要按每单一品种测温。如单一品种 1~2 舱，每个舱都要测温；3~6 舱，最少测 2 舱温度；7 或 7 舱以上，应最少测半数以上舱。如各舱温度与所测舱平均温度相差在 1℃ 以上时，应对每个舱作温度测量。

(4)特殊情况的测温要求：

①对加热的油罐车，要使油品完全成液体后再切断蒸汽，在温度平衡 2h 后进行温度测量。如提前测温，必须测上、中、下三点温度(油高 3/4、1/2 及 1/4 处 3 点的温度)，取其平均值。

②对有蒸汽加热管的油罐，要在蒸汽切断 1h 后，才能进行温度测量。如需提前测温或在不能切断蒸汽的情况下测温，应按油高均匀分布测量五点以上温度，取其平均值。

③对刚停止加热的立式圆筒形罐，如需马上测温而顶上又有两个罐口，一个在中心，一个靠壁，必须在两个罐口测量上、中、下 3 点温度，取其平均值。如在一个罐口测温，必须按油高均匀分布测量 5 点以上温度，取其平均值。

(5)测温的方法：

①将装有温度计的保温盒放入容器油层指定测温位置，上下拉动几次，达到规定浸没时间后提出读数。

②读取温度示值时视线应与温度计棒体垂直并与水银柱顶端相切，保温盒不得倾斜，以防油品溢出。

③读数时应先读小数，后读大数，读至 0.1℃。

④为减少测量时间，储油容器应放置固定温度计和保温盒。

(6)温度计的浸没时间：

①石脑油、汽油、煤油、柴油以及 40℃ 运动黏度小于和等于 20mm²/s 的油品不应少于 5min。

②润滑油以及 40℃ 运动黏度大于 20mm²/s 而 100℃ 运动黏度低于 36mm²/s 的油品不应少于 15min。

③重质润滑油、汽缸油、齿轮油及 100℃ 运动黏度等于和大于 36mm²/s 的油品不应少于 30min。

(7)得到的 t_y、t_j 均为示值,需进行计算,得到真值(准确值),再按照"0.25"进行修约至℃。

(三)油品的取样

1.油品的取样

油品温度测量后,开始取样。

2.取样部位

(1)立式油罐在油品顶液面下其深度的 1/6、1/2、5/6 3 个部位各取一份点样组合试样。

(2)卧式油罐按表 13-4 所示指明的液面上采取点样。如需组合样时,按表 13-4 所示组合样比例核算。

(3)油罐车在其罐内油品深度 1/2 处取样。

(4)油船(油驳)取样同固定式油罐。

卧式油罐的取样　　　　　表 13-4

液体密度（直径的百分数）	取样液面(罐底上方直径的百分数)			组合样(比例的分数)		
	上部	中部	下部	上部	中部	下部
100	80	50	20	3	4	3
90	75	50	20	3	4	3
80	70	50	20	2	5	3
70		50	20		6	4
60		50	20		5	5
50		40	20		4	6
40			20			10
30			15			10
20			105			10
10						10

3.取样数量

(1)立式油罐应逐罐取样。

(2)卧式油罐、油罐车、油船(油驳)油船盛装同品种油品的容器数为 2~8 个取 2 个样;9~15 个取 3 个样;16~25 个取 5 个样;26~50 个取 8 个样;51~90 个取 13 个样。对于盛装有同品种油品整列铁路罐车取样时,首车必须取样。

4.取样方法

(1)将清洁的采样器用纯棉绳拴好口盖和取样器,盖好口盖后在指定投入口(一般为量油口)放入油层。

(2)当取样器到达指定取样部位后,拉动口盖绳索,打开口盖,待液面气泡停止时提出取样器,将油样倒入洁净的油样瓶中。

(3)取样顺序应按上、中、下部位进行,以避免扰动下部液面。

(4)管线取样分流量比例样和时间比例样两种,推荐使用流量比例样。取样应在适宜的管线取样器中进行,取样前,要用被取样的产品冲洗样品管线和装有阀的连件。流量取样按表 13-5 所示规定执行,时间取样按表 13-6 所示规定执行。

流 量 取 样　　　　　　　表13-5

输油数量(m³)	取样规定
不超过1000	在输油开始①和结束时②各1次；
超过1000～10000	在输油开始时1次，以后每隔1000m³ 1次
超过10000	在输油开始时1次，以后每隔2000m³ 1次

注：①输油开始时，指罐内油品流到取样口时；②输油结束时，指停止输油前10min。

时 间 取 样　　　　　　　表13-6

输油时间(h)	取样规定
不超过1	在输油开始①和结束时②各1次；
超过1～2	在输油开始时1次，中间和结束时各1次；
超过2～24	在输油开始时1次，以后每隔1h1次；
超过24	在输油开始时1次，以后每隔2h1次

注：①输油开始时，指罐内油品流到取样口时；②输油结束时，指停止输油前10min。

5.试样确定

(1)对上、中、下3部取样后，按等比例掺和获代表样。

(2)罐内油品混合不均匀时，应在多于3个液面上采取一系列点样，按总点样数量比例掺和成代表样。

(3)管线取样也按上述方法确定代表样。

(4)如掺和方法会损害样品的完整性，就单独分析每个样品，并计算每个样品所代表油品的比例。

(四)密度的测定

1.密度的有关术语

(1)密度、质量、体积的关系：$\rho = m/V$。

(2)标准密度：我国规定20℃为标准温度，101.325kPa为一标准大气压，在标准温度和大气压下的液体密度称为标准密度ρ_{20}。欧美等国常用60°F为标准密度，即$\rho_{60°F}$对应国标为$\rho_{15.6}$。

(3)视密度：在某一温度下，用密度计所观察到的密度的读数称为视密度$\rho_{t'}$。

(4)根据标准密度计算其他温度下的密度：$\rho_{t'} = \rho_{20} - \gamma(t-20)$。其中，$\gamma$为油品温度密度系数。(有专门的标准密度表，不能直接查到的，用线性比例内插法求得)

2.测量步骤

(1)将混合后的代表样小心地沿着量筒壁倒入量筒中，防止溅泼和避免生成气泡，发生气泡时应用清洁的滤纸除去。

(2)将温度计插入试样中，小心地搅拌试样，温度计保持全浸，同时将选好的清洁、干燥的石油密度计轻轻放在试样中。

(3)当石油密度计静止并离开量筒壁自由漂浮时，读取试样的弯月面下缘与密度计刻度相切的点即为密度数值。读数时，视线要与试样弯月面下缘成一水平面，读至0.0001g/cm³，同时读取温度计数值,读至0.1℃。以同样的方法连续测定两次,若第二次温度 t'' 与第一次温度 t' 之差超过0.5℃则重新读取温度计和密度计数值,直至温度变化稳定在0.5℃以内;两次视密度值相差不大于 $0.0005\text{g}/\text{cm}^3$,最后取两次测定结果的算术平均值 ρ'_t。

(4)测定密度时,测定温度要尽量接近油罐中储存油的实际温度,应在实际温度的±3℃范围内测定。

(5)得到的 t'、t''、ρ'_t 均为示值,需按照第二节所述,进行计算,得到视温度和视密度的真值(准确值)。

(五)含水率的测定

采用实验室实际检测,油品含水率依据国标 GB/T 260 测定,对此只作一般了解,即通过加热将试样中的水分蒸发出来,再通过冷凝法将水分收集测重(或体积)求得试样的含水率。

(六)标准密度和体积修正系数

1.石油计量表

参照国标 GB/T 1885—1998 分为:

(1)标准密度表:

表59A——原油标准密度表;

表59B——石油产品标准密度表;

表59D——润滑油标准密度表。

(2)体积修正系数表:

表60A——原油体积修正系数表;

表60B——石油产品体积修正系数表;

表60D——润滑油体积修正系数表。

(3)特殊石油计量表:表54C。

(4)其他石油计量表:

表 E1——20℃密度到15℃密度换算表;

表 E2——15℃密度到20℃密度换算表;

表 E3——15℃密度到桶/t 系数换算表;

表 E4——计量单位系数换算表。

2.石油标准密度 ρ_{20} 的换算。

根据油品类别,选择相应的标准密度表,采用就近原则,用线性比例内插法计算出试样的标准密度。

3.体积修正系数 VCF_{20} 的换算

石油的标准体积是由石油计量温度下的体积 V_{ty} 和石油体积修正系数 VCF_{20} 相乘而得到,即 $V_{20} = V_{ty} \times VCF_{20}$。

根据根据油品类别,选择相应的体积修正系数表,采用就近原则,(最好用线性比例内插法)得到体积修正系数。

(七)计量温度下体积 V_{ty} 和标准体积 V_{20}

关于石油体积的计算,涉及各种储油容器罐壁温度对罐壁胀缩的影响,应该进行温度体积修正,其 V_{ty} 的计算公式分别为：

(1) 立式保温金属油罐

$$V_{ty} = (V_b - V_{bs} + \Delta V_y) \times [1 + 0.000036 \times (t_y - 20)]$$

(2) 立式非保温金属油罐,罐壁内外温度有别

$$V_{ty} = (V_b - V_{bs} + \Delta V_y) \times \{1 + 0.000024 \times [(7 \times t_y + t_j) \div 8 - 20]\}$$

(3) 卧式罐、汽车和铁路罐车

$$V_{ty} = (V_b - V_{bs}) \times \{1 + 0.000036 \times [(7 \times t_y + t_j) \div 8 - 20]\}$$

(4) 船舶液货计量舱

$$V_{ty} = (V_b - V_{bs}) \times \{1 + 0.000036 \times [(7 \times t_y + t_j) \div 8 - 20]\}$$

(5) 标准体积 V_{20} 的计算公式

$$V_{20} = V_{ty} \times VCF_{20}$$

例题 1 2 号立式拱顶非保温金属油罐储存 0 号柴油,已知液面高度为 10.011m,底部明水的高度为 11mm,液体在计量温度下的密度 $\rho_{17.5} = 841.3 \text{kg/m}^3$,外部空气的平均温度为 $t_j = 16.5℃$,求计量温度下体积 V_{ty} 和标准体积 V_{20}。

解：(1) 液面高度 $H_y = 10.011\text{m}$；

(2) 底部明水高度 $H_s = 0.011\text{m}$；

(3) 计量温度 $t_y = 17.50℃$,容器外部介质温度 $t_j = 16.5℃$；

(4) 取样(无)；

(5) 视密度和视温度 $\rho_{17.5} = 841.3\text{kg/m}^3$；

(6) 含水率(无)；

(7) 标准密度 $\rho_{20} = 839.6\text{kg/m}^3$；

(8) 体积修正系数 $VCF_{20} = 1.0021$；

(9) 计量温度下的体积 $V_{ty} = (V_b - V_{bs} + \Delta V_y) \times \{1 + 0.000024 \times [(7 \times t_y + t_j) \div 8 - 20]\}$。

因为：表载总体积 $V_b = 1648336 + 165 = 1648501\text{L}$；

表载水体积 $V_{bs} = 1217 + 166 = 1383\text{L}$；

水的静压力修正值：$\Delta V_s = 1015 + (1035 - 1015) \div (10.100 - 10.000) \times (10.011 - 10.000) = 1017.2\text{L}$；

油的静压力修正值 $\Delta V_y = \Delta V_s \times D_4^{ty} = 1017.2 \times (841.3 \div 1000.0) = 855.8\text{L}$。

所以：$V_{17.50} = (1648501 - 1383 + 855.8) \times \{1 + 0.000024 \times [(7 \times 17.50 + 16.5) \div 8 - 20]\} = 1647870.0\text{L}$。

(10) 标准体积 $V_{20} = 1647870.0 \times 1.0012 = 1649847.4\text{L}$。

例题 2 4 号卧式油罐储存柴油,测得液面高度为 1286mm,底部明水高度为 13mm,液体在计量温度下的密度 $\rho_{22.00} = 850.7\text{kg/m}^3$,外部空气的平均温度为 $t_j = 21.0℃$,试求该罐计量温度下体积 V_{ty} 和标准体 $2V_{20}$。

解：(1) 液面高度 $H_y = 128.6\text{cm}$；

(2) 底部明水高度 $H_s = 1.3\text{cm}$；

(3)计量温度 $t_y = 22.00℃$,容器外部介质温度 $t_j = 21.0℃$;

(4)取样(无);

(5)视密度和视温度 $\rho_{22.00} = 850.7 kg/m^3$;

(6)含水率(无);

(7)标准密度 $\rho_{20} = 852.1 kg/m^3$;

(8)体积修正系数 $VCF_{20} = 0.9983$;

(9)计量温度下的体积 $V_{ty} = (V_b - V_{bs}) \times \{1 + 0.000036 \times [(7 \times t_y + t_j) \div 8 - 20]\}$。

因为:表载总体积 $V_b = 22707 + (22942 - 22707) \div (129 - 128) \times (128.6 - 128) = 22848L$;

表载水体积 $V_{bs} = 20 + (53 - 20) \div (2 - 1) \times (1.3 - 1) = 29.9L$。

所以:$V_{22.00} = (22848 - 29.9) \times \{1 + 0.000036 \times [(7 \times 22.00 + 21.0) \div 8 - 20]\} = 22819.6L$。

(八)商业质量 m 和纯油质量 m_c

(1)换算系数 F 值法:$m = \rho_{20} \times V_{20} \times F$。

F 值可查表得到。

(2)空气浮力修正值法:$m = (\rho_{20} - 1.1) \times V_{20}$。

$$m = (\rho_{20} - 0.0011) \times V_{20}$$

式中:m——油品的商业质量,kg;

ρ_{20}——石油的标准密度,kg/m^3 或 kg/L,kg/dm^3;

V_{20}——石油的标准体积,m^3 或 L/dm^3;

1.1——空气浮力修正值,kg/m^3;

0.0011——空气浮力修正值,kg/L,g/cm^3,kg/dm^3。

纯油质量 m_c 的计算:

$$m_c = m \times (1 - W_S)$$

式中:W_S——原油或其他含水油品的质量含水率,%。

注意:当换算系数 F 值法和空气浮力修正值法算出的质量不一致时按照换算系数 F 值法的数。

(九)流量计原理和计算公式

流量计分为体积流量计、质量流量计和能量流量计。都是根据流量计的显示数值,通过标准体积和商业质量换算公式进行计算。再经过示值误差修正。

(1)使用流量计系数 MF 修正:(MF 值在流量计的检定证书上给定);

(2)体积流量计计算公式:$V_真 = V_示 \times MF$;

(3)质量流量计计算公式:$m_真 = m_示 \times MF$;

(4)使用流量计相对误差 E 修正:(E 值在流量计的检定证书上给定);

(5)体积流量计计算公式:$V_真 = V_示 / (1 + E)$;

(6)质量流量计计算公式:$m_真 = m_示 / (1 + E)$。

六、石油的自然损耗

由于石油产品的自然性质,石油产品存在自然损耗,损耗主要是来自蒸发损耗和残漏损耗。

(一)保管损耗

保管损耗是指油品从入库到出库,整个保管过程中发生的损耗。

油品保管损耗分为散装油品保管损耗和整装保管损耗。

1.散装油品保管损耗

(1)储存损耗及储存损耗率。

①储存损耗是指单个油罐在不进行收发作业时因油罐小呼吸而发生的油品损失。

②储存损耗率是指石油产品在静态储存期内月累计储存损耗量同月平均储存量之百分比。其中月累计储存损耗量是该月内日储存损耗量的代数和月平均储存量是该月内每天油品储存量的累计数除以该月的实际储存天数。

注意:储存期内某一油罐有收、发作业时,该罐收、发作业时间内发生的损耗不属储存损耗。

储存损耗及储存损耗率的计算公式:

a.储存损耗量=前油罐计量数-本次罐油计量数;

b.月储存损耗率=(月累计储存损耗量/月平均罐存量)×100%。

(2)输转损耗及输转损耗率。

输转损耗指油品从某一油罐输往另一油罐时,因油罐大呼吸而产生的损失。

输转损耗率是指石油产品在油罐与油罐之间通过密闭的管线转移时 输出量和收入量之差与输出量之百分比。

输转损耗及输转损耗率的计算公式:

①输转损耗量=付油油罐付出量- 收油油罐收油量;

②输转损耗率=(输转损耗量/付油油罐付出量)×100%。

(3)装、卸油品损耗及装卸车(船)损耗率。

装卸油品损耗指油品从油罐装入铁路罐车、油船(驳)、汽油罐等运输容器内或将油品从运输容器卸入油罐时,因油罐大呼吸及运输容器内油品挥发和黏附而产生的损失。

装车(船)损耗率指将石油产品装入车、船时,输出量和收入量之差同输出量之百分比。

卸车(船)损耗率指从车、船中卸入石油产品时,卸油量和收油量之差同卸油量之百分比。

装、卸油品损耗及装卸车(船)损耗率计算公式:

①装、卸油损耗量=付油容器付出量-收油容器收油量;

②装、卸油损耗率=(装、卸油损耗量/付油容器付出量)×100%。

(4)罐桶损耗及罐桶损耗率。

①罐桶损耗是指灌桶过程中油品的挥发损失。

②罐桶损耗率是指容器输出量与灌装量之差同容器输出量百分比。

(5)罐桶损耗及罐桶损耗率计算公式。

①罐桶损耗量=油罐付出量-油桶收入量;

②罐桶损耗率=(罐桶损耗量/油罐付出量)×100%。

2.整装油品保管损耗

以听、桶储存的油品,在储存期间所发生的损耗。它包括储存损耗和倒桶损耗。

保管定额损耗率=(损耗量/保管量)×100%

(二)运输损耗

(1)运输损耗是指以发货点装入车、船起至车、船到达卸货点止整个运输过程中发生的损耗。

(2)运输损耗率是指将石油产品从甲地运往乙地时,起运前和到达后车、船装载量之差与起运前装载量之百分比。一批发运两个或两个以上铁路罐车,起运前装载量为各车起运前装载量之和;运输损耗量以一个批次为计算单位,即等于到达后各车损耗量之代数和。

1.散装油品运输损耗和运输损耗率

(1)铁路罐车及公路运输损耗。指油品装车计量后至收站计量验收止运输途中发生的损耗,定额损耗标准按 GB 11085—89 表 7 执行。

运输损耗量及损耗率按下式计算。

① 运输损耗量=起运前罐车计量数-卸收前罐车计量数;

② 运输损耗率=(运输损耗量/起运前罐车计量数)×100%。

(2)水上运输损耗。水上运输损耗指将石油产品从甲地装入船到乙地后整个运输过程中发生的损耗。

$$水上运输损耗量=发货量-收货量$$

式中:发货量——发油油罐计量数-装船定额损耗量;

收货量——收油罐收货量+卸船定额损耗量。

对于"过驳"入库转运油品时,收货量应为:

$$收货量=收油罐收货量+2×卸船定额损耗量+短途运输损耗量$$

(3)运输损耗率=(运输损耗量/发货量)×100%。

对于水运在途 9 天以上,自超过日起,按同类油品立式金属罐的储存损耗率和超过天数折算。

例题 1:湖南省某油库向湖北省某油库发汽油一船,油罐付出量为 591234kg,运到湖北某油库油罐收入量为 589000 kg,试求装船实际量和装、卸船定额损耗量。

解:(1)装船定额损耗率为 0.07%;

(2)装船定额损耗量=591234×0.07%=414kg;

(3)装船实际量=591234-414=590820kg;

(4)卸船定额损耗率为 0.20%;

(5)卸船定额损耗量=589000×0.20%=1178kg。

2.整装油品运输损耗

使用油桶、扁桶、方听等小包装盛装的石油成品油、用车(船)或其他运输工具在运输过程中所发生的损耗。

运输损耗量=发货量-收货量

注:目前国家和企业标准中无整装油品运输定额损耗标准。

例题 2:从湖南省某油库向湖北省某油库发汽油一船,距离为 450km,油罐付出量为

667003kg，运到湖北某油库油罐收入量为 663664 kg，试求运输损耗量，运输损耗率和运输定额损耗量及收货量。

解：（1）装船定额损耗率为 0.07%；
（2）装船定额损耗量 = 667003×0.07% = 467kg；
（3）发货量 = 667003－467 = 666536kg；
（4）卸船定额损耗率为 0.20%；
（5）卸船定额损耗量 = 663664×0.20% = 1327kg；
（6）收货量 = 663664＋1327 = 664991kg；
（7）运输损耗量 = 666536－664991 = 1545kg；
（8）运输损耗率 =（1545÷666536）×100% = 0.232%；
（9）运输定额损耗率为 0.24%；
（10）运输定额损耗量 = 666536×0.24% = 1600kg。

其中散装油品的额定损耗均有国家规定标准。

项目实施

任务一 油品计量安全操作要点

石油及其产品具有易燃、易爆等特性，原油还具有一定的腐蚀性和放射性，因此，在实际工作中要注意个人防护和操作安全。

（1）在接触石油及其产品时，最好使用防护服、防护手套、防护用鞋、防护帽、防护用毛巾、防护面具、防护眼睛和安全带。严禁穿着化纤服装和铁钉鞋。

（2）在操作中要轻拿轻放，避免碰击产生火花。不准在工作区域开闭手电、使用打火机、手机等。

（3）为了使人体的静电接地，在进行检尺前人体应接触金属结构的某个部件。

（4）在测量挥发性较强的轻质油品液面时，不准在量油尺带上涂抹粉笔等其他物质，对重质油料检尺时，要了解油温和罐内含水情况，严防检测时油罐突沸伤人。

（5）室外作业时操作者应站在上风口，室内作业时，要求作业场所保持良好的通风；检尺后，应及时关闭量油口盖，防止油气挥发，造成损失和污染环境。

（6）登高作业时，注意防滑，防止摔伤。必须在浮顶罐上检尺时，应有另一名计量员在罐顶平台上看护。

（7）沾油棉纱应集中存放，禁止随意乱扔。

（8）雷雨天不准从事计量测试。

任务二 油品计量操作程序

一、计量操作前准备工作

（1）计量操作前，应对所用计量器具认真检查，计量器具要核准检定证书器号，确认完好无误后方可使用。

(2)受检容器上,测量油高或测量空距用的计量口或其他口都应有适当的参照标记,并指明在检尺期间量油尺应保持的位置,参照标记应选择在尺铊不受任何阻碍就能接触到检尺板或容器底板的位置处;当容器设有多个计量口时,每个计量口都应有一个编号或清晰的标记,在计算容器容积表的计量口测量油高或测量空距;容器的计量口必须直接通到容器内液体中,常压容器如果使用计量管,必须有改善测量准确度的槽孔。

(3)所有计量器具都应符合国家要求,并有相应的检定或校准证书。

(4)计量前稳油时间

①当浮顶油罐浮顶有移动时,应等到罐内油品和浮顶稳定下来之后,再进行测量。

②浮顶在未起浮状态和没有完全起浮或是低于漂浮的正常液面时,不应进行测量。

③当容器内油品输转之后,在液面波动停止之前或油品表面有泡沫时,必须等到液面平稳或泡沫消失后方可测量。

④液面稳定时间,通常轻质油不少于15min;重质油不少于30min。

⑤只有在进油终止,液面已趋向稳定或泡沫消失时量油,才能得到准确的结果。向容器内进油结束后,油面趋向稳定或泡沫大体消失的时间为:

a.立式油罐:轻质油不少于30min;

b.重质油不少于3h;

c.罐车、卧式油罐、油轮(油驳):轻质油不少于15min;

d.重质油不少于30min。

二、测量顺序与测量部位

1.测量顺序

油品的测量顺序应从保持油和水面平稳,缩短计量时间考虑确定。

(1)轻质油品:测量油水总高、水高、油温、采样测密度;

(2)重质油品:测量水高、油水总高、油温、采样测密度。

2.测量部位

(1)立式油罐、卧式油罐、油轮(油驳)在计量口下尺槽或标记线处。

(2)铁路罐车在入孔盖铰链的对面处,若此部位因罐内结构有妨碍时,则在入孔的中心处作为检尺位置。

(3)汽车罐车在帽口加封处或固定的检尺标记处。

三、数据处理

1.净油体积确定

(1)立式油罐。

①根据油水总高,查立式油罐容积表,求出油水总体积;

②根据水高,查立式油罐容积表或底量表求出水体积;

③净油体积=油水总体积-水体积;

④储油容积1000m^3以上的油罐按修约到分米的油水总高,自静压力容量修正表上查出容积增大值。其净油体积=油水总体积+容积增大值×标准密度-水体积;

⑤浮顶罐容积换算同立式罐。
(2)卧式油罐用比例插值法求出油水总体积和水体积,净油体积换算同立式罐。
(3)铁路罐车根据车体表号查容积表,根据查出的基数和对应系数直接计算出油水总体积和水体积,净油体积计算方法同卧式罐。对于超过装载范围的需用比例插值法计算油水总体积。

铁路罐车油容积计算公式:
$$V_t = V_j + Kb$$

式中:V_t——油品容积;
V_j——基础容积,即油高对应的容积;
K——油高对应的容积系数;
b——罐车表号的后2位数。

(4)汽车罐车容积表是按空高编制的容积表,在容积表中相应空高对应的容积即为油水总体积。
(5)油船(油驳)是按空高编制的容积表,查表时应用空高,实际高度=总高-空高。

2.油品质量计算

石油产品质量计算可选择下列公式:
$$m = V_{20} \times (\rho_{20} - 1.1) \tag{13-1}$$
$$V_{20} = V_t \times VCF_{20}$$
$$m = V_t \times D_t \tag{13-2}$$

式中:m——油品在空气中的质量;
V_{20}——标准温度下油品的体积,m³;
ρ_{20}——标准密度,kg/m³;
VCF_{20}——体积修正系数;
V_t——任意计量温度下油品体积,m³;
D_t——任意计量温度下油品计重密度,kg/m³;
1.1——空气浮力修正值,kg/m³。

式(13-1)为按 GB/T 1885—1998 计算公式,用于计量精度要求较高及处理计量交接纠纷时使用。

式(13-2)为石油产品计量速算表计算公式,用于一般日常工作。

以例题说明:

例题1:车号A的汽车油罐车装煤油,测得液面高度为971mm,底部明水高度为28mm,液体在计量温度下的密度$\rho_{24.00} = 811.8 \text{kg/m}^3$,外部空气的平均温度为$t_j = 25.0℃$,试求该罐车内煤油的商业质量(m)。

解:(1)液面高度$H_y = 97.1 \text{cm}$。
(2)底部明水高度$H_s = 2.8 \text{cm}$。
(3)计量温度$t_y = 24.00℃$,容器外部介质温度$t_j = 22.0℃$。
(4)取样。

(5)视密度和视温度$\rho_{24.00}=811.8\text{kg/m}^3$。

(6)测定含水率。

(7)查表得到标准密度$\rho_{20}=814.6\text{kg/m}^3$。

(8)查表得到体积修正系数$VCF_{20}=0.9964$。

(9)计量温度下的体积$V_{ty}=(V_b-V_{bs})\times\{1+0.000036\times[(7\times t_y+t_j)\div 8-20]\}$。

因为:表载总体积$V_b=4673+(4711-4673)\div(98-97)\times(97.1-97)=4676.8\text{L}$;

表载水体积$V_{bs}=36+(54-36)\div(3-2)\times(2.8-2)=50.4\text{L}$。

所以:$V_{24.00}=(4676.8-50.4)\times\{1+0.000036\times[(7\times 24.00+22.0)\div 8-20]\}=4627.0\text{L}$

(10)标准体积$V_{20}=4627.0\times 0.9964=4610.3\text{L}$。

(11)商业质量m:

换算系数F值法:$m=814.6\times(4610.3\div 1000)\times 0.99860=3750\text{kg}$;

空气浮力修正值法:$m=(814.6-1.1)\times(4610.3\div 1000)=3750\text{kg}$。

其中r值可查表得到,$D_{t/4}$是指试样温度为t℃与4℃纯水的相对密度,g/cm^3。

课堂案例

案例:2013年1~4月份,某石油公司反映某公司柴油装船出厂计量误差约在-2.9‰~-4.6‰。某石油公司还专程派人到某公司了解码头计量情况,但未发现问题。为了深入查找差量原因,某公司计量、经贸、码头和石油公司等有关人员共同对某油船进行了全过程的跟踪计量调查。

案例解析:

一、约定计量方式

收付双方都以人工检尺罐计量为准,计算公式如下:

$$m=\{(V_t+V_{SP}\cdot\rho_{20}-V_S)\cdot[1+\alpha(t-20)]\cdot VCF\cdot(\rho_{20}-1.1)-G\}$$

式中:m——油品在空气中的重量,kg;

V_t——罐内液位高度下的总表载体积,m^3;

V_{SP}——静压力引起的容积增大值,m^3;

ρ_{20}——罐内油品标准密度,kg/m^3;

V_S——罐底明水高度下的表载体积,m^3;

α——油罐材质体积膨胀系数,1/℃;

t——罐内油品温度+大气温度/2,℃;

VCF——体积修正系数;

1.1——空气浮力修正值,kg/m^3;

G——浮顶质量,kg。

二、跟踪计量比对

1.付量方计量比对

(1)装船前对罐区至码头泊位的管线进行油品充线作业,使管线内的油品在付量前保持满管的状态。

(2)收、付双方人员共同对91罐、93罐付油前和付油后检油高、水高、测温等计量工作,

油量计算如下:

①91罐付油前油量

$$V_{20} = 26812.4 \times 1.00080 = 26833.850 \text{m}^3$$
$$m = 26833.850 \times (0.8527 - 0.0011) - 117.441 = 22734.266\text{t}$$

②91罐付油后油量

$$V_{20} = 16621.002 \times 1.00080 = 16634.299 \text{m}^3$$
$$m = 16634.299 \times (0.8527 - 0.0011) - 117.441 = 14048.328\text{t}$$

付油量 $m = 22734.266 - 14048.328 = 8685.938\text{t}$

③93罐付油前油量

$$V_{20} = 28523.659 \times 1.00020 = 28529.364 \text{m}^3$$
$$m = 28529.364 \times (0.8524 - 0.0011) - 119.254 = 24167.794\text{t}$$

④93罐付油后油量

$$V_{20} = 3520.695 \times 1.00060 = 3522.807 \text{m}^3$$
$$m = 3522.807 \times (0.8524 - 0.0011) - 119.254 = 2879.712\text{t}$$

付油量 $m = 24167.794 - 2879.712 = 21288.082\text{t}$

二罐合计总付油量为 29974.020t。

2. 收量方计量比对

(1) 对某油轮装油前所有的船舱检查,测量记录各柴油舱、重油舱体积量。

(2) 装油结束后,收付双方共同对7个油舱逐舱进行人工检尺、测温,测得船舱总标准体积为35152.998m³,油量计算:

$$V_{20} = 35124.898 \times 1.00080 = 35152.998 \text{m}^3$$
$$m = 35152.998 \times (0.8525 - 0.0011) = 29929.262\text{t}$$

与岸罐发货量相差44.757t,误差仅为1.4‰。

(3) 油轮到某石油公司油库后,收、付双方测量油库5只罐进油前的液位高度、油品温度及罐底油品采样分析,计算出油罐内标准体积。

(4) 收油结束后测得岸罐总进油标准体积为52762.606m³,扣除水体积87.805 m³后,实收标准体积为35172.133 m³,按付量方标准密度计算罐实收量为29945.554t,与付量方油量相差-28.446t,误差为-0.9‰。计量误差在允许范围之内。

(5) 但按油库收量的计量方法:采用油罐采样视密度换算到标准密度,实收量为29878.983t,与原发量相差-95.037t,误差则为-3.2‰。收油量数据:

①105罐。

a. 105罐收油前底量:

$$m = 644.082 \times 0.9956 \times (0.8401 - 0.0011) = 538.007\text{t}$$

b. 105罐收油后油量:

$$m = 9362.834 \times 0.9975 \times (0.8501 - 0.0011) = 7929.173\text{t}$$

c. 105罐收油量:

$$m = 7929.173 - 538.007 = 7391.166\text{t}$$

②106罐。

a.106罐收油前底量：
$$m = 4545.124 \times 0.9958 \times (0.8514 - 0.0011) = 3848.487t$$
b.106罐收油后油量：
$$m = 9350.134 \times 0.9963 \times (0.8509 - 0.0011) = 7916.429t$$
c.106罐收油量：
$$m = 7916.429 - 3848.487 = 4067.942t$$

③107罐。

a.107罐收油前底量：
$$m = 777.490 \times 0.9953 \times (0.8356 - 0.0011) = 645.766t$$
b.107罐收油后油量：
$$m = 6889.969 \times 0.9971 \times (0.8486 - 0.0011) = 5822.315t$$
c.107罐收油量：
$$m = 5822.315 - 645.766 = 5176.549t$$

④108罐。

a.108罐收油前底量：
$$m = 334.053 \times 0.9956 \times (0.8470 - 0.0011) = 281.332t$$
b.108罐收油后油量：
$$m = 9003.159 \times 0.9977 \times (0.8516 - 0.0011) = 7639.575t$$
c.108罐收油量：
$$m = 7639.575 - 281.332 = 7358.243t$$

⑤109罐。

a.109罐收油前底量：
$$m = 2358.437 \times 0.9965 \times (0.8470 - 0.0011) = 1988.019t$$
b.109罐收油后油量：
$$m = 9308.798 \times 0.9969 \times (0.8495 - 0.0011) = 7873.102t$$
c.109罐收油量：
$$m = 7873.102 - 1988.019 = 5885.083t$$

（6）总收油量：
$$m = 7391.166 + 4067.942 + 5176.549 + 7358.243 + 5885.083 = 29878.983t$$

四、原因分析

1.密度差异

收量方油罐量若按付量方油品的标准密度计算，计量误差为-0.9‰。但收量方油库计算方法是按油罐采样混合密度计算，计量误差为-3.2‰。因混合密度的计算，与油罐中原油品的数量、品质等有关，油品密度的代表性不强，二者密度误差约1.38‰。

2.温度差异

付量方采用电子温度计测量油温，读数准确，误差小；而收量方油库测温采用棒式温度计，易受外界温度影响，准确度比电子温度计低，经比对最大误差1.7℃，影响体积量为 1.4‰。

3.计算方法的差异

付量方计算体积时对罐内温度和大气温度取平均后对油罐钢板膨胀系数修正,而收量方油库未经修正直接计算,计实际计算公式如下:

$$m = [(V_t + V_{SP} \cdot \rho_{20} - V_S) \cdot VCF \cdot (\rho_{20} - 1.1) - G]$$

4.船舱检尺方法的差异

依据《石油和液体石油产品液位测量法》,轻质油应检实尺,而收量方油库和船方则采用检空尺的方法计量。经三方共同比对试验,检空尺与检实尺两种测量方法的计量误差相差 0.8‰。

五、结论

综上所述,某公司付量方的计量数据与收量方油库的实收量相差 -28.446t,误差为 -0.9‰,在交接计量允许范围之内,而某石油公司反映某公司柴油装船出厂计量误差约在 -2.9‰~-4.6‰的主要原因是某石油公司收量方油库计量不规范所致。

【复习思考题】

1.石油的特性有哪些?
2.石油容器液面高度的测量方法有哪些?
3.测温的方法是什么?
4.油品取样的方法是什么?
5.石油的自然损耗有哪些?

【实践训练】

1.练习石油容器液面高度的测量:
(1)直接测量法;
(2)间接测量法。
2.练习石油油品温度的测量。
3.练习石油油品取样。

项目十四　易流态化固体散装货物取样监装

知识要点

1. 易流态化固体散装货物的定义。
2. 水路运输易流态化固体散装货物的取样、制样、送检操作。
3. 易流态化固体散装货物装船过程监装内容。
4. 易流态化固体散装货物过驳转运检查监测范围和方法。

项目任务

1. 了解易流态化固体散装货物水路运输安全装运的管理要求。
2. 掌握水路运输易流态化固体散装货物的取样、制样、送检操作。
3. 掌握易流态化固体散装货物装船过程监装内容。
4. 掌握易流态化固体散装货物过驳转运检查监测方法。

项目准备

1. 场地、工具准备：船舶理货模拟仿真系统、港口沙盘、散货船模型、各种记录簿等。
2. 人员安排：学生按班制分组，每组安排理货组长1人，根据船舶作业线安排理货员4~6人，每班有当班业务员、值班队长、值班副队长各1人。

相关理论知识

一、易流态化固体散装货物的定义

易流态化固体散装货物，是指本身含有部分细颗粒和一定量水分、当其含水率超过适运水分极限时可能形成自由液面或固液两相流动层的固体散装货物，包括铁精矿、高岭土、红土镍矿和其他具有类似物理性质的货物。

适运水分极限，是指易流态化固体散装货物安全运输最大含水率，通常按其流动水分点的80%~90%确定。流动水分点是指易流态化固体散装货物发生流动时的最小含水率。

二、易流态化固体散装货物的分类

由于水路运输易流态化固体散装货物的种类较多，我国对其实行目录管理，并由交通运输部适时更新和公布。按照交通运输部《水路运输易流态化固体散装货物安全管理规定》附件1《水路运输易流态化固体散装货物目录》(2011版)，水路运输易流态化固体散装货物分为55种。该《目录》所列的货物,除个别品种外,均为国际海事组织2008年通过的《国际海运固体散装货物规则》(IMSBC规则)中标记为A类的易流态化固体散货。

水路运输易流态化固体散装货物目录(2011版)如表14-1所示。

水路运输易流态化固体散装货物目录(2011版)　　　　　表14-1

序号	中 文 名	英 文 名
1	沉积铜	Cement Copper
2	红砷镍矿	Nickeline
3	红土镍矿	Laterite-nickel Ore
4	黄铁矿	Pyrites
5	黄铁矿(含铜、细粒、浮选或硫)	Pyrites (Cupreous, Fine, Flotation or Sulphur)
6	黄铁矿,经过煅烧	Pyrites, Calcined
7	黄铁矿粉	Pyritic Ash
8	黄铁矿粉(铁)	Pyritic Ashes (Iron)
9	黄铁矿渣	Pyritic Cinders
10	黄铜矿	Chalcopyrite
11	焦炭渣	Coke Breeze
12	金属硫化精矿	Metal Sulphide Concentrate
13	精矿	Mineral Concentrates
14	硫化铅	Lead Sulphide
15	硫化铅(方铅矿)	Lead Sulphide (Galena)
16	硫化锌	Zinc Sulphide
17	硫化锌(闪锌矿)	Zinc Sulphide (Blende)
18	煤泥	Coal Slurry
19	锰精矿	Manganese Concentrate
20	泥煤苔	Peat Moss
21	镍精矿	Nickel Concentrate
22	镍矿	Nickel Ore
23	铅精矿	Lead Concentrate
24	铅矿石精矿	Lead Ore Concentrate
25	铅矿尾矿	Lead Ore Residue
26	铅锌煅砂(混合)	Lead and Zinc Calcines (Mixed)
27	铅锌中矿	Lead and Zinc Middlings
28	闪锌矿(硫化锌)	Blende (Zinc sulphide)
29	烧结矿	Sinter (Mixed)
30	矿渣	Slag
31	钛铁矿砂	Ilmenite Sand
32	钛铁矿黏土	Ilmenite Clay
33	高岭土(陶土)	China clay
34	铁精矿	Iron Concentrate
35	铁精矿(球团料)	Iron Concentrate (Pellet Feed)
36	铁精矿(烧结料)	Iron Concentrate (Sinter Feed)

续上表

序号	中 文 名	英 文 名
37	原矿	Iron Ore
38	铜精矿	Copper Concentrate
39	铜矿石精矿	Copper Ore Concentrate
40	铜泥	Copper Precipitate
41	五水合物原矿	Pentahydrate Crude
42	霞石正长岩(矿物)	Nefeline Syenite (Mineral)
43	锌精矿	Zinc Concentrate
44	锌矿、煅烧的	Zinc Ore, Burnt
45	锌矿、精矿	Zinc Ore, Concentrates
46	锌矿、菱锌矿	Zinc Ore, Calamine
47	锌矿、原矿	Zinc Ore, Crude
48	锌铅煅砂(混合)	Zinc and Lead Calcined (Mixed)
49	锌烧结矿	Zinc Sinter
50	锌淤渣	Zinc Sludge
51	银铅精矿	Lead Silver Concentrate
52	银铅精矿	Silver Lead Concentrate A See Mineral Concentrates Schedule
53	银铅矿精矿	Silver Lead Ore Concentrate
54	银铅矿石	Lead Silver Ore
55	氟石	Fluorspar

三、易流态化固体散装货物运输的危险性

在易流态化固体散装货物含水率超过其适运水分极限的状态下进行水路运输时,由于载运船舶在航行途中遇到大风大浪,长时间颠簸和振动(左右摇摆和前后摇动),舱内货物会出现流态化表层而滑向或流向货舱一侧,但在回摇时却不能完全流回,如此反复,致使船舶严重倾斜,不能恢复原态而倾覆沉没。

近年来,我国水路运输易流态化固体散装货物业务发展迅速,但是载运这类货物船舶沉船事故屡有发生,造成了重大人员伤亡和财产损失,也给水上交通运输安全监管工作带来了沉重压力。据有关调查分析,发生这类沉船事故的主要原因有之一是易流态化固体散装货物含水率超标(超过了适运水分极限),而造成货物含水率超标的主要原因是货物取样监装等工作开展不到位。

易流态化固体散装货物本身具有流态化、密度大(积载因数小)等特性,因此,水路运输这类货物的危险性很大,必须采取有效措施,强化货物取样监装等工作,严控货物含水率,加强安全装运管理。

四、易流态化固体散装货物水路运输安全装运的管理要求

由于易流态化固体散装货物本身具有流态化、密度大等特性,水路运输这类货物的危险性很大,因此应按照国家有关规定要求进行货物水路运输安全装运管理。有关安全装运管

理要求如下：

1.理货和检测机构应提供货物取样检测等技术服务

装船前，托运人或其代理人应按照国家有关规定委托经交通运输部批准的理货机构进行易流态化固体散装货物取样、制样、送检并委托具有国家资质的检测机构进行货物适运水分极限、颗粒分布、积载因数、平均含水率检测，出具相应的货物检测报告。

2.船方应进行货物适运性现场简易检测

装船前，船方可采用交通运输部《水路运输易流态化固体散装货物安全管理规定》附件2《易流态化固体散装货物适运性现场检测简易方法》检测易流态化固体散装货物含水率是否符合运输要求。如发现货物含水率不符合要求，船方可委托其他检测机构对货物含水率进行重新检测。

3.船方应核对检测报告单证确认货物适运

船舶装载易流态化固体散装货物前24h，船方或其代理人应核对托运人或其代理人提交的易流态化固体散装货物检测报告、含水率检测报告等相关单证和资料，确认货物适运，并在船舶开航前向海事管理机构和港口行政管理部门报备。

4.港口经营人应核对检测报告和相关单证

船舶装载易流态化固体散装货物前12h，作业委托人应将易流态化固体散装货物检测报告等相关单证，包括提供港口经营人，港口经营人应及时对货物检测报告等相关单证进行核对，经核对无误后方可作业。

5.港口经营人应报告作业计划和核对情况

港口经营人应在作业前12h前用传真或电子邮件将作业计划和有关核对情况报告港口行政管理部门和海事管理机构。

6.高密度货物应在各舱及同舱内均匀分布

船舶载运积载因数小于 $0.56m^3/t$ 高密度易流态化固体散装货物时，应在各舱及同一舱内均匀分布，避免质量过分集中于局部，以防止船舶结构变形而影响船舶强度。

7.船方与港口经营人应共同进行安全检查

在易流态化固体散装货物作业前，船方应对照交通运输部《水路运输易流态化固体散装货物安全管理规定》附件3《散货船装卸船/岸安全检查项目表》进行安全检查，并与港口经营人共同确认。

8.堆场和港口经营人应防止堆场货物含水率增加

港区内外露天储存易流态化固体散装货物，所用堆场应具备良好的排水功能。堆场经营人和港口经营人应根据气候情况和货物性质加以苫盖，或采取适当措施，防止货物含水率增加。堆场经营人和港口经营人应当将堆场位置及规模等情况报港口行政管理部门备案。

9.港口经营人应告知船方不符合规定的货物

港口经营人在装船前或装船过程中发现货物不符合规定要求的，应告知船方并配合船方不予装载或停止装载，同时报告港口行政管理部门和海事管理机构。装船过程遇降水天气，应停止装船作业并关闭舱盖。

10.港口经营人应按船方配积载要求装载货物

港口经营人应根据船舶提供的配载、积载要求装载货物。装载完毕后，港口经营人按船方要求做好平舱工作,船舶对装载质量给予确认。

11. 船方应确保船舶货舱内污水井和管系畅通

装船前,船方应做好货舱内污水井、管系等的维修保护工作,并进行污水测量及抽水试验,以防堵塞或受损,确保畅通。

12. 船方应观测装船作业发现问题有权拒装

船舶应对装船作业进行全过程观测。如发现问题,船长有权提出拒装或要求重新检测。装船过程中,船舶可委托理货机构落实船舶装载和积载要求。理货机构应当派专人监测装船过程并做好记录,发现问题应当及时报告船舶和港口经营人。

13. 船舶应合理积载禁止超载确保安全航行

船舶应合理积载,满足安全航行要求。如发现超载,海事管理机构应禁止船舶离港。

14. 港口行政管理部门和海事管理机构应加强监管

港口行政管理部门和海事管理机构应加强对装卸易流态化固体散装货物的监管。如发现与原始单证不符或违反国际规则的,依照有关规定进行处理。

15. 船方应按要求积载静止角小于35°干燥货物

对静止角小于35°干燥易流态化固体散装货物,船方应严格按照积载要求积载,港口经营人应当按照积载要求装舱,装舱完毕及时平舱,平舱效果应经船方认可。

16. 船方应按要求制定操作规程及应急预案

船方应根据装运易流态化固体散装货物的要求,制定操作规程及应急预案,建立定期演练制度,完善各项处置措施。

17. 船方应制定船舶航行货舱定期巡查计划

在航行过程中,船方应根据所装载货物的特性和航行区域特点制定货舱定期巡查计划,并将定期巡查情况记入航海日志。巡查时如发现水分游离、货物流动或船舶发生倾斜等情况,应采取排水等应急措施,并就近向海事管理机构报告。

18. 船舶经营人或管理人应对船员加强培训考核

船舶经营人或管理人应对船员加强有关专业知识的培训和考核,使其熟悉易流态化固体散装货物的特性、操作规程及应急预案。

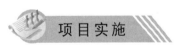

项目实施

任务一　水路运输易流态化固体散装货物取样

一、理货机构和检测机构从业要求

从事易流态化固体散装货取样的理货机构和从事货物样品检测的检测机构除应具有国家有关部门批准的资质并符合国家相关规定外,还应符合下列要求:

(1)理货机构取样、制样、送检人员(以下简称取样人员)应具备货物抽样与检验基础知识,经由中国理货协会培训考核合格,并取得证书后,方可上岗。

取样人员对送检样品真实性负责,并负责在样品送检单上签字。

(2)检测机构应当具备高效、便捷的检测服务能力,满足港口装卸生产连续性和及时性的要求。

二、货物取样委托

1.货物适运水分极限检测所需的取样委托

货物交付船舶运输前6个月内,托运人或其代理人应书面委托理货机构进行货物适运水分极限、颗粒分布、积载因数检测所需的取样、制样和送检。

2.货物含水率检测所需的取样委托

货物装船前7日,托运人应书面委托理货机构进行货物平均含水率检测所需的取样、制样和送检。

货物取样和监装委托书见附表1。

三、货物取样、制样、送检操作

(一)参考标准

固体散装货物取样、制样的主要参考标准如下:《国际海运固体散装货物规则》(以下简称 IMSBC 规则)、《散装矿产品取样、制样通则手工取样方法》(GB 2007.1—87)、《散装矿产品取样、制样通则手工制样方法》(GB 2007.2—87)。

(二)取样

1.取样工具

取样工具包括:

(1)尖头钢锹;

(2)取样铲;

(3)钢锤;

(4)铁镐;

(5)铁板;

(6)取样探子;

(7)带盖盛样桶或内衬塑料薄膜的盛样袋;

(8)磅秤;

(9)其他。

2.取样量

原则上,拟装船同一等级货物为一批,每批为一个取样单位。

货物适运水分极限、含水率检测所需取样量一般按照国际规则或国家标准确定。特殊情况下,可按下述标准确定:

(1)拟装船货物质量不超过15000t:每125t货物应取一个不少于200g份样。

(2)拟装船货物质量超过15000t但不超过60000t:每250t货物应取一个不少于200g份样。

(3)拟装船货物质量超过60000t:每500t货物应取一个不少于200g份样。

对于外观差异明显或粒度分布不均以及由两种以上货物混合而成货物的取样,可根据实际情况增加份样数或最小份样质量。

3.取样方法

(1)取样方法按《散装矿产品取样、制样通则手工取样方法》(GB 2007.1—87)规定执行。

(2)根据货物特性、状态、粒度以及样品的用途确定取样程序。

在平整的货堆中取样,份样应在均布的格点上采集。具体步骤:先画出货堆平面图,并将货堆平面分区,然后根据拟装船货物质量大小,按125t、250t或500t标准得出分区数量,从而得出取样份数。此平面图将为采样人员指出所需份样的数量以及每一份样的采集点。每一份样应从指定区域的表层以下约50cm处提取。

上述所取份样粒度比例应符合取样间隔或取样部位的粒度比例要求,所得大样的粒度比例应与整批货物的粒度分布要求大体相符。

在实际取样操作中,可按货物实际转运情况,择优选择取样方法。取样方法应按均匀性、代表性、准确性要求,使所取得的样品偏差最小化。

4.取样要求

理货机构会同托运人在堆场或装卸现场对拟装船货物分批取样,严格执行取样操作程序及要求,并做好相关取样记录。

理货机构、托运人和堆场经营人均应在取样记录单上签字。取样记录单格式见附表2。

为保证取样客观、真实和准确,托运人应全程参与取样过程。

(三)制样

1.制样工具

制样工具包括:

(1)颚式破碎机;

(2)对辊破碎机;

(3)圆盘粉碎机;

(4)密封式振荡研磨机;

(5)三头研磨机(附玛瑙研钵);

(6)二分器;

(7)份样铲及挡板;

(8)钢板;

(9)盛样容器;

(10)干燥箱(能调节温度,使箱内任一点的温度在设定温度±5℃之间);

(11)不锈金属十字分样板;

(12)分样筛(22.4mm×22.4mm、10mm×10mm、1mm×1mm、180μm筛);

(13)其他。

2.试样量

(1)货物适运水分极限检测所需的试样量:

①采用"流盘试验法"检测货物适运水分极限时,一般需要按照本操作指南规定的取样、制样方法制备好的试样至少3份,每份5~6kg。

②采用"插入度试验法"检测货物适运水分极限时,一般需要按照本操作指南规定的取样、制样方法制备好的试样至少 3 份,每份 30~40kg。

③采用"葡式/樊式试验法"检测货物适运水分极限时,一般需要按照本操作指南规定的取样、制样方法制备好的试样至少 3 份,每份 60~70kg。

当货物颗粒大于各试验方法允许的最大粒径较多时,视情况相应增加试样量。

(2)货物含水率检测所需的试样量,如表 14-2 所示。

每个水分试样的最小质量　　　　表 14-2

最大粒度(mm)	最小质量(kg)	最大粒度(mm)	最小质量(kg)
22.4	2	10.0	1

3.制样方法

制样方法按《散装矿产品取样、制样通则手工制样方法》(GB 2007.2—87)规定执行。货物制样记录单见附表 3。

(四)送检

1.样品容器和标签

(1)送检的样品应装入不吸水、密封容器内,并附以标签。

(2)标签上注明以下内容:

①编号;

②货物名、等级、产地;

③批量或取样单元量;

④样品种类(如适运水分极限检测样品、含水率检测样品等);

⑤船名或车号;

⑥取样、制样人员;

⑦取样、制样地点、日期和天气;

⑧其他。

2.送交样品

理货机构应将粘贴标签的样品及时送交检测机构检测。理货机构应保留一份送检样品。送检样品应保留到货物安全运抵目的港并卸船完毕为止。

理货机构的送样人员与检测机构的接样人员均应在样品送检单上签字。货物样品送检单见附表 4。

任务二　易流态化固体散装货物装船过程监装

一、监装标准

根据交通运输部《水路运输易流态化固体散装货物取样和监装操作指南(试行)》(以下简称《操作指南》),理货机构监装标准(或依据)主要是:交通运输部及相关部门颁布的有关管理规定及标准。

二、监装委托

货物装船前2日,托运人应委托理货机构对货物装船过程实施现场监装。

三、监装范围

根据交通运输部《操作指南》,理货机构监装业务范围主要包括:现场货物含水率检查及监测,检测结果汇总,出具已装船货物含水率汇总报告等。

四、监装内容

(一)监装主要内容

根据交通运输部《操作指南》,为保证装船前送检货样与装船货物实际状态的一致性,在货物装船过程中,理货机构根据托运人的委托派出监装人员在装船作业现场对货物含水率实施全程监装。理货机构监装人员监装主要内容如下:

(1)了解有关货物在集港运输和码头堆存过程中的苫盖、天气变化等情况。

(2)如遇下雨、下雪情况,及时联系并督促港口经营人和船方进行妥善应急处理,并做好相关记录。

(3)如出现可能改变货物含水率的情况,会同托运人按《操作指南》规定的程序及要求对货物进行重新取样、制样,并送交检测机构进行重新检测。

(4)做好有关全程监装作业、天气等情况的记录,保留记录资料。

(二)监装情况记录

理货机构监装人员在装船作业现场对货物含水率实施全程监装,应重点了解并如实记录下列监装情况:

(1)取样后的货物在货主堆场堆存期间苫盖、天气变化等情况。

(2)取样后的货物在集港运输存过程中苫盖、天气变化等情况。

(3)取样后的货物在码头堆存过程中苫盖、天气变化等情况。

(4)取样后的货物在装船过程中天气变化等情况。

(5)取样后的货物在装船过程中如遇下雨、下雪情况,港口经营人和船方进行妥善应急处理情况。

(6)在装船过程中如出现可能改变货物含水率的情况,对货物进行重新取样、制样、检测情况。

五、汇总出证

根据《操作指南》,理货机构监装人员应依据检测机构出具的货物含水率检测报告和自己亲自全程监装了解到的情况,对装船货物含水率检测结果进行汇总。然后,理货机构依据监装人员的汇总情况,出具已装船货物含水率汇总报告,见附表7。

六、监装记录单及汇总报告

(一)监装记录单

《水路运输易流态化固体散装货物监装记录单》(见附表6)是从取样后到装船期间货物堆存苫盖、天气变化、应急处理、含水率变化、重新取制样、重新检测等情况的真实记录,是保证送检货样状态与装船货物实际状态相一致的法定依据。

理货机构监装人员应按时认真逐项如实填制《水路运输易流态化固体散装货物监装记录单》,为理货机构出具《已装船货物含水率汇总报告》提供重要依据。

交通运输部《操作指南》对《水路运输易流态化固体散装货物监装记录单》的格式和内容规定如附表6。

(二)汇总报告

《已装船货物含水率汇总报告》是对检测机构出具的货物含水率检测报告和理货机构监装人员全程监装情况的汇总报告,是全面反映已装船货物含水率情况的重要报告,是港口行政管理部门、海事管理机构、船方、港口经营人等有关单位进行货物安全适运性审核把关的法定依据。

理货机构应依据监装人员对货物含水率检测报告和全程监装情况的汇总,认真审核、编制并出具《已装船货物含水率汇总报告》,按规定向托运人等有关方提供。

任务三 易流态化固体散装货物过驳转运检查监测

一、原船货物形态检查监测标准

(1)交通运输部《水路运输易流态化固体散装货物安全管理规定》(交水发〔2011〕638号)。

(2)交通运输部《水路运输易流态化固体散装货物取样和监装操作指南(试行)》(厅水字〔2012〕32号)。

(3)交通运输部及相关部门颁布的有关管理规定及标准。

(4)托运人提供的货物原始资料。

二、原船货物形态检查和监测委托

对于通过船舶直接过驳方式转运货物,托运人应于货物过驳作业前2日提供货物原始资料并委托检测机构和理货机构对原船易流态化固体散装货物形态进行检查和监测。货物原始资料包括但不限于货物适运水分极限、平均含水率、积载因数、粒度分布的检验证书等。

三、检查和监测范围

对于通过船舶直接过驳方式转运货物,由于货物在转运之前已做过含水率检测,但不保证货物在运输途中含水率是否已发生变化。为了保证货物运输的安全,托运人应于货物过驳作业前2日提供货物原始资料并委托检测机构和理货机构对原船易流态化固体散装货物形态进行检查和监测,并出具检查和监测记录单等。

四、检查和监测方法

原船货物形态检查和监测方法按照《水路运输易流态化固体散装货物安全管理规定》(交水发〔2011〕638号)(以下简称《安全管理规定》)附件2《易流态化固体散装货物适运性现场检测简易方法》执行。

(一)适用于吸水性弱的固体散货

(1)用坚固圆筒或类似的容器(容积为0.5~1L)装半罐样品,从离地面约0.2m高处猛力摔在坚硬的地面上,重复做25次,每次间隔1~2s,如样品表面游离出水分或液化时,则需要重新检验。

(2)手抓一把样品,从1.5m高处自由落到坚硬地面或甲板上,若样品崩散,则适运,若样品仍为一团,则不适运。

(3)手抓样品成团后,即松开,发现样品散开,则适运;若样品抱团不散,需要重新检验。

(二)适用于吸水性强的固体散货

(1)用坚固圆筒或类似的容器(容积为0.5~1L)装半罐样品,从离地面约0.2m高处猛力摔在坚硬的地面上,重复做25次,每次间隔1~2s,如样品表面游离出水分或液化时,则需要重新检验。

(2)样品放入平底玻璃杯或小容器内,来回不停摇动5min,如有明显液体浮在表面,表明不适运。

(3)脚踏在样品上,如出现松软现象,显流沙样流动,表明不适运。

(4)样品放在平盘里,堆成圆锥状后,不断用平盘击桌面,如样品塌成饼状,表明不适运。如样品成碎块或裂开,则适运。

(5)将样品先充分揉捏均匀,然后在平板上用手掌慢慢搓滚成细条,用力均匀,当样品条搓成直径正好为3mm时,如产生横向裂缝并开始断裂,则适运。

五、检查和监测程序

根据托运人的委托和提供的货物原始资料,检测机构和理货机构对原船货物形态进行现场检查和监测。

如原船货物形态无变化,经检测机构、理货机构、托运人和内贸承运方在原船货物形态检查和监测记录单上均签字后,方可过驳作业;如原船货物形态有变化,由理货机构按《安全管理规定》进行货物取样并送交检测机构进行货物含水率检测。

原船货物形态检查和监测记录单见附表5。

水路运输易流态化固体散装货物监装记录单见附表6。

已装船货物含水率汇总报告式样见附表7。

水路运输易流态化固体散装货物取样和监装委托书

附表 1

编号：

托运人	名称			
	地址			
	经办人		电话	
委托办理项目	货物适运水分极限检测所需的取样、制样、送检			☐
	货物含水率检测所需的取样、制样、送检和监装			☐
	原船货物形态检查和监测			☐
货物信息	货物名称			
	货物数/重量			
	货物堆存地点			
	有关货物资料			
项目实施时间				
理货机构	名称			
	通信地址			
	经办人		电话	
资料审核意见				
理场审查意见				
受理意见				
备注				

托运人(签章)：　　　　　　　　　　　　　　理货机构(签章)：

　　年　月　日　　　　　　　　　　　　　　　　　年　月　日

水路运输易流态化固体散装货物取样记录单　　　　　　　　附表2

编号：

委托书编号			
货物名称			
货物数/质量			
取样理货机构			
取样人	签字：	证书号码	
复核人	签字：	证书号码	
取样时间			
取样地点			
取样用途	货物适运水分极限、颗粒分布、积载因数检测		□
	货物平均含水率检测		□
	原船货物形态检查和监测		□
取样方法	传送带取样□;船舱取样□;货堆取样　□;货车取样　□; 其他方法　□(请注明：　　　　　　　　　　)。		
子样/份样数重量	子样/份样　　　份,每份　　　g。		
子样/份样容器名称			
子样/份样标签编号			
备注			

理货机构(签章)：　　　　　　　托运人(签章)：　　　　　　　堆场经营人(签章)：

　　年　月　日　　　　　　　　　年　月　日　　　　　　　　　年　月　日

水路运输易流态化固体散装货物制样记录单

附表 3

编号：

委托书编号			
货物名称			
货物数/质量			
制样理货机构			
制样人	签字：	证书号码	
复核人	签字：	证书号码	
制样时间			
制样地点			
制样用途	货物适运水分极限、颗粒分布、积载因数检测		□
	货物平均含水率检测		□
制样工具			
制样方法	GB 007.2—87(手工制样方法)□；其他方法□。		
样品数/重量	保留样品　　份,送检样品　　份,每份　　g。		
样品容器名称			
样品标签编号			
备注			

理货机构(签章)：

年　　月　　日

水路运输易流态化固体散装货物样品送检单　　　　　　　　　附表 4

编号：

理货机构		地址	
送样人	签字： 证书号码：	电话	
检测机构		地址	
接样人	签字：	电话	
委托书编号			
货物名称			
货物数/重量			
样品交接时间			
样品交接地点			
样品用途	货物适运水分极限、颗粒分布、积载因数检测		□
	货物平均含水率检测		□
样品状态			
样品数/重量	成分分析样品　　份,保留样品　　份,每份　　g。		
样品容器名称			
样品标签编号			
备注			

理化机构(签章)：　　　　　　　　　　　　　　检测机构(签章)：

　　年　月　日　　　　　　　　　　　　　　　　　年　月　日

原船易流态化固体散装货物形态检查和监测记录单

附表5

编号：

检测机构		地址	
检查监测人	签字：	电话	
理货机构		地址	
检查监测人	签字： 证书号码：	电话	
托运人		地址	
检查监测人	签字：	电话	
内贸承运人		地址	
检查监测人	签字：	电话	
原船货原始资料	托运人提供：		
原船船名/航次			
原船货物名称			
原船货数/重量			
检查监测时间			
检查监测地点			
检查监测标准	交通运输部及相关单位颁布、制定的有关管理规定及标准；托运人提供的货物原始资料。		
检查监测方法	《易流态化固体散装货物适运性现场检测简易方法》(即交通运输部2011年11月10日公布的《水路运输易流态化固体散装货物安全管理规定》附件2)		
检查监测结果	原船货物形态无变化□；原船货物形态有变化□		
检查监测意见			
备注			

检测机构：	理化机构：	托运人：	内贸承运人：
（签章）	（签章）	（签章）	（签章）
年 月 日	年 月 日	年 月 日	年 月 日

水路运输易流态化固体散装货物监装记录单　　　　　　　　　　　附表6

编号：

理化机构					地址	
监装人	签字：		证书号码：		电话	
复核人	签字：		证书号码：		电话	
托运人					地址	
联系人					电话	
装货港						
船名			航次		泊位	
	舱别					
货物名称						
	数/质量					
	堆存地点					
装船方式			作业起讫时间			
监装标准	交通运输部及相关单位颁布、制定的有关管理规定及标准					
监装情况	取样后的货物在货主堆场堆存期间苫盖、天气变化等情况： 取样后的货物在集港运输过程中苫盖、天气变化等情况： 取样后的货物在码头堆存过程中的苫盖、天气变化等情况： 取样后的货物在装船过程中天气变化等情况：					

续上表

监装情况	取样后的货物在装船过程中如遇下雨、下雪情况,港口经营人和船方进行妥善应急处理情况:
	在装船过程中如出现可能改变货物含水率的情况,对货物进行重新取样、制样、检测情况:
备注	

理货机构(签章):

年　月　日

已装船货物含水率汇总报告

附表7

编号：_____

装船起讫时间：　　年　月　日　时至　　　月　日　时

装货船名：

航次：

泊位：

装货港：

卸货港：

托运人：

收货人：

通知方：

装货单号：

货物名称：

货物数/重量：

货物堆存地点：

货物装舱位置：

根据本理货机构对货物装船过程监装情况和_____（检测机构）出具的货物含水率检测报告，上述货物已装船，其加权平均含水率汇总报告如下。

检测报告编号	样品编号	样品名称	项目名称	检测结果	结果单位	检测方法
已装船货物加权平均含水率						
备注						

理货机构（签章）：

　　　年　月　日

项目十四 易流态化固体散装货物取样监装

课堂案例

案例：2012年2月18日0305时左右，广西北海华洋海运有限公司所属"鑫源顺6"船装载陶土自广东茂名开往山东潍坊途中，在福建泉州湾以东海域沉没。截至目前，事故已造成10人死亡失踪。经初步调查，事故与"鑫源顺6"轮及港口装卸单位未落实《水路运输易流态化固体散装货物安全管理规定》(以下简称《规定》)有重大关系。通过事故调查还发现，该轮可能存在超载、配员不足、公司安全管理不力等问题。

案例解析：近年来，我国海域发生多起船舶装载陶土等易流态化货物遇大风浪沉没事故，而且事故基本上都是由于货物含水率过高，在遇有大风浪时，船舶剧烈摇摆，舱内货物水分渗出，形成自由液面，最终在大风浪的作用下顷刻翻沉，造成重大人员伤亡和财产损失。为深刻吸取事故教训，进一步加强船舶装载易流态化货物的安全管理，稳定水上交通安全形势，现就海事机构加强对船舶装载易流态化货物的安全监管提出如下要求：一是高度重视，强化装货港源头管理。各单位领导要切实从思想上高度重视船舶装载易流态化货物的安全问题，深刻吸取近几年的事故教训，采取有力措施，切实加强装货港源头管理，避免出现从本辖区出港船舶发生事故。交通运输部于2011年下发了《规定》，对海事部门、港口行政管理部门、港口经营人、托运人、代理人、理货部门、检测机构、船舶等各个单位在水路运输易流态化固体散装货物的运输、装卸、储存、检测等环节上的职责都予以了明确并提出了要求。各单位一定要严格按照《规定》的要求认真履行职责，加强装货港管理。对于未按要求由交通运输部批准的理货机构取样、制样、送检以及没有由具有国家资质的检测机构出具适运水分极限及货物含水率检测报告或含水率不符合要求的，海事部门一律不予办理船舶离港手续，并同时将情况通报港口行政管理部门。二是采取有力措施，加强海事监管。各级海事部门要加大对装载易流态化货物船舶现场检查的力度和抽查的频次。抽查时，要重点查看货物装载、平舱、配员等相关情况；检查配员时，要现场核实人证相符情况。各单位要加强对公司的监督检查，在体系审核和日常监督检查过程中，要抽取一定比例的船舶通过船舶管理系统等有效手段核实船员配备情况，如果发现存在公司对配员情况不掌握或船上配员不足等情况，要按规定严肃处理，该吊销公司DOC的要坚决吊销公司DOC，该吊销船舶SMC的要坚决吊销SMC。三是加强宣传，积极引导船舶安全装载。各单位要加强宣传力度，向辖区所有散货船和其他货船的船舶所有人、经营人、管理人、船员尤其是船长宣贯《规定》，分析讲解事故案例，讲明装载易流态化货物的危险性，强调各方责任，尤其是要向船长讲明在货物装载过程中的权力和责任，积极引导船舶安全装载。

【复习思考题】

1.什么是易流态化固体散装货物和适运水分极限？
2.水路运输易流态化固体散装货物取样量如何确定？
3.易流态化固体散装货物装船过程中，理货机构监装人员监装主要内容有哪些？
4.理货机构监装人员在装船作业现场对货物含水率实施全程监装，重点了解并如实记录哪些情况？

【实践训练】

1.练习易流态化固体散装货物取样。

2.练习易流态化固体散装货物过驳转运检查监测:

(1)吸水性弱的固体散货检查。

(2)吸水性强的固体散货检查。

3.练习《水路运输易流态化固体散装货物监装记录单》和《已装船货物含水率汇总报告》的填制。

附录 A 理货业务操作规程[1]

1.范围

本标准规定了航行国际航线船舶及外贸进出口货物的理货基本要求、理货准备、理货实施、理货后续和理货单证。

本标准适用于航行国际航线船舶及外贸进出口货物理货。

2.规范性引用文件

下列文件对于本文件的应用是必不可少的。凡是注日期的引用文件,仅所注日期的版本适用于本文件。凡是不注日期的引用文件,其最新版本(包括所有的修改单)适用于本文件。

附录 B 理货单证

3.术语和定义

下列术语和定义适用于本文件。

3.1

全部混装（All mixed loading）

不同票货物没有隔票而造成货物全部相混。

3.2

部分混装（Partly mixed loading）

不同票货物没有隔票而造成货物部分相混。

3.3

隔票不清（Indistinct separation）

不同票货物之间没有分隔清楚。

4.理货基本要求

4.1 理货人员应符合交通运输部要求的上岗条件,立场公正,作风正派,掌握必要的相关专业和英语知识,本着"严守公正立场,遵守实事求是的原则,维护委托方的正当权益"的理货宗旨,认真负责地进行理货工作。

4.2 理货所使用的单证见附录 B 理货单证。

5.理货准备

5.1 理货公司收到有关单位提供的单证、资料后,应进行整理、登记;如发现问题,及时联系有关单位解决。

5.2 理货公司应根据港口船舶作业计划,对理货作业船舶派出理货组长和理货员;在船舶作业前,将有关单证、资料交给指派的理货组长。理货组长收到单证、资料后,应进行核对。理货组长负责全船理货业务。对有特殊要求的船舶,在理货作业前,理货公司应提出具

---

[1] 征求意见稿。

体措施和要求,并由理货组长进行记录。

5.3 在理货作业前,理货人员应备齐单证、资料和理货用品。

6.理货实施

6.1 理货人员登轮后,理货组长应向船方了解进口货物的装舱隔票和航行途中情况,与船方商定原残货物的验残方法;应向船方了解出口货物的卸货港顺序、装舱隔票要求、装卸注意事项、对理货工作的要求等,并进行简要记录。

6.2 理货组长按工作舱口分派理货员,确定理货员的工作岗位和理货方法,交付理货资料,交代注意事项。

6.3 理货员应向装卸工班介绍装卸理货注意事项。

6.4 在理货过程中,理货员应检查货物外表或包装。如发现进口货物原残时,应按与船方商定的验残方法处理。对集中验残者,应做到一班一清;对当时验残者,应及时通知值班驾驶员验看,并编制"现场记录"一式二份,经船方签字确认后,提供船方一份。如发现工残时,应要求装卸工班当班卸清,并编制"货物残损单",经责任方签字确认。如发现出口货物残损、标志不符以及件数溢、短时,理货员应通知港区库场相关人员、发货人或其代理人处理。如不能及时处理时,理货员应向理货组长汇报并编制"现场记录",由理货组长如实在装货单上加批注,不应接受发货人保函。

6.5 在卸船理货过程中,如发现货物装舱混乱、隔票不清时,理货员应通知值班驾驶员验看,并编制"现场记录"一式二份,写明"全部混装"、"部分混装"或"隔票不清"等字样,以及混票的单号、货名、件数,经船方签字确认后,提供船方一份。全部混装的货物件数,按舱单数字填写;部分混装或隔票不清的货物件数,注明"以分标志单数字为准"字样。

6.6 在装船理货过程中,理货员应根据配载图和船方要求,指导装卸工班按票、按顺序装舱积载、分隔衬垫。每票货物装船后,理货员应在装货单上如实批注装船日期、货物件数、装舱部位,并签字。

6.7 翻舱

6.7.1 由于船方原因造成舱内货物翻舱时,理货员应编制"现场记录"一式二份,写明"舱内翻舱"字样和翻舱作业的起讫时间,理货组长应编制"待时记录"一式三份,经船方签字确认后,提供船方一份。

6.7.2 对出舱翻舱,理货员应按钩计数,填制"计数单"一份,在编制的"现场记录"上写明"出舱翻舱"字样和翻舱货物的单号、件数。

6.8 待时

6.8.1 待时属于船方原因造成的理货人员停工待时,包括:非工人责任造成的船舶吊机故障、舱内打冷气、开关舱、铺垫舱、隔票、拆加固等,致使装卸停工和理货人员待时。

6.8.2 在船舶装卸过程中,由于船方原因造成理货人员停工待时,理货员应在"计数单"备注栏内注明"待时"字样,并写明待时原因和起讫时间。理货组长应按工班汇总编制"待时记录"一式三份,提请船方签字确认后,提供船方一份。

6.8.3 各作业舱口同时停工待时,方可计算理货组长的待时时间。

6.8.4 理货人员的待时时间应计算到本装卸工班结束为止。如下一工班需要继续派理货人员时,则待时时间应连续计算到下一工班恢复作业为止。

6.9 计数

6.9.1 在工班理货结束时,理货员应在结清"计数单"数字后,提请港区库场相关人员、收发货人或其代理人签字。如双方数字不符时,应当班查清,报告理货组长,不应随意更改"计数单"数字。

6.9.2 如双方数字相符,而与装货单上数字不符时,应以理货数字为准。

6.9.3 因复查而发生的翻垛、翻车、翻舱费用,由差错方负担。如双方数字均差错时,由双方各负担50%的费用。

6.9.4 理货员填制的各种理货单证,应送交理货组长存查。

6.9.5 理货组长应根据"计数单"圈销舱单;根据装货单和货物配载图绘制货物积载草图;与港区库场相关人员核对货物数字和残损等情况,发现问题,及时查清,每日根据"计数单"填制"日报表"一式二份,提供船方一份。

6.10 交接班

6.10.1 接班理货人员应提前到船,与交班理货人员办理交接班。交接班前,交、接班理货组长应查看各舱口货物情况。

6.10.2 理货组长交接班内容包括交接清单证、资料,货物溢短、残损情况,装卸注意事项,发生的问题及处理情况等。交接班内容由交班理货组长简要记载在单船记录上。

6.10.3 理货员交接班内容包括在舱口交接清本舱理货资料,舱内货物情况,装卸注意事项,破票剩余数字等。

6.10.4 交班理货员须经交班理货组长同意后,方可离船。交班理货组长应在交班理货员全部离船后,方可离船。

6.11 更改

6.11.1 在理货过程中,如发现非本港标志的进口货物时,理货员应通知理货组长联系船方处理。如船方要求更改舱单内容时,应通过船舶代理提供书面凭证,方为有效。

6.11.2 如发现按货物配载图装舱积载有可能影响出口货物安全质量的情况,理货组长需及时告知船方调整配载。如装卸指导员要求变更装货顺序时,理货组长应会同装卸指导员联系船方同意后,方可变更。

6.11.3 如发货人或其代理人要求更改装货单内容时,应在装货单上加盖海关的更正章,方为有效。

6.12 装卸结束

6.12.1 在本舱装卸结束时,理货员应检查舱内、库场,防止货物漏装、漏卸。

6.12.2 在全船装卸结束时,理货组长应核对全部理货单证和货物资料,做到进口舱单、"计数单"、"货物残损单"、"货物溢短单"数字相符;做到出口装货单、"计数单"、"货物分舱单"、"货物积载图"数字相符;与交接方核实全船货物数字。如与交接方数字不一致时,应及时查明原因,报告理货公司,不得随意更改理货数字。如不能及时查明原因时,应以理货公司理货数字提请船方签证。

6.13 全船理货结束

6.13.1 在全船理货结束时,对进口货物,理货组长应根据"计数单"、舱单和"现场记录",汇总编制"货物溢短单"、"货物残损单",按需一式多份,经船方签字确认后,提供船方、船舶代理、船公司各一份。

6.13.2 对出口货物,理货组长应根据货物积载图草图,绘制"货物积载图"一式六份,经船方签字确认后,提供船方四份、船舶代理一份;根据"计数单"和装货单,制作"货物分舱单",每个装货港一式五份,提供船方四份。

6.13.3 理货组长应编制"理货业务凭证"一式三份,经船方签字确认后,提供船方、船舶代理各一份;编制"理货结果汇总证明"一式两份,经理货公司业务主管签字确认后,提供给海关一份。

6.13.4 如船方在理货单证上拟加批注内容与实际情况相符,理货组长可同意船方加批注。如船方在理货单证上拟加批注内容与实际情况不符,理货组长应说服船方不加批注。

6.13.5 船舶装卸结束后2h,为整理理货单证、办理货物交接和签证手续的时间。如2h内办不完理货签证手续时,理货组长应提前通知港口调度和船舶代理,确保船舶开航前办完理货手续。

6.14 特殊理货

6.14.1 在中国法定节假日或夜班理货时,理货员应在"计数单"备注栏内注明"节假日"、"夜班"字样,并分别写明所理货物的单号、件数。

6.14.2 在港口检疫锚地、防波堤外或港池外各水域进行理货时,理货员应在"计数单"备注栏内注明"锚地"字样,并写明所理货物的单号、件数。

6.14.3 对船舶吨井舱、油柜、水柜、行李舱等装载的货物,卸船作业中需要进行敲、铲、刨、拉等项辅助作业的货物,以及遇难船舶装载的货物或从遇难船舶卸转到其他船上的货物进行理货时,理货员应在"计数单"备注栏内注明"非一般货舱"、"融化、冻结、凝固、粘连货物"、"海事货物"等字样,并分别写明所理货物的单号、件数。

6.15 件杂货理货

6.15.1 经港区库场装卸船和落地现装现提货物,理货员应在舱内、甲板或船边采用理货小票、小牌、画钩等办法,记数、分票、分残,与港区库场相关人员办理交接。

6.15.2 船边现装现提货物,理货员应在舱内、甲板或船边采用画钩、理货小票、小牌等方法,计数、分票、分残,与港区库场相关人员、收发货人或其代理人办理交接。

6.15.3 贵重、特殊物品,理货员应在舱内分票、分残,另派理货员应在船边与港区库场相关人员、收发货人或其代理人点交点接。

6.15.4 舱内难以分票的进口零星杂货,理货员应在舱内采用理货小票、画钩等方法,计总数、分残,与港区库场相关人员办理交接,另派理货员应协助港区库场相关人员分票。

6.15.5 舱内难以点清数字的进出口货物,在库场码垛整齐、外表能点清数字的情况下,理货员应在舱内分票、分残,另派理货员应到港区库场点垛、计数,与港区库场相关人员办理交接。

6.15.6 装舱混乱、隔票不清的进口货物,理货员应在舱内采用画钩、理货小票、小牌等方法,计数、分票、分残,与港区库场相关人员办理交接。舱内无法分票时,另派理货员应协助港区库场相关人员分票。

6.15.7 对抢装抢卸的船舶,理货员应在舱内、甲板或船边与港区库场相关人员点交点接。对采用画钩、理货小票、小牌、船边点交点接等方法计数交接的货物,理货员应与港区库场相关人员、收发货人或其代理人做到钩钩清,当钩问题当钩解决。对采用库场点垛方法计数交接的货物,理货员应按点垛方法进行交接。

6.16 集装箱理货

6.16.1 理货公司依据船公司(承运人)或其船舶代理通过 EDI 中心传递或其他方式提供的进口货物积载图和进口舱单报文及相应单证资料,与船方提供的进口货物积载图和进口舱单进行核对,向船方了解集装箱积载和航行途中情况,与船方商定集装箱原残的验残和铅封检验方法;依据船代或集装箱码头通过 EDI 传递或其他方式提供的出口预配报文,与经船方确认的出口配载图进行核对,向船方了解集装箱积载要求,与船方商定集装箱残损的验残方法;并对此做相应记载。

6.16.2 在装卸集装箱过程中,理货员应在船上或船边统计箱数,核对箱号,检查箱外表和铅封,填制集装箱"理箱单"一式二份,提供船方一份。如发现进口集装箱外表原残或铅封断失时,理货人员应联系船方验看,并编制"集装箱残损记录",经船方签字确认后,提供船方一份。对铅封断失的集装箱,理货员应重新施加铅封,编制"集装箱验封/施封记录",交船方签认,并在理箱单上写明铅封号。如发现出口集装箱外表残损时,理货人员应联系集装箱公司或集装箱单位验看,并编制"集装箱残损记录",提交集装箱码头和船方签认后方可装船。对铅封断失的集装箱,理货员应及时通知集装箱公司停止作业,联系相关单位解决,并将处理情况记载在集装箱"理箱单"和"现场记录"上,取得责任方签认。

6.16.3 在全船理箱结束时,理货组长应根据集装箱"理箱单"和舱单,汇总编制"集装箱溢短单"、"集装箱残损单"一式三份,经船方签字后,提供船方、船舶代理、各一份。绘制出口集装箱积载图一式六份,经船方签字后,提供船方四份、船舶代理一份。制作"理货业务凭证"一式三份,经船方签字后,提供船方、船舶代理各一份。编制"理货结果汇总证明"一式两份,经理货公司业务主管签字后,提供海关一份。理货组长将办妥签证手续的理货单证交计算机信息员,由其通过 EDI 向船公司(承运人)或其代理、集装箱码头,传递集装箱装/卸报文;通过 EDI 向船公司(承运人)或其代理、集装箱码头、海关传递"集装箱货物溢短残损单";通过 EDI 向船公司(承运人)或其代理传递出口船图和出口舱单报文,向海关传递"理货结果汇总证明"。对于尚未采用 EDI 的港口,理货公司可采用传统方式传递理货单证等资料。

6.16.4 在装拆箱理货时,理货公司应派出理货人员到场理货。拆箱理货前,理货人员应验封。如发现铅封断失或拆箱单位自行启封时,对箱内货物短少或残损,不应编制"集装箱货物溢短残损单"。对船方签认铅封断失并重新施加铅封的集装箱,在启封前,理货人员均应到场验封、理货。装箱理货后,理货人员应施加铅封。在港区装拆箱,与库场或集装箱公司办理货物交接;在港区外装拆箱,与收发货人办理货物交接。在装拆箱理货后,均应编制"装/拆箱理货单"一份,须经装拆箱单位签字;若发现货物残损,应在"备注"栏内写明残损情况。根据拆箱理货单,汇总编制"集装箱货物溢短残损单"一式五份,提供船公司、海关、船舶代理、收货人各一份。根据装箱理货单,批注装货单。

6.17 载驳船理货

6.17.1 在载驳船装卸驳船过程中,理货员应在船上计驳数,检查驳船船体、甲板、舱口和铅封,填制"载驳船装/卸驳船清单"一式三份,经拖轮船长和船方签字确认后,提供拖轮方和船方各一份。

6.17.2 对驳内货物理货,理货方法见 6.15;铅封处理见 6.16。在货物装驳后,理货组长应绘制驳船"货物积载图"一式二份,经船方和拖轮船长签字确认后,提供载驳船船方一份。如收货人提供国外装驳资料时,理货人员可根据理货结果,向收货人提供"货物溢短单"、"货物残损单"。

6.18 散货理货

6.18.1 如船方或收发货人委托办理散装货物装卸船的单证、手续业务时,在装卸过程中,理货公司应派出一名理货组长;根据理货需要,派出必要的理货员。

6.18.2 根据委托方的要求,理货人员应对过磅衡重货物,接收衡重单;对装船货物,指导装卸工班分隔清楚;对卸船货物,分清水湿、霉烂等残损,并取得船方在"货物残损单"上签字确认;对船边现装现提货物,办理交接手续;根据衡重单、水尺或装卸效率,每日编制"日报单"一式二份,提供委托方一份;对船方委托的,绘制出口"货物积载图"或进口"货物溢短单"一式五份,经船方签字确认后,提供船方四份;办理出口装货单签证手续等。

6.18.3 进口舱单或出口装货单列明包数的压舱包以及在舱内、舱口拆包、灌包需要计包数的散装货物,理货公司应按件货进行理货和计费;如不要求计包数时,按散货办理单证、手续业务和计费。

7. 理货后续

7.1 在全船理货结束后,理货组长应征求船方对理货工作的意见和要求,整理理货用品和单证资料,清扫理货工作房间。理货组长离船后,应立即通知港口调度和船舶代理,向理货公司汇报全船理货情况,并对工作做相应汇总记录。理货公司应审核全部理货单证资料,做好归档工作。

7.2 经船方签字的各种理货单证,原则上不得对外更正。如理货公司确需对外更正时,应会同有关单位复查核实,提出更正理由,经理货公司领导批准后,方可对外更正。重大事项应报理货公司总部批准。

7.3 如装舱混乱、隔票不清的货物在卸船当时没有分标志,卸船以后分标志时,理货公司应编制"分标志单"一式二份,提供船公司一份。

7.4 如船公司要求对所理货物进行复查或船方在理货单证上批注"复查"字样时,理货公司应采取检查理货单证、库账、联系收发货人等方式进行复查核实,并根据复查结果,编制"复查单"一式二份,提供船公司一份。

如发现经船长/大副已签认的理货结果有误,理货公司应根据实际理货结果,编制"更正单"一式二份,提供船公司一份。

如发现不属于本港口的业务问题,需要提请国外港口有关方注意或向国外港口有关方进行调查,以及属于本港口的业务问题,需要提请国外港口有关方注意或协助查清时,理货公司均应填制"查询单"(甲、乙、丙)三联,甲、乙两联寄送国外港口有关方,丙联留存。

7.5 计费

7.5.1 理货公司的理货计费工作应严格执行主管部门发布的规定。特殊情况下,调整计费项目和计费标准,应请示理货公司总部,经批复后方可执行。应加强对计费工作的领导,配备必要的计费人员和复核人员。

7.5.2 计费工作的主要依据是进口舱单、出口装货单和现场理货人员制作的各种理货单证。现场理货人员应按计费工作要求,详细、准确地填制理货单证。计费人员应有重点地深入现场,了解船舶、货物情况。

7.5.3 计费人员应于理货工作结束后,即开列"理货账单"交理货公司财务部门对外收费。

7.6 理货公司收到委托方提出的索赔要求时,应做好登记,审查索赔单证、资料、时效、手续等是否符合规定。对不符合索赔规定的要求,应在 15 天内,向委托方说明理由,不予赔付。对符合规定的索赔要求,应在 30 天内,向委托方出具认赔通知单和付款单,赔付结案。对国外船公司索赔的案件,理货公司应通过船舶代理联系处理。

7.7 统计分析

7.7.1 理货公司应加强理货业务综合统计分析工作,以便及时发现和解决问题,摸索规律,不断提高理货工作质量。

7.7.2 理货结束后,认真做好单船信息汇总工作。内容主要包括:

  a) 单船理货数据;
  b) 船方和其他方对理货的反映;
  c) 理货签证情况;
  d) 装卸过程中发生的问题及处理情况;
  e) 装卸质量情况;
  f) 改进工作的建议;
  g) 其他方面的情况。

7.7.3 理货公司应按月做好理货业务经济技术指标的统计工作,业务统计报表应按有关规定和统一报表格式填报。

7.7.4 对于对外造成理货差错的事故,包括:对外更正理货数字;船方签证后,经理货公司确认的理货数字差错;漏装、错装、错卸;复查数字比原理货数字溢出或短少;装卸两港均由理货公司理货的数字差错等。理货公司应按月填制理货事故月报,于月后 10 日前,报理货公司总部。对于内部理货差错和单证处理错误等,理货公司可自行建立统计考核制度。

7.7.5 理货公司应按季度将理货业务总体情况进行总结分析,于季后 15 日前,报理货公司总部。

7.7.6 理货公司应对每年工作进行一次全面总结,于年后 20 日前,报理货公司总部。

7.8 单证资料保管

7.8.1 理货公司对理货人员制作的各种理货单证和货物单证资料等,应按船舶、航次立档保管。保管年限为 3 年。保管期满后,自行处理。

7.8.2 理货公司应按档案管理规定建立业务档案的借阅制度,加强对档案的管理。

8. 理货单证

8.1 对外提供的理货单证,关系到船公司、收发货人或其他委托方的经济利益,对判断经济责任,具有公证性质。理货人员填制理货单证,必须如实反映理货结果,做到文字精练、通顺、确切,字迹清晰、整洁,内容齐全,不得涂改。

8.2 各种理货单证的作用、意义、格式、填制和出证要求,按附录 B 理货单证等相关规定执行。

8.3 各种理货单证应按规定提供给有关单位,如船方或其他委托方需要增加提供理货单证时,理货公司可酌情收费或免费提供。如其他单位需要时,理货公司可收费或免费提供。

附 录 A
(资料性附录)
理货单证样式

A.1 理货委托书

"理货委托书"样式见图 A.1。

| LOGO | 公司名称中文
公司名称英文 |

理 货 委 托 书

公司名称

兹委托贵公司办理下列业务：

1. 件杂货装／卸船理货业务；

2. 集装箱装／卸船理货业务；

3. 集装箱装／拆箱理货业务；

4. 货物计重／丈量业务；

5. 货物监装／监卸业务；

6. 其他业务：

本委托方当按照贵方主管部门颁布的收费规定和标准／双方议定的标准向贵公司支付费用。

1. 委托方名称＿＿＿＿＿＿＿＿＿＿

2. 委托方代理人名称＿＿＿＿＿＿＿＿＿＿

3. 委托方／代理人开户银行账号＿＿＿＿＿＿＿＿＿＿

4. 费用结算方式和期限＿＿＿＿＿＿＿＿＿＿

5. 其他＿＿＿＿＿＿＿＿＿＿

委托方全权代表
（签字或盖章）
年　　月　　日

公司联系信息

图 A.1 "理货委托书"样式

A.2 计数单

"计数单"样式见图 A.2。

LOGO	公司名称中文 公司名称英文

计 数 单

(进/出)　　　　　编号

船名：_____ 航次：_____ 泊位：_____ 舱别：_____

库、场、车、驳号：_____　　工作起讫时间　____月____日____时
　　　　　　　　　　　　　　　　　　　　　　　____月____日____时

提单／装货单号	标志	包装	计 数											小计
			1	2	3	4	5	6	7	8	9	10	
备注	1.节假日：_____ 2.夜班：_____ 3.非一般货舱：_____ 4.分标志：_____ 5.待时：_____ 6.其他：_____		总计_____										

理货员：_____　　　　　交接人员：_____

公司联系信息

图 A.2 "计数单"样式

A.3 现场记录

"现场记录"样式见图 A.3。

| LOGO | 公司名称中文
公司名称英文 |

现 场 记 录
（进/出）　　　　　　　　　编号

船名：_____ 航次：_____ 泊位：_____ 舱别：_____

工作时间：_____月_____日_____时 至_____月_____日_____时

在船舶装卸过程中,发现存在下列情况,持编制本记录为证。

提单/装货单号	标志	货名	件数及包装	情况说明
备注				

理货人员：_____　　　　　　　船方/责任方：_____

公司联系信息

图 A.3 "现场记录"样式

A.4 日报表（A）

"日报表（A）"样式见图 A.4。

LOGO	公司名称中文 公司名称英文

日 报 表（A）

船名：＿＿＿＿ 航次：＿＿＿＿ 泊位：＿＿＿＿ 工作
起讫 时间 （进/出）＿＿月＿＿日＿＿时
＿＿月＿＿日＿＿时 编号：＿＿＿＿

货名	一舱		二舱		三舱		四舱		五舱		小计	
	件	t	件	t	件	t	件	t	件	t	件	t
本日小计												
前日小计												
总计												
备注												

（表内吨数仅供参考）

理货长：＿＿＿＿

公司联系信息

图 A.4 "日报表（A）"样式

A.5 日报表（B）

"日报表（B）"样式见图A.5。

LOGO　公司名称中文
　　　公司名称英文

日 报 表（B）

船名：_____　航次：_____　泊位：_____　工作 起 时间 _____ 月 _____ 日 _____ 时
　　　　　　　　　　　　　　　　　　　　　　　　　　　讫　　　　　_____ 月 _____ 日 _____ 时
（进/出）　编号 _____

集装箱	重箱					空箱					小计	
	20ft 数	t	40ft 数	t		20ft 数	t	40ft 数	t		箱数	t
本日小计												
前日小计												
总计												
备注												

（表内吨数仅供参考）

理货长：_____

公司联系信息

图 A.5 "日报表（B）"样式

A.6 待时记录

"待时记录"样式见图 A.6。

LOGO	公司名称中文 公司名称英文

待 时 记 录

船名：_____ 泊位：_____ 制单日期：_____月_____日

在船舶装卸过程中,由于船方原因造成理货人员停工待时,编制本记录证实。

舱别	人数	起讫日期和时间		时间	原因
		开始	终止		

理货长：_____   值班驾驶员：_____

公司联系信息

图 A.6 "待时记录"样式

A.7 货物溢短单

"货物溢短单"样式见图 A.7。

LOGO	公司名称中文 公司名称英文

货 物 溢 短 单

船名：_____ 航次：_____ 国籍：_____ 泊位：_____
开工日期：____ 年 ____ 月 ____ 日　制单日期：____ 年 ____ 月 ____ 日

提单号	标志	货名	舱单件数和包装	溢卸件数和包装	短卸件数和包装
小计					

理货长：_____　　　　船长/大副：_____

公司联系信息

图 A.7 "货物溢短单"样式

A.8 货物残损单

"货物残损单"样式见图 A.8。

| LOGO | 公司名称中文
公司名称英文 |

货 物 残 损 单

船名：_____ 航次：_____ 国籍：_____ 泊位：_____
开工日期：____年____月____日　制单日期：____年____月____日

提单号	标志	货名	残损件数和包装	残损情况

理货长：_____　　　船长/大副：_____

公司联系信息

图 A.8 "货物残损单"样式

A.9 理货业务凭证

"理货业务凭证"样式见图 A.9。

LOGO	公司名称中文 公司名称英文

理 货 业 务 凭 证

(进/出)

船名：_____ 航次：_____ 国籍：_____

开工时间：_____年_____月_____日 制单日期：_____年_____月_____日

在货物/集装箱交接过程中，本公司为贵方办理完成了下列理货业务，请签本业务凭证，据以按照主管部门颁布的收费规定和标准结算费用。

编号	理货项目		数量	单位	节假日	夜班	备注
1	件货						
2	集装箱 (重箱)	20ft					
		40ft					
	集装箱 (空箱)	20ft					
		40ft					
	装、拆箱	20ft					
		40ft					
3	散货单证手续业务						
4	分标志						
5	非一般货舱						
6	待时						
7							

理货长：_____   船长/大副/委托方：_____

公司联系信息

图 A.9 "理货业务凭证"样式

A.10 理货结果汇总证明

"理货结果汇总证明"样式见图 A.10。

| LOGO | 公司名称中文
公司名称英文 |

理货结果汇总证明

(进/出)

船名：_____ 航次：_____ 国籍：_____

开工时间：_____年_____月_____日 制单日期：_____年_____月_____日

本公司对上述船舶在装卸货物、集装箱过程中进行了公正理货、确认了货物、集装箱的数字及完好状况，现将理货结果汇总如下：

一、舱单/装货单上列明的汇总数字

货物_____件/t，集装箱_____×20ft _____×40ft

二、理货结果汇总数字

货物_____件/t，集装箱_____×45ft _____×48ft

三、理货结果分类汇总数字

1. 溢卸：货物_____件，集装箱_____×20′ _____×40′
2. 短卸：货物_____件，集装箱_____×20′ _____×40′
3. 残损：货物_____件，集装箱_____×20′ _____×40′

四、理货有关情况说明

特此证明。

理货长：_____ 业务主管：_____ 公章：

公司联系信息

图 A.10 "理货结果汇总证明"样式

A.11 理箱单

"理箱单"样式见图 A.11。

LOGO	公司名称中文 公司名称英文

理 箱 单

（进/出） 编号

船名：_____ 航次：_____ 泊位：_____ 舱别：_____

库、场、车、驳号：_____ 工作起讫 时间 ____月____日____时
　　　　　　　　　　　　　　　　　　　　　　　　____月____日____时

箱号	铅封	尺寸	重/空箱	箱号	铅封	尺寸	重/空箱
				总计			
备注							

理货员：_____　　　　交接人员：_____

公司联系信息

图 A.11 "理箱单"样式

附录A 理货业务操作规程

A.12 集装箱溢短单

"集装箱溢短单"样式见图 A.12。

LOGO	公司名称中文 公司名称英文

集 装 箱 溢 短 单

船名：_____ 航次：_____ 国籍：_____ 泊位：_____
开工日期：___年___月___日 制单日期：___年___月___日

溢卸集装箱					溢卸集装箱				
箱号	铅封号	空/重	尺寸	备注	箱号	铅封号	空/重	尺寸	备注

理货长：_____   船长/大副：_____

公司联系信息

图 A.12 "集装箱溢短单"样式

A.13 集装箱残损单

"集装箱残损单"样式见图 A.13。

| LOGO | 公司名称中文
公司名称英文 |

集装箱残损单

船名：_____ 国籍：_____ 航次：_____ 泊位：_____ 集装箱残损单：_____

开工日期：____年__月__日 制单日期：____年__月__日

箱号	铅封号	尺寸	空/重	残损情况说明

理货长：_____ 船长/大副：_____

公司联系信息

图 A.13 "集装箱残损单"样式

附录A 理货业务操作规程

A.14 集装箱货物溢短残损单

"集装箱货物溢短残损单"样式见图 A.14。

集装箱货物溢短残损单

船名：_____ 航次：_____ 国籍：_____ 制单日期：____年____月____日

箱号	铅封号	尺寸	提单号	标志	货号	舱单记载件数和包装	溢卸件数和包装	短卸件数和包装	残损件数和包装
小计									

业务主管：_____ 公章：_____

公司联系信息

图 A.14 "集装箱货物溢短残损单"样式

— 249 —

A.15 装/拆箱理货单

"装/拆箱理货单"样式见图 A.15。

LOGO	公司名称中文 公司名称英文

装/拆箱理货单

（装/拆）　　　　　　　编号

船名：_____ 航次：_____ 装/拆箱地点：_____

工作 起讫 时间　____月____日____时
　　　　　　　　　____月____日____时

箱号	尺寸	铅封号	提单/ 装货单号	标志	包装	计 数					小计	残损情况
						1	2	3	4	5		
备注												

理货员：_____　　　　　交接人员：_____

公司联系信息

图 A.15 "装/拆箱理货单"样式

A.16 货物分舱单

"货物分舱单"样式见图 A.16。

LOGO	公司名称中文
	公司名称英文

货 物 分 舱 单

船名：_____ 航次：_____ 国籍：_____ 泊位：_____ 卸货港：_____ 编码：_____

开工日期：_____年_____月_____日   制单日期：_____年_____月_____日

装货单号	标志	货名	件数和包装	重量(t)	尺码(m)	一舱		二舱		三舱		四舱		五舱		备注
						件数	积载位置	件数	积载位置	件数	积载位置	件数	积载位置	件数	积载位置	
总计																

公司联系信息

图 A.16 "货物分舱单"样式

A.17 货物积载图(A)

“货物积载图(A)”样式见图 A.17。

LOGO

公司名称中文
公司名称英文

货 物 积 载 图

卸货港	件 / t

船名:______ 航次:_______ 国籍:______

装货港:____________________________

装货完毕日期:_____年___月___日

舱别 / 件.t	一舱	二舱	三舱	四舱	五舱	总计

备注:______________________________ 船长/大幅:______________________________

公司联系信息

图 A.17 “货物积载图(A)”样式

A.18 货物积载图（B）

"货物积载图（B）"样式见图 A.18。

图 A.18 "货物积载图（B）"样式

A.19 理货账单

"理货账单"样式见图 A.19。

| LOGO | 公司名称中文
公司名称英文 |

理 货 账 单

船名：_____ 航次：_____ 国籍：_____ 制单日期：___年___月___日
开工日期：___年___月___日　　　　完工日期：___年___月___日

理货工作项目	计费数量	单位	费率	金额（元）
合计金额（大写）				

主管：_____　审核：_____　制单：_____　（公章）

公司联系信息

图 A.19 "理货账单"样式

A.20 分港卸货单

"分港卸货单"样式见图 A.20。

| LOGO | 公司名称中文
公司名称英文 |

分 港 卸 货 单

船名：_____ 航次：_____ 泊位：_____ 国籍：_____ 编号：_____

开工时间：_____ 年____月____日 制单日期：_____ 年____月____日

你轮所载下列各票货物，在我港卸货数字如下，特此证明。

提单号	舱单记载情况			实卸情况
	标志	货名	件数和包装	件数和包装
备注				

理货组长：_____　　　　　　　船长/大副：_____

公司联系信息

图 A.20 "分港卸货单"样式

A.21 复查单

"复查单"样式见图 A.21。

```
┌─────────────┐
│    LOGO     │
└─────────────┘
```

公司名称中文
公司名称英文

复 查 单

船名：_____ 国籍：_____ 编号：_____ 制单日期：_____年_____月_____日
航次：_____ 开工日期：_____年_____月_____日 完工日期：_____年_____月_____日

:经本公司对该轮货物进行了复核。现将复查结果通知如下：

提单号	舱单记载			原签证数字			复查数字		
	标志	货名	件数和包装	溢卸	短卸		溢卸	短卸	
备注									

（公章）

公司联系信息

图 A.21 "复查单"样式

A.22 更正单

"更正单"样式见图 A.22。

| LOGO | 公司名称中文
公司名称英文 |

更 正 单

船名：_____ 航次：_____ 国籍：_____ 制单日期：_____年_____月_____日

开工日期：_____年_____月_____日　完工日期：_____年_____月_____日

原签证情况：经本公司对该轮理货后，船长／大副已签认理货结果，现发现理货结果有错误，特此更正，深表歉意。

更正情况
（公章）

公司联系信息

图 A.22　"更正单"样式

A.23 分标志单

"分标志单"样式见图 A.23。

LOGO	公司名称中文
	公司名称英文

分 标 志 单

船名：_____ 航次：_____ 国籍：_____ 编号：_____ 开工日期：_____ 年 _____ 月 _____ 日

原签证情况：_____ 制单日期：_____ 年 _____ 月 _____ 日

提单号	货名	舱单件数小计	溢件数	短件数

(寄送单位)_____ :

现将本公司对该轮所载混票货货物进行分标志后的结果通知如下：

进口舱单机载		分标志结果		小计	
提单号	货名	标志	件数和包装	溢件数	短件数
备注					

（公章）

公司联系信息

图 A.23 "分标志单"样式

A.24 查询单(甲)

"查询单(甲)"样式见图 A.24。

LOGO	公司名称中文 公司名称英文

查 询 单 （甲）

船名：_____ 航次：_____ 国籍：_____ 编号：_____

开工日期：_____年____月____日　　完工日期：_____年____月____日

制单日期：_____年____月____日

_____：

（受理查询单位名称）

该轮在本港受理过程中,发现下述情况,请贵公司协助调查,并将调查结果填写在查询单(乙)联内,尽快退回。

进口舱单/出口装货单记载情况				要求调查内容
单号	标志	货名	件数和包装	
备注				

（受理查询单位留存联）　　　　　　　　　　　（公章）

公司联系信息

图 A.24 "查询单(甲)"样式

A.25 查询单(乙)

"查询单(乙)"样式见图 A.25。

LOGO	公司名称中文 公司名称英文

查 询 单 （乙）

船名：_____ 航次：_____ 国籍：_____ 编号：_____

开工日期：_____ 年_____ 月_____ 日　　完工日期：_____ 年_____ 月_____ 日

制单日期：_____ 年_____ 月_____ 日

中国外轮理货总公司_____ 分公司

根据贵公司查询单(甲)中要求调查的内容，经本公司调查后，持填写查询单(乙)联，予以退回。

进口舱单/出口装货单记载情况					要求调查内容
单号	标志	货名	件数和包装		
备注					

（退回查询单位联）　　　　　　　　　　　　　　（公章）

公司联系信息

图 A.25 "查询单(乙)"样式

附录A 理货业务操作规程

A.26 查询单(丙)

"查询单(丙)"样式见图 A.26。

LOGO	公司名称中文 公司名称英文

查 询 单 （丙）

船名：_____ 航次：_____ 国籍：_____ 编号：_____
开工日期：_____年_____月_____日 完工日期：_____年_____月_____日
制单日期：_____年_____月_____日

_____：
(受理查询单位名称)

该轮在本港理货过程中，发现下述情况，请贵公司协助调查，并将调查结果填写在查询单(乙)联内，尽快退回。

进口舱单/出口装货单记载情况				要求调查内容
单号	标志	货名	件数和包装	
备注				

(本公司留存联)　　主管：　　经办人：　　（公章）

公司联系信息

图 A.26 "查询单(丙)"样式

A.27 集装箱验封/施封记录

"集装箱验封/施封记录"样式见图 A.27。

LOGO	公司名称中文 公司名称英文

集装箱验封/施封记录

船名：_____ 航次：_____ 国籍：_____ 编号：_____

工作地点：_____ 工作起讫时间：____年___月___日___时

本公司对下列集装箱进行铅封检验/施加铅封情况如下，特此证明。

箱号	原铅封号	原铅封完好情况	新加铅封号	备注

理货人员：_____ 值班驾驶员/委托方：_____

公司联系信息

图 A.27 "集装箱验封/施封记录"样式

A.28 载驳船装/卸驳船清单

"载驳船装/卸驳船清单"样式见图 A.28。

LOGO	公司名称中文 公司名称英文

载驳船装/卸驳船清单

船名：_____ 航次：_____ 国籍：_____ 编号：_____

工作起讫时间：___年___月___日   卸驳地点：_____

驳船号	舱口数和铅封号	总重(t)	重载/空载	残损情况
驳船数小计				
备注				

理货人员：_____ 拖轮船长：_____ 载驳船值班驾驶员：_____

图 A.28 "载驳船装/卸驳船清单"样式

公司联系信息

A.29 集装箱残损记录

"集装箱残损记录"样式见图 A.29。

LOGO	公司名称中文 公司名称英文

集 装 箱 残 损 记 录

船名/航次：_____ 时间：_____ 编号：_____

箱号	铅封	重/空箱	尺寸/类型

（集装箱示意图：前、左、顶、右）

残损情况：

残损代号：

B	DE
破损	变形

M	H
灭失	洞

D	BL
凹损	凸损

S	O
刮伤	其他

备注：

理货员：_____ 船方：_____ 码头：_____

公司联系信息

图 A.29 "集装箱残损记录"样式

附录 B 理 货 单 证

1 范围

本标准规定了航行国际航线船舶及外贸进出口货物的理货单证基本要求、分类、说明、数据项和样式。

本标准适用于航行国际航线船舶及外贸进出口货物理货用单证的设计、印制和使用。

2 基本要求

2.1 理货单证(简称"单证")应印成 A3 横版、A4 横版和竖版,每种单证均为中、英文两个版本。

2.2 单证头部应包含系统标志、分支机构名称(分公司或参股公司)及单证名称等信息。

2.3 单证尾部应包含分支机构地址、单证编号及单证落款等信息。

3 单证分类

3.1 理货单证分为:理货委托书、计数单、现场记录、日报表(A)、日报表(B)、待时记录、货物溢短单、货物残损单、理货业务凭证、理货汇总证明、理箱单、集装箱溢短单、集装箱残损单、集装箱货物溢短残损单、装/拆箱理货单、货物分舱单、货物积载图(A)、货物积载图(B)、理货账单、分港卸货单、复查单、更正单、分标志单、查询单(甲)、查询单(乙)、查询单(丙)、集装箱验封/施封记录、载驳船装/卸驳船清单和集装箱残损记录 29 种。

4 单证说明

4.1 "理货委托书"是委托理货的书面凭证。

4.2 "计数单"是记载货物件数、分清货物标志的原始记录。

4.3 "现场记录"是记载进口货物、集装箱原残、混装和各种现场情况的记录。

4.4 "日报表(A)"是报告件杂货物装卸进度的单证。

4.5 "日报表(B)"是报告集装箱装卸进度的单证。

4.6 "待时记录"是记录由于船方/委托方原因造成理货人员停工待时的证明。

4.7 "货物溢短单"是记载进口货件数溢出和短少的证明。

4.8 "货物残损单"是记载进口货物原残情况的证明。

4.9 "理货业务凭证"是船方/委托方签证所完成理货工作的凭证。

4.10 "理货结果汇总证明"是记载全船货物/集装箱经理货后最终反映全船理货结果的汇总证明。

4.11 "理箱单"是记载集装箱箱数的原始记录。

4.12 "集装箱溢短单"是记载集装箱箱数溢短情况的证明。

4.13 "集装箱残损单"是记载集装箱箱数残损情况的证明。

4.14 "集装箱货物溢短残损单"是记载集装箱箱内货物件数溢短和残损情况的证明。

4.15 "装/拆箱理货单"是记载集装箱箱内货物数字、分清残损情况的原始记录。

4.16 "货物分舱单"是记载每票出口货物装舱位置的清单。

4.17 "货物积载图(A)"是记载出口货物装舱位置示意图。

4.18 "货物积载图(B)"是适合多仓位记载出口货物装舱位置示意图。

4.19 "理货账单"是向委托方结算理货费用的单证,配合理货业务凭证一同使用。

4.20 "分港卸货单"是记载两港分卸的同一票货物在第一卸货港卸货件数的证明。

4.21 "复查单"是复查理货结果的凭证。

4.22 "更正单"是更正理货结果的凭证。

4.23 "分标志单"是对进口混装货物分清标志的凭证。

4.24 "查询单(甲)"是被查询方留存的理货单证。

4.25 "查询单(乙)"是由被查询方填写查询结果寄回的理货单证。

4.26 "查询单(丙)"是由查询方留存的理货单证。

4.27 "集装箱验封/施封记录"是记载集装箱封志完好情况和施封情况的凭证。

4.28 "载驳船装/卸驳船清单"是计驳船艘数、分原残情况的原始记录。

4.29 "集装箱残损记录"是理货公司记录集装箱装卸船时残损状况的凭证,是理货组长编制"集装箱溢短残损单"的依据。

5 单证数据项

5.1 理货委托书

"理货委托书"数据项及其说明见表1,其样式见附录A图A.1。

"理货委托书"数据项及其说明　　　　　　　　　　　　　　　　表1

数　据　项	数据项说明
委托方名称	委托我方理货、计量、出证的相关单位名称
委托代理人名称	代表实际委托方具体承办委托业务的单位名称
委托方/代理人开户银行账号	委托方或其代理人的开户银行账号
费用结算方式和期限	具体理货费用的结算方式和结算期限
其他	其他需要说明的特殊情况

5.2 计数单

"计数单"数据项及其说明见表2,其样式见附录A图A.2。

"计数单"数据项及其说明　　　　　　　　　　　　　　　　表2

数　据　项	数据项说明
编号	计数单的填制流水号
船名	实际理货船舶名称
航次	船舶实际到港航次
泊位	船舶停靠码头的具体位置
舱别	理货作业的实际舱位
库、场、车、驳号	库、场、车、驳的具体名称编号
工作起讫时间	具体作业的开始结束时间

附录B 理货单证

续上表

数 据 项		数 据 项 说 明
提单/装货单号		装卸货物的实际装货单和提单编号
标志		货物外表的实际运输标志
包装		货物的包装形式(捆、卷、桶等)
计数		装卸货过程中实际每吊、钩货物数字
小计		每十吊、钩货物数字的累计
总计		整个计数单实际货物数字的合计
备注	节假日	在节假日作业时间内理货作业的数字
	夜班	在夜班作业时间内理货作业的数字
	非一般货舱	在非一般货舱内理货作业的数字
	分标志	进行分标志理货的具体数字
	待时	因船方原因等待作业的具体时间
	其他	其他需要说明的特殊情况
理货员		理货员签名栏
交接人员		码头、内理、驾驶员等交接人员签名栏

5.3 现场记录

"现场记录"数据项及其说明见表3,其样式见附录A 图 A.3。

"现场记录"数据项及其说明　　表3

数 据 项	数 据 项 说 明
编号	现场记录的填制流水号
船名	实际理货船舶名称
航次	船舶实际到港航次
泊位	船舶停靠码头的具体位置
舱别	理货作业的实际舱位
工作时间	实际理货现场作业时间
提单/装货单号	现场记录所要记录的货物提单/装货单号
标志	现场记录所要记录的货物具体运输标志
货名	现场记录所要记录的具体货物名称
件数及包装	所要记录的具体货物件数和具体包装
情况说明	现场货物等所发生的实际情况
理货人员	现场理货员签名栏
船方/责任方	现场船方/责任方交接人员签名栏

5.4 日报表(A)

"日报表(A)"数据项及其说明见表4,其样式见附录A 图 A.4。

"日报表(A)"数据项及其说明　　　　　　　　　　　　　　　　　表4

数　据　项	数　据　项　说　明
编号	日报表的填制流水号
船名	实际理货船舶名称
航次	船舶实际到港航次
泊位	船舶停靠码头的具体位置
工作起讫时间	理货作业工班开始、结束时间
货名	各舱实际作业货物的名称
本日小计	当日工班合计
前日小计	前日工班合计
总计	所有作业工班累计
理货长	该轮理货长签名栏

5.5　日报表(B)

"日报表(B)"数据项及其说明见表5,其样式见附录A图A.5。

"日报表(B)"数据项及其说明　　　　　　　　　　　　　　　　　表5

数　据　项	数　据　项　说　明
编号	日报表的填制流水号
船名	实际理货船舶名称
航次	船舶实际到港航次
泊位	船舶停靠码头的具体位置
工作起讫时间	理货作业工班开始、结束时间
集装箱	各舱实际集装箱理货尺码和数量
本日小计	当日工班合计
前日小计	前日工班合计
总计	所有作业工班累计
理货长	该轮理货长签名栏

5.6　待时记录

"待时记录"数据项及其说明见表6,其样式见附录A图A.6。

"待时记录"数据项及其说明　　　　　　　　　　　　　　　　　表6

数　据　项	数　据　项　说　明
船名	实际理货船舶名称
泊位	船舶停靠码头的具体位置
制单日期	单证制作时间
舱别	具体待时发生舱位
人数	发生待时的理货员人数
起讫日期和时间	待时发生的具体开始和结束时间

续上表

数 据 项	数据项说明
时间	实际发生待时的时间(小时)数量
原因	发生待时的具体原因
理货长	该轮理货长签名栏
值班驾驶员	船方值班人员签名栏

5.7 货物溢短单

"货物溢短单"数据项及其说明见表7,其样式见附录A图A.7。

"货物溢短单"数据项及其说明 表7

数 据 项	数据项说明
船名	实际理货船舶名称
航次	船舶实际到港航次
国籍	船舶所属国籍
泊位	船舶停靠码头的具体位置
开工日期	理货作业开始日期
制单日期	单证填制日期
提单号	溢短货物的提单号
标志	溢短货物的运输标志
货名	溢短货物的货名
舱单件数和包装	舱单所列货物件数和包装
溢卸件数和包装	溢卸货物的件数和包装
短卸件数和包装	短卸货物的件数和包装
理货长	该轮理货长签名栏
船长/大副	该轮船长/大副签名栏

5.8 货物残损单

"货物残损单"数据项及其说明见表8,其样式见附录A图A.8。

"货物残损单"数据项及其说明 表8

数 据 项	数据项说明
船名	实际理货船舶名称
航次	船舶实际到港航次
国籍	船舶所属国籍
泊位	船舶停靠码头的具体位置
开工日期	理货作业开始日期
制单日期	单证填制日期
提单号	残损货物的提单号
标志	残损货物的运输标志

续上表

数 据 项	数据项说明
货名	残损货物的货名
残损件数和包装	残损货物的具体件数和包装
残损情况	残损货物的具体残损情况
理货长	该轮理货长签名栏
船长/大副	该轮船长/大副签名栏

5.9 理货业务凭证

"理货业务凭证"数据项及其说明见表9,其样式见附录A图A.9。

"理货业务凭证"数据项及其说明　　　　　　　　　　　　　表9

数 据 项	数据项说明
船名	实际理货船舶名称
航次	船舶实际到港航次
国籍	船舶所属国籍
开工日期	理货作业开始日期
制单日期	单证填制日期
编号	单证填制流水号
理货项目	理货服务种类
数量	理货作业具体数量
单位	计算单位
节假日	节假日作业数量
夜班	夜班作业数量
备注	其他需要说明的情况
理货长	该轮理货长签名栏
船长/大副	该轮船长/大副签名栏

5.10 理货结果汇总证明

"理货结果汇总证明"数据项及其说明见表10,其样式见附录A图A.10。

"理货结果汇总证明"数据项及其说明　　　　　　　　　　　　表10

数 据 项		数据项说明
船名		实际理货船舶名称
航次		船舶实际到港航次
国籍		船舶所属国籍
开工日期		理货作业开始日期
制单日期		单证填制日期
舱单/装货单所列数字	货物	舱单/装货单所列货物数字
	集装箱	舱单/装货单所列集装箱数字

续上表

数 据 项			数 据 项 说 明
理货结果汇总数字	货物		实际理货结果汇总货物数字
	集装箱		实际理货结果汇总集装箱数字
理货结果汇总数字	溢卸	货物	溢卸货物数字
		集装箱	溢卸集装箱数字
	短卸	货物	短卸货物数字
		集装箱	短卸集装箱数字
	残损	货物	残损货物数字
		集装箱	残损集装箱数字
理货有关情况说明			理货其他需要说明的情况
理货长			该轮理货长签名栏
业务主管			公司业务主管签名栏
公章			理货机构公章

5.11 理箱单

"理箱单"数据项及其说明见表11，其样式见附录A图A.11。

"理箱单"数据项及其说明 表11

数 据 项	数 据 项 说 明
编号	理箱单的填制流水号
船名	实际理货船舶名称
航次	船舶实际到港航次
泊位	船舶停靠码头的具体位置
舱别	理货作业的实际舱位
库、场、车、驳号	库、场、车、驳的具体名称编号
工作起讫时间	具体作业的开始结束时间
箱号	集装箱箱号
铅封	集装箱铅封
尺寸	集装箱尺寸
重/空箱	重箱/空箱情况
总计	集装箱数量合计
理货员	理货员签名栏
交接人员	码头、内理、驾驶员等交接人员签名栏

5.12 集装箱溢短单

"集装箱溢短单"数据项及其说明见表12，其样式见附录A图A.12。

"集装箱溢短单"数据项及其说明　　　　　　　　　　表 12

数　据　项		数　据　项　说　明
船名		实际理货船舶名称
航次		船舶实际到港航次
国籍		船舶所属国籍
泊位		船舶停靠码头的具体位置
开工日期		理货作业开始日期
制单日期		单证填制日期
溢卸集装箱	箱号	溢卸集装箱的具体箱号
	铅封号	溢卸集装箱的具体铅封号
	空/重	溢卸集装箱的重/空箱情况
	尺寸	溢卸集装箱的具体尺寸
	备注	需要说明的其他情况
短卸集装箱	箱号	短卸集装箱的具体箱号
	铅封号	短卸集装箱的具体铅封号
	空/重	短卸集装箱的重/空箱情况
	尺寸	短卸集装箱的具体尺寸
	备注	需要说明的其他情况
理货长		该轮理货长签名栏
船长/大副		该轮船长/大副签名栏

5.13　集装箱残损单

"集装箱残损单"数据项及其说明见表 13,其样式见附录 A 图 A.13。

"集装箱残损单"数据项及其说明　　　　　　　　　　表 13

数　据　项	数　据　项　说　明
船名	实际理货船舶名称
航次	船舶实际到港航次
国籍	船舶所属国籍
泊位	船舶停靠码头的具体位置
开工日期	理货作业开始日期
制单日期	单证填制日期
箱号	残损集装箱的具体箱号
铅封号	残损集装箱的具体铅封号
尺寸	残损集装箱的具体尺寸
空/重	残损集装箱的重/空箱情况
残损情况说明	需要说明的其他情况
理货长	该轮理货长签名栏
船长/大副	该轮船长/大副签名栏

5.14 集装箱货物溢短残损单

"集装箱货物溢短残损单"数据项及其说明见表14,其样式见附录A图A.14。

"集装箱货物溢短残损单"数据项及其说明　　　　表14

数 据 项	数 据 项 说 明
船名	集装箱船舶名称
航次	船舶实际到港航次
国籍	船舶所属国籍
制单日期	单证填制日期
箱号	具体集装箱箱号
铅封号	具体集装箱铅封号
尺寸	具体集装箱尺寸
提单号	集装箱的提单号
标志	集装箱的标志
货号	集装箱箱内货物名称、编号
舱单记载件数和包装	舱单记载箱内货物件数和包装
溢卸件数和包装	实际溢卸货物件数和包装
短卸件数和包装	实际短卸货物件数和包装
残损件数和包装	实际残损货物件数和包装
业务主管	公司业务主管签名栏
公章	理货机构公章

5.15 装/拆箱理货单

"装/拆箱理货单"数据项及其说明见表15,其样式见附录A图A.15。

"装/拆箱理货单"数据项及其说明　　　　表15

数 据 项	数 据 项 说 明
编码	装/拆箱理货单填制流水号
船名	集装箱船舶名称
航次	船舶实际到港航次
装/拆箱地点	具体集装箱装/拆箱地点
工作起讫时间	装/拆箱作业开始、结束时间
箱号	集装箱箱号
尺寸	集装箱尺寸
铅封号	集装箱铅封号
提单/装货单号	箱内货物提单/装货单号
标志	箱内货物标志
包装	箱内货物包装
计数	箱内货物装/拆计数明细

续上表

数 据 项	数 据 项 说 明
小计	箱内货物装/拆数字合计
残损情况	箱内货物残损情况
理货员	装/拆箱理货员签名栏
交接人员	厂家、代理等交接人员签名栏

5.16 货物分舱单

"货物分舱单"数据项及其说明见表16,其样式见附录A图A.16。

"货物分舱单"数据项及其说明　　　表16

数 据 项		数 据 项 说 明
船名		实际理货船舶名称
航次		船舶实际到港航次
国籍		船舶所属国籍
泊位		船舶停靠码头的具体位置
卸货港		装船货物具体卸货港名称
编码		填制流水号
开工日期		装货作业开始时间
制单日期		单证填制日期
装货单号		装船货物装货单号
标志		装船货物具体运输标志
货名		装船货物货名
件数和包装		装船货物件数和包装
重量		装船货物重量
尺码		装船货物尺码
1舱	件数	1舱装舱件数
	积载位置	1舱货物装舱具体积载位置
2舱	件数	2舱装舱件数
	积载位置	2舱货物装舱具体积载位置
3舱	件数	3舱装舱件数
	积载位置	3舱货物装舱具体积载位置
4舱	件数	4舱装舱件数
	积载位置	4舱货物装舱具体积载位置
5舱	件数	5舱装舱件数
	积载位置	5舱货物装舱具体积载位置
备注		需要说明的其他情况

5.17 货物积载图(A)

"货物积载图(A)"数据项及其说明见表17,其样式见附录A图A.17。

"货物积载图(A)"数据项及其说明　　　　表 17

数 据 项	数 据 项 说 明
船名	实际理货船舶名称
航次	船舶实际到港航次
国籍	船舶所属国籍
装货港	装船货物具体装货港名称
装货完毕日期	装货作业完毕时间
备注	需要说明的其他情况
船长/大副	船长/大副签名栏

5.18　货物积载图(B)

"货物积载图(B)"数据项及其说明见表18,其样式见附录A图A.18。

"货物积载图(B)"数据项及其说明　　　　表 18

数 据 项	数 据 项 说 明
船名	实际理货船舶名称
航次	船舶实际到港航次
国籍	船舶所属国籍
装货港	集装箱具体装货港名称
装货完毕日期	装货作业完毕时间
备注	需要说明的其他情况
船长/大副	船长/大副签名栏

5.19　理货账单

"理货账单"数据项及其说明见表19,其样式见附录A图A.19。

"理货账单"数据项及其说明　　　　表 19

数 据 项	数 据 项 说 明
船名	实际理货船舶名称
航次	船舶实际到港航次
国籍	船舶所属国籍
制单日期	单证填制日期
开工日期	理货作业开工时间
完工日期	理货作业完工时间
理货工作项目	理货工作具体计费种类
计费数量	具体计费数量
单位	具体计费单位
费率	具体计费费率
金额	实际计费金额
主管	理货机构主管人员签名栏
审核	理货机构审核人员签名栏
制单	理货机构制单员签名栏

5.20 分港卸货单

"分港卸货单"数据项及其说明见表20,其样式见附录A图A.20。

"分港卸货单"数据项及其说明　　表20

数　据　项		数　据　项　说　明
船名		实际理货船舶名称
航次		船舶实际到港航次
泊位		船舶停靠码头的具体位置
国籍		船舶所属国籍
编号		单证填制流水号
开工日期		理货作业开工时间
制单日期		单证填制日期
舱单记载情况	提单号	舱单所列分港卸货提单号
	标志	货物运输标志
	货名	货物名称
	件数和包装	舱单所列货物件数和包装
实卸情况	件数和包装	实际理货件数和包装
备注		需要说明的其他情况
理货长		理货机构理货长签名栏
船长/大副		船长/大副签名栏

5.21 复查单

"复查单"数据项及其说明见表21,其样式见附录A图A.21。

"复查单"数据项及其说明　　表21

数　据　项		数　据　项　说　明
船名		实际理货船舶名称
航次		船舶实际到港航次
国籍		船舶所属国籍
编号		单证填制流水号
制单日期		单证填制日期
开工日期		理货开工日期
完工日期		理货完工日期
舱单记载	提单号	舱单所列货物提单号
	标志	货物标志
	货名	货物名称
	件数和包装	舱单所列货物件数和包装
原签证数字	溢卸	原签证溢卸货物数字
	短卸	原签证短卸货物数字

续上表

数据项		数据项说明
复查数字	溢卸	复查后所得溢卸货物数字
	短卸	复查后所得短卸货物数字
备注		需要说明的其他情况

5.22 更正单

"更正单"数据项及其说明见表22,其样式见附录A图A.22。

"更正单"数据项及其说明　　表22

数 据 项	数据项说明
船名	实际理货船舶名称
航次	船舶实际到港航次
国籍	船舶所属国籍
制单日期	单证填制日期
开工日期	理货开工日期
完工日期	理货完工日期
原签证情况	原来签证的情况
更正情况	实际更正的情况

5.23 分标志单

"分标志单"数据项及其说明见表23,其样式见附录A图A.23。

"分标志单"数据项及其说明　　表23

数 据 项		数据项说明
船名		实际理货船舶名称
航次		船舶实际到港航次
国籍		船舶所属国籍
编号		单证填制流水号
制单日期		单证填制日期
开工日期		理货开工日期
完工日期		理货完工日期
原签证情况	提单号	原签证提单号
	货名	原签证货物名称
	舱单件数小计	原签证舱单所列件数
	溢件数	原签证该提单下溢卸件数
	短件数	原签证该提单下短卸件数

续上表

数据项			数据项说明
分标志后结果	进口舱单记载	提单号	进口舱单所列提单号
		标志	进口舱单货物运输标志
		货名	进口舱单货物名称
		件数和包装	进口舱单所列货物件数和包装
	分标志结果	件数和包装	实际分标志后所得货物件数和包装
	小计	溢件数	实际分标志后所得溢卸件数
		短件数	实际分标志后所得短卸件数

5.24 查询单(甲)

"查询单(甲)"数据项及其说明见表24,其样式见附录A图A.24。

"查询单(甲)"数据项及其说明　　　　　　　　　　　　　　　表24

数 据 项	数 据 项 说 明
船名	实际理货船舶名称
航次	船舶实际到港航次
国籍	船舶所属国籍
编号	单证填制流水号
开工日期	理货开工日期
完工日期	理货完工日期
制单日期	单证填制日期
受查询单位名称	船舶停靠港口、装货港或目的港相关机构名称
进口舱单/出口装货单记载情况	进口舱单/出口装单原来记载货物情况
要求调查内容	所需要调查的内容(件数、残损情况)

5.25 查询单(乙)

"查询单(乙)"数据项及其说明见表25,其样式见附录A图A.25。

"查询单(乙)"数据项及其说明　　　　　　　　　　　　　　　表25

数 据 项	数 据 项 说 明
船名	实际理货船舶名称
航次	船舶实际到港航次
国籍	船舶所属国籍
编号	单证填制流水号
开工日期	理货开工日期
完工日期	理货完工日期
制单日期	单证填制日期
受查询单位名称	船舶停靠港口、装货港或目的港相关机构名称
进口舱单/出口装货单记载情况	进口舱单/出口装单原来记载集装箱货物情况
要求调查内容	所需要调查的内容(箱号、BAY位等情况)

5.26 查询单(丙)

"查询单(丙)"数据项及其说明见表26,其样式见附录A图A.26。

"查询单(丙)"数据项及其说明 表26

数 据 项	数 据 项 说 明
船名	实际理货船舶名称
航次	船舶实际到港航次
国籍	船舶所属国籍
编号	单证填制流水号
开工日期	理货开工日期
完工日期	理货完工日期
制单日期	单证填制日期
受查询单位名称	船舶停靠港口、装货港、目的港相关机构名称或船公司
进口舱单/出口装货单记载情况	进口舱单/出口装货单原来记载散货情况
要求调查内容	所需要调查的内容(重量、船舶参数等情况)

5.27 集装箱验封/施封记录

"集装箱验封/施封记录"数据项及其说明见表27,其样式见附录A图A.27。

"集装箱验封/施封记录"数据项及其说明 表27

数 据 项	数 据 项 说 明
船名	实际理货船舶名称
航次	船舶实际到港航次
国籍	船舶所属国籍
编号	单证填制流水号
工作地点	验封、施封作业地点
工作起迄时间	工作开始、结束时间
箱号	验封、施封的集装箱箱号
原铅封号	集装箱上原有铅封号
原铅封完好情况	集装箱上原有铅封号的完好程度
新铅封封号	重新施封的铅封号
备注	需要说明的其他情况
理货人员	理货人员签名栏
值班驾驶员/委托方	验封、施封交接值班驾驶员/委托方签名栏

5.28 载驳船装/卸驳船清单

"载驳船装/卸驳船清单"数据项及其说明见表28,其样式见附录A图A.28。

"载驳船装/卸驳船清单"数据项及其说明　　　　表 28

数 据 项	数据项说明
船名	实际理货船舶名称
航次	船舶实际到港航次
国籍	船舶所属国籍
编号	单证填制流水号
工作起讫时间	工作开始、结束时间
卸驳地点	卸驳作业地点
驳船号	驳船名称
舱口数和铅封号	驳船舱口数量和签封号
总重	货物重量
重载/空载	驳船重载/空载情况
残损情况	驳船货物残损情况
理货人员	理货人员签名栏
拖轮船长	拖轮船长签名栏
载驳船值班驾驶员	理货交接驳船值班驾驶员签名栏

5.29　集装箱残损记录

"集装箱残损记录"数据项及其说明见表 29,其样式见附录 A 图 A.29。

"集装箱残损记录"数据项及其说明　　　　表 29

数 据 项	数据项说明
船名/航次	集装箱船船名/航次
时间	发现残损作业时间
编号	单证填制流水号
箱号	残损集装箱箱号
铅封	残损集装箱铅封号
重/空箱	重/空箱实际情况
尺寸/类型	箱子尺寸和类型
残损情况	箱子具体残损部位和程度
备注	需要说明的其他情况
理货员	理货人员签名栏
船方	船方交接签名栏
码头	码头交接签名栏

附录C 航行国际航线船舶及外贸进出口货物理货费收规则

(1993年3月16日交通部 交财发[1993]272号文发布)

第一条 中国外轮理货总公司及其分支机构(以下简称理货公司)向航行国际航线船舶(含外贸出口一程、进口二程船舶)和国外进出口货物计收的理货费用,均按本规则办理。

航行于各港与香港、澳门航线的船舶,比照本规则办理。

第二条 理货公司依据本规则,按《航行国际航线船舶理货费率表》(以下简称《费率表》)计收各项费用。

第三条 《费率表》中所列费率以人民币元标价。国外付费人按外汇人民币或中国银行认收的外币及其规定的兑换率进行清算,国内付费人按人民币进行清算。船方代理人应于船舶抵港前将船舶性质和付费人等有关资料以书面形式提供给理货公司,否则按外币进行清算。

第四条 本规则所订计费吨为货物的重量吨与尺码吨中择大的吨数。

重量吨为货物的毛重,订有换算重量的货物为换算重量,以1000kg为1重量吨计。

货物重量换算表

货物类别	货物名称	计算单位	换算质量(t)
1	骆驼、牛、马等大型家畜、动物	头	0.8
2	牛犊、马驹、猪、羊等小型家畜、动物	头	0.2

尺码吨为货物(含包装)的长、宽、高的最大尺码为边组成的立方体的体积数,以$1m^3$或$35.314ft^3$为1尺码吨计。

第五条 计费吨以进口舱单、出口装货单(场站收据)上所列重量或体积为准。进口舱单上未列明的,则以船方的装货单或提单副本上所列的为准。但经抽查证实,货物的重量或体积大于进口舱单、出口装货单(场站收据)上所列数字时,在向船公司提供货物丈量单后,整票货物均以抽查结果作为计费的依据。

第六条 一票货物中含有两种或两种以上计费类别的货物,且计费类别高的货物的计费吨占整票货物的计费吨满30%或一票货物同属两种计费类别时,则整票货物的理货费用均按计费类别高的费率计收。

第七条 同一计费类别的货物、计费吨累计后计费。累计计费吨的尾数不足1计费吨的,按1计费吨计。

以小时为计费单位的,按小时累计后计费。累计小时的尾数不足1h的,按1h计。

以日为计费单位的,按日历日累计后计费。累计日的尾数不足1日的,以1日计。

第八条 对理货业务章程规定的委托性理货业务的收费标准,除节假日、夜班外,可在《费率表》规定费率的20%的幅度内上下浮动。其中委托办理集装箱装、拆箱理货业务的,可由理货公司参照《费率表》规定的费用与费率,协商定价。

第九条 对其他委托业务,如随船理货,监装监卸等的收费标准,可由理货公司与委托人协商议定。

第十条 对溢收、短收、错收、漏收的各项费用,应在费用结算后180天内向对方提出退补要求,逾期互不退补。

第十一条 本规则解释权属中华人民共和国交通部。

第十二条 本规则自一九九三年四月一日起实施。

附件 中华人民共和国交通部航行国际航线船舶理货费率表

一、基本理货费

1. 件货理货费(见表1)

表1

计费类别	货 物 名 称	费率(元)	计费单位
1	危险货物,冷冻、冷藏货物,有色金属	4.28	W/M
2	每1t不足2m³的列名外件货	3.45	W
3	橡胶,电解铜	3.00	W/M
4	金属制材,原木,纯碱,水泥,鱼粉	2.10	W/M
5	每1t满2m³,不足4m³的列名外件货	1.65	M
6	盐,化肥,糖,粮,枣	1.50	W/M
7	棉花,麻,烤烟	1.05	W/M
8	每1t满4m³非各类货物	0.83	M

2. 集装箱理箱费

每标准箱12.00元。带有底盘车的,每标准箱15.00元。非标准尺寸的集装箱,按以下比例计费(见表2)。

表2

非标准箱种类(ft)	换算标准箱数
45ft	2.5
58ft	3

3. 装拆箱

(1)装拆箱理货费(见表3)。

表3

集装箱种类	理货费率(元/标准箱)
普通箱	37.5

续上表

集装箱种类	理货费率(元/标准箱)
危险品、冷藏、冷冻箱	45.00

(2)在市区装拆箱,交通费每往返一次包干计收 90.00 元;在市区外装拆箱,交通费每往返一次包干计收 90.00 元,或按实计收交通、住宿费。

(3)在市区外每次装拆箱不足 3 个标准箱时,按 3 个标准箱计收装拆箱理货费。

(4)铅封费。

施封环每枚 3.90 元;施封锁每枚 9.60 元。

4.散装货物交接单证手续费

每重量吨 0.45 元。

5.行李、包裹理货费

每件 1.95 元。

6.分标志费

每吨 1.65 元。

7.理货人员待时费

每人每小时 24.90 元。

8.翻舱理货费

(1)舱内翻舱,按理货人员待时费率计收。

(2)出舱翻舱,按相应货物或集装箱基本理货费率加倍计收。

9.特殊委托业务费

(1)货物甩样、挑小号、分规格,每吨 1.65 元。

(2)按小时计费的,每人每小时 30.75 元。

(3)按日计费的,每人每日(8h)246.00 元。

10.理货单证费

按船舶当航次所理货物、集装箱重量吨计收:

1000t 以下(含 1000t)　　　192.30 元;

5000t 以下(含 5000t)　　　576.90 元;

10000t 以下(含 10000t)　　769.05 元;

10000t 以上　　　　　　　　961.35 元。

二、计量费

1.货物丈量费

每立方米 0.90 元,每批货物起码收费 60.00 元,另按实计收货物捣载费用。

2.货物计量费

(1)看船舶水尺计算货物重量,每重量吨 0.45 元。

(2)使用衡器确定货物重量,每重量吨 0.90 元。使用衡器确定回空汽车重量,每单车 3.00 元。

三、交通费

1. 陆上交通费,按每艘船舶每航次包干计收 315.00 元。
2. 水上交通费,按实计收或按每艘船舶每航次包干计收 1200.00 元。

四、附加费(见表4)

表4

项 目	内 容	费 率
节假日附加费	在我国法定节假日进行基本理货费1、2、4、5、6、8、9项理货作业及7项理货人员待时和计量作业	加相应费率100%
夜班附加费	在夜班进行基本理货费1、2、4、5、6、8、9项理货作业及7项理货人员待时和计量作业	加相应费率50%
非一般货舱附加费	在非一般货舱进行基本理货费1、6、8项理货作业	加相应费率50%
浮筒、锚地附加费	在浮筒、锚地进行基本理货费1、2、4、5、6、8项理货作业	加相应费率50%
融化、冻结、凝固、粘连货物附加费	对融化、冻结、凝固、粘连货物进行基本理货费1、2、6、8项理货作业	加相应费率50%
海事货物附加费	对发生海事、火灾货物进行基本理货费1、2、6、8项理货作业	加相应费率100%
外出理货、计量附加费	在港区外及邻近口岸未设理货机构的作业点进行理货、计量作业量	加当航次费收总额的10%
超长超重货物附加费	对超长超重货物进行基本理货费1、6、8项理货作业及7项理货人员待时	加相应费率50%

五、起码理货费

在每艘船舶当航次计收的基本理货费中的1、2、4、5、7、8、10项和附加费之和低于全船工作的理货人员总人次数乘以7h理货人员待时费标准时,则按在全船工作的理货人员总人次数乘以7h理货人员待时费标准,向船舶计收起码理货费。

六、其他

其他费收项目与费率由理货公司酌定,报交通部备案。

附录 D 常用理货英语

一、待时记录常用英文表达方式

1.SECURING AND LASHING 加固
2.OPENING/CLOSING HATCH 开舱（关舱）
3.PREPARATION FOR LOADING/DISCHARGING 装（卸）货准备
4.TAKING OFF LASHING 拆加固
5.WAITING FOR CARGO PLAN 等待配载图
6.STOPPAGE DUE TO THE ALTERATIONS ON THE CARGO PLAN MADE BY THE VESSEL 因船方要求变更配载所致的停工
7.TOPPAGE DUE TO VESSEL'S IMPROPER MOORING 因船方未系好缆绳所致的停工
8.HEAVING UP FOODSTUFFS AND OTHER MATERIALS FOR VESSEL'S USE 起吊船用食品及其他物品
9.WINCH TROUBLE 起货机故障
10.FIXING UP (HEAVY) DERRICK 整理（重）吊杆
11.REPARING WINCH 修理起货机
12.REPARING CARGO RUNNER 修理吊索
13.CHANGING OF CARGO RUNNER 换吊索
14.HEAVING UP DUNNAGING MATERIALS 起吊垫舱物料
15.HEAVING UP (PUTTING ON) HATCH BEAMS 起吊（放置）大梁
16.SHIFTING CARGO IN THE HOLD 舱内翻舱
17.CUTTING-OFF OF ELECTRICITY 停电
18.COOLING CARGO HOLD 货舱制冷
19.TRIMMING CARGO 平舱
20.CLEANING UP DUNNAGING MATERIALS 清理垫舱物料

二、集装箱残损常用英文表达方式

（一）表示残损状态的单词

1.BROKEN 破裂
2.CUT 切割（断）
3.BULGED/PUSH OUT 凸
4.BENT 弯曲

5.DISTORTED(DEFORMED)　变形

6.SCRATCHED　刮损

7.OFF　脱落

8.STAINED　污损

9.HOLE　破洞(名词)

10.DENTED/PUSH IN　凹

11.BRUISED　撞(擦)伤

12.TWISTED　扭卷

13.SPLIT　裂开

14.MISSING　失落

15.LEAKING　溢出(漏)

16.PATCHED　曾修补

(二)表示残损程度的单词

1.SLIGHTLY　轻微地

2.PARTLY　部分地

3.COMPLETELY　完全

4.BADLY　严重地

5.WHOLLY　全部地

6.EXTERNALLY/APPARENTLY　外部或外面地

(三)表示具体部位的单词

1.LEFT SIDE　左边

2.IN THE MIDDLE　在中间

3.REAR　后面

4.OUTSIDE　外面

5.CORNER　角

6.RIGHT SIDE　右边

7.FRONT　前面

8.INSIDE　里面

9.TOP　顶部

10.EDGE　边缘

11.FLOOR/ BOTTOM　底部

(四)句子的三种表达方式

1.部位+状态,省略定冠词(THE)、谓语、系动词,如：

(1)LEFT SIDE BROKEN(5×5cm).

(2)TOP DISTORTED.

2.状态+介词+部位,省略定冠词(THE)、谓语、系动词,如：

(1)BROKEN ON LEFT SIDE.

(2)DISTORTED ON TOP.

(3)LEAKING FROM INSIDE.

3.名词+介词+部位,省略定冠词(THE)、谓语、系动词,如:

(1)A HOLE (5×5cm) IN LEFT SIDE.

(2)TWO HOLES (5×5cm each) in left side.

三、件杂货残损常用英文表达方式

(一)箱装货(CARGO IN CASE/BOXES/CARTON/CRATES)

1.铅封脱落　SEAL OFF

2.铅封失落　SEAL MISSING

3.箍条脱落　BANDS OFF

4.钉子脱落　NAILS OFF

5.钉松　NAILS STARTED (NAILS LOOSE)

6.箱板有钉洞　CASE WITH NAIL HOLES

7.铁箍失落　HOOP IRON MISSING

8.箱板凸出　CASE PLANK(BOARD)BULGED

9.箱板凹进　CASE PLANK(BOARD)DENTED

10.箱板破　CASE PLANK(BOARD)BROKEN

11.箱板裂　CASE PLANK(BOARD)SPLIT

12.箱板修补　CASEPLANK(BOARD)PATCHED

13.箱板弯翘　CASE PLANK(BOARD)WARPED

14.箱板焦　CASE PLANK(BOARD)SCORCHED

15.箱底托木断　BOTTOM SKID BROKEN

16.箱底脱落　BOTTOM OFF

17.箱底破裂　BROKEN AT BOTTOM

18.箱顶压破　TOP OF CASE

19.箱角破裂　BROKEN AT CORNER

20.箱边压坏　JAMMED AT THE SIDE

21.箱板碰穿　BOARD STOVED IN

22.箱子变形　CASE DEFORMED

23.箱子倒置　CASE UPSIDE DOWN

24.旁板破裂　SIDE BOARD BROKEN

25.板条破裂　BOARD&BATTEN BROKEN

26.镶板裂开　BANDS OFF

27.末端板条裂开　END BATTEN SPLIT

28.标志模糊　MARKS INDISTINCT

29.旧箱　SECOND HAND CASE

30. 箱盖松开　FLAPS OPEN

31. 箱皮撕破　WRAPPERS TORN

32. 箱子不牢固　FRAIL CASE

33. 经修补　REPAIRED

34. 重装箱　REPACKED

35. 几乎空箱　NEARLY EMPTY

36. 内容外露　CONTENTSEXPOSED

37. 内有响声　CONTENTS RATTLING

38. 内容漏出　CONTENTS LEAKING

39. 翻钉　RENAILED

40. 油渍　OIL STAINED

41. 湿渍　WET STAINED

42. 水渍　WATER STAINED

43. 潮湿渍　STAINED BY MOISTURE

44. 钩损　DAMAGED BY HOOKS

45. 撞损　DAMAGED BY COLLISION

46. 挤损　DAMAGED BY PRESSING

47. 压损　DAMAGED BY CRUSHING

48. 拖损　DAMAGED BY TOWING

49. 箱板不牢(包装不固)　UNSUFFICIENTLY PACKED

50. 内货重量不足　CONTENTS SHORT WEIGHT

（二）袋装货(CARGO IN BAG/SACK)

1. 缝口松　SEAM SLACK

2. 缝口松开　SEAM OPEN

3. 开口　MOUTH OPEN

4. 有手钩洞　WITH HOOK HOLES

5. 袋子漏　BAGS LEAKY

6. 袋子破　BAGS TORN

7. 空袋　BAGS EMPTY

8. 袋皮有脏渍　BAG COVERS DIRTY

9. 袋皮破　BAG COVERS TORN

10. 重缝袋　RE-SEAMED BAGS

11. 经缝补　PATCHED

12. 备用空袋　EMPTY SPARE BAGS

13. 油渍　OIL STAINED

14. 干油渍　DRY OIL-STAINS

15. 水渍　WATER STAINED

16. 干水渍　DRY WATER-STAINS

17.湿渍　WET STAINED

18.水湿　WET WITH WATER

19.雨湿　WET WITH RAIN

20.潮湿　WET WITH MOISTURE

21.浸湿　SOAKAGE

22.发霉　DAMP

23.霉、霉点　MOULD(MILDEW)

24.霉烂　ROTTEN

25.融化　MELTED

26.腐烂　TAINTED

27.结块　CAKED

28.虫蛀　WORM-EATEN

29.鼠咬　DAMAGED BY RATS

30.烧损　DAMAGED BY FIRE

31.修补袋　REPAIRED BAGS

32.旧袋　SECOND-HAND BAGS

33.内容发芽　CONTENTS SPROUTING

34.内容外露　CONTENTS EXPOSED

35.内容撒出　CONTENTS RUNNING OUT

36.内容变糖浆　CONTENTS BECOMING MOLASSES

37.袋子被糖汁渍污　BAGS STAINED BY SYRUP

38.袋子被内货渍污　BAGS STAINED BY CONTENTS

39.袋皮有小洞　COVER WITH SMALL HOLES

40.袋子被汗水渍　BAGS STAINED BY SWEAT

(三)包装货(CARGO IN BALE)

1.箍失落　HOOPS(BANDS)MISSING

2.松包　BALES SLACK

3.散包　BALE OFF

4.箍脱落　HOOPS OFF

5.包皮破　COVER TORN

6.磨破　CHAFED

7.手钩破洞　HOOK HOLES

8.包皮脏渍　COVER DIRTY

9.油渍　OIL STAINED

10.脏渍　DIRT STAINED

11.湿渍　WET STAINED

12.汗湿渍　WET WITH SWEAT

13.潮湿渍　WET WITH MOISTURE

14. 水渍　WATER STAINED

15. 干水渍　DRY WATER-STAINS

16. 霉渍点　MILDEW STAINED

17. 霉渍　MOULD STAINED

18. 炸包　BALES BURST

19. 烧焦　SCORCHED

20. 手钩扯破包皮　COVER TORN BY HAND-HOOKS

(四)捆装货(CARGO IN BUNDLE)

1. 散捆　BUNDLE OFF

2. 箍失落　HOOPS MISSING

3. 圆箍脱落　RINGS OFF

4. 圆箍失落　RINGS MISSING

5. 松捆　BUNDLE SLACK

6. 削损　CHIPPED

7. 螺母损失　SCREW DAMAGED

8. 接头失落　JOINT OFF

9. 划损　SCRATCHED

10. 包皮生锈　COVER RUSTY

11. 包皮脱落　COVER OFF

12. 包皮失落　COVER MISSING

13. 卷边　EDGE FOLDED

14. 卷角　CORNER FOLDED

15. 弯曲　BENT

16. 碰凹　DENTED

17. 管子裂　PIPE(TUBE)SPLIT

18. 管子口裂　PIPE END SPLIT

19. 磨损　FRAYED

20. 擦损　CHAFED

21. 螺母口残损　SCREWING THREADS DAMAGED

22. 管子两头瘪入　PIPE DENTED ON BOTH ENDS

23. 金属包皮锈　METAL-ENVELOPE RUSTY

24. 捆变形　BUNDLE DEFORMED(TRANSFIGURED)

25. 铲车齿洞　HOLED BY FORKLIFT HANDS

(五)桶装货　(CARGO IN DRUM/TIN/CASK/BARREL)

1. 桶盖脱落　CAP(TOP/HEAD)OFF

2. 桶板脱落　STAVE OFF

3. 桶塞脱落　BUNG OFF

4. 桶箍脱落　HOOP OFF

5. 桶箍锈　HOOP RUSTY

6. 桶塞外漏　LEAKING AT PLUGS

7. 渗漏　OOZING

8. 碰凹　DENTED

9. 穿洞并漏　PUNCTURED&LEAKING

10. 重焊　RE-SOLDERED（RE-WELDED）

11. 桶凸出　DRUM BULGED

12. 脱底　BOTTOM OFF

13. 桶盖松　DRUM LID LOOSE

14. 空桶　DRUM EMPTY

（六）包装橡胶（RUBBER BALE）

1. 发黏　STICKY

2. 黏合　DOUBLE JOINTED

3. 互相黏在一起　STICKING TOGETHER

4. 受油渍腐蚀　CORRODED BY OIL

5. 包皮扯破　COVER TORN

6. 二块黏在一起　DOUBLE-BALE STICKING TOGETHER

7. 由于黏合橡胶变形　RUBBER IN IRREGULAR SIZE DUE TO STICKING TOGETHER

（七）其他

1. 刮损　SCRATCHED

2. 破碎　SMASHED

3. 削损　CHIPPED

4. 裂开　SPLIT

5. 撞损　GOUGED

6. 热损　HEATED

7. 擦损　RUBBED

8. 变色　DISCOLOURED

9. 凹损　DENTED

10. 切边(纸)　EDGE CUT

11. 凸损　BULGED

12. 脱落　OFF

13. 擦伤　BRUISED

14. 无标志　NO MARK

15. 切　CUT

16. 标志混乱　MARK MIXED

17. 裂　CRACKED

18. 标志不清　MARK INDISTINCT
19. 破洞　HOLED
20. 丢失　MISSING
21. 破损　BROKEN
22. 被窃　PILFERED
23. 污损　STAINED
24. 标签失落　TAG MISSING
25. 擦损　CHAFED
26. 港口标志不清　PORT MARK MIXED
27. 中部破　TORN IN THE MIDDLE

附录 E 世界部分港口及代码

国家(地区)	港口中文名	港口英文名	代码
中国	青岛	QINGDAO	CNTAO
中国	福州	FUZHOU	CNFUZ
中国	广州	GUANGZHOU	CNGUZ
中国	连云港	LIANYUNGANG	CNLYG
中国	南京	NANJING	CNNKG
中国	南通	NANTONG	CNNTO
中国	宁波	NINGBO	CNNBO
中国	大连	DALIAN	CNDLC
中国	上海	SHANGHAI	CNSHA
中国	深圳	SHENZHEN	CNSZX
中国	太仓	TAICANG	CNTAG
中国	天津	TIANJIN	CNTSN
中国	威海	WEIHAI	CNWEI
中国	厦门	XIAMEN	CNXMN
中国	烟台	YANTAI	CNYNT
中国香港	香港	HONG KONG	HKHKG
中国台湾	基隆	KEELUNG	TWKEL
中国台湾	高雄	KAOHSIUNG	TWKHH
中国台湾	台中	TAICHUNG	TWTXG
日本	神户	KOBE	JPUKB
日本	门司	MOJI	JPMOJ
日本	名古屋	NAGOYA	JPNGO
日本	大阪	OSAKA	JPOSA
日本	东京	TOKYO	JPTYO
日本	横滨	YOKOHAMA	JPYOK
韩国	釜山	PUSAN	KRPUS
韩国	仁川	INCHEON	KRINC
韩国	光阳	GWANGYANG	KRKAN
印尼	雅加达	JAKARTA	IDJKT
印尼	泗水	SURABAYA	IDSUB
印尼	丹戎不碌	TANJING PRIOK	IDTPP

续上表

国家(地区)	港口中文名	港口英文名	代码
斯里兰卡	科伦坡	COLOMBO	LKCMB
马来西亚	巴西古丹	PASIR GUDANG	MYPGU
马来西亚	槟城	PENANG	MYPEN
马来西亚	巴生港	PORT KELANG	MYPKG
菲律宾	马尼拉	MANILA	PHMNL
新加坡	新加坡	SINGAPORE	SGSIN
泰国	曼谷	BANGKOK	THBKK
阿联酋	迪拜	DUBAI	AEDXB
科威特	科威特	KUWAIT	KWKWI
巴基斯坦	卡拉奇	KARACHI	PKKHI
印度	达曼	DAMMAM	SADMN
沙特阿拉伯	吉达	JEDDAH	SAJED
西班牙	巴塞罗那	BARCELONA	ESBCN
西班牙	巴伦西亚	VALENCIA	ESVLC
法国	福斯	FOS	FRFOS
法国	马赛	MARSEILLES	FRMRS
法国	勒哈弗尔	LE HAVRE	FRLEH
希腊	比雷埃夫斯	PIRAEUS	GRPIE
意大利	热那亚	GENOA	ITGOA
意大利	斯佩齐亚	LA SPEZIA	ITSPE
比利时	安特卫普	ANTWERPEN	BEANR
比利时	泽布吕赫	ZEEBRUGGE	BEZEE
德国	汉堡	HAMBURG	DEHAM
德国	不来梅-哈芬	BREMERHAVEN	DEBRV
英国	费利克斯托	FELIXSTOWE	GBFXT
英国	伦敦	LONDON	GBLON
英国	南安普顿	SOUTHAMPTON	GBSOU
荷兰	鹿特丹	ROTTERDAM	NLRTM
加拿大	温哥华	VANCOUVER	CAVAN
美国	旧金山	SAN FRANCISCO	USSFO
美国	洛杉矶	LOS ANGELES	USLAX
美国	长滩	LONG BEACH	USLGB
美国	奥克兰	OAKLAND	USOAK
美国	西雅图	SEATTLE	USSEA
美国	巴尔的摩	BALTIMORE	USBAL

续上表

国家(地区)	港口中文名	港口英文名	代码
美国	波士顿	BOSTON	USBOS
美国	查尔斯顿	CHARLESTON	USCHS
美国	迈阿密	MIAMI	USMIA
美国	纽约	NEW YORK	USNYC
美国	诺福克	NORFOLK	USORF
美国	萨凡纳	SAVANNAH	USSAV
澳大利亚	布里斯班	BRISBANE	AUBNE
澳大利亚	墨尔本	MELBOURNE	AUMEL
澳大利亚	悉尼	SYDNEY	AUSYD
新西兰	奥克兰	AUCKLAND	NZAKL
新西兰	惠灵顿	WELLINGTON	NZWLG
南非	开普敦	CAPE TOWN	ZACPT
南非	德班	DURBAN	ZADUR
肯尼亚	蒙巴萨	MOMBASA	KEMBA
巴西	桑托斯	SANTOS	BRSDU
乌拉圭	蒙得维的亚	MONTEVIDEO	UYMVD

参 考 文 献

[1] 王有江.港口库场业务[M].北京:中国经济出版社,2008.
[2] 孙肇裕.外轮理货业务[M].北京:中国物资出版社,2004.
[3] 曾强鑫.油品计量基础[M].北京:中国石化出版社,2009.
[4] 李风雷,陈芳.港口理货业务(内部教材)[M].青岛:青岛港湾职业技术学院,2010.
[5] 真虹.港口货运[M].北京:人民交通出版社,2008.
[6] 陈戌源.集装箱码头业务管理[M].大连:大连海事学院出版社,2009.
[7] 徐邦祯.船舶货运[M].大连:大连海事大学出版社,2011.
[8] 中国外轮理货总公司.外轮理货手册[M].北京:人民交通出版社,1985.
[9] 胡美芬,王义源.远洋运输业务[M].北京:人民交通出版社,2006.